중국을 AI 리더로 만든
혁신의 설계자들

중국을 AI 리더로 만든

혁신의
설계자들

중앙일보 특별취재팀 지음

올림

소리에 놀라지 않는
사자처럼

오늘도 놀란다. 쿵후 동작을 연출하는 중국 휴머노이드에 놀라고, 베이징 시내 거리를 누비는 자율주행 자동차에 또 놀란다. 하늘을 가득 메우며 군무를 펼치는 드론 떼를 보고는 공포를 느끼기도 한다. 2025년 설 명절에 모습을 드러낸 생성형 인공지능(AI) 딥시크는 충격 그 자체였다.

　우리만 몰랐을 뿐, 오래된 서사다. 중국은 이미 오래전부터 기술 혁신을 준비하고 있었다. '중국의 특허 출원 수가 2020년 세계 최첨단 기술보유국인 미국을 앞질렀다'는 통계가 이를 증명한다. 2010년 중국의 혁신 및 첨단산업 생산량은 미국의 78%였지만, 2020년에는 미국의 139% 수준이 됐다. 혁신의 본고장인 미국을, 추격자 중국이 가뿐히 뛰어넘은 것이다. 미국의 IT 분야 싱크탱크인 정보기술혁신

재단(ITIF)은 "중국은 모방하는 자에서 혁신하는 자로 변화하고 있다"는 말로 중국 혁신을 평가하고 있다.

몰랐으니 놀란다. 우리는 그동안 중국 과학기술 분야에서 무슨 일이 벌어지고 있는지 관심이 없었다. 그저 짝퉁의 나라요, 가성비의 천국일 뿐이었다. 그러니 그들의 작은 성과에도 놀라고, 호들갑이다.

알면 차분해진다. 무엇이 그들의 혁신을 만들었는지, 혁신의 배후에 무엇이 있는지를 알면 차분하게 대처할 수 있다. 그래야 협력도 가능하다. 소리에 놀라지 않는 사자처럼 의연하게 중국 혁신을 바라봐야 한다. 중앙일보가 '중국 혁신팀'을 조직해 현장 취재에 나선 이유다. 혁신의 표면이 아닌 그 이면을 보자는 취지다.

현장에서 본 중국 혁신은 이미 그들의 일상을 파고들고 있었다. 전기차 판매량에서 1위 테슬라를 뛰어넘은 중국 토종 BYD 차량이 상하이 도심을 누빈다. 선전(深圳)의 하늘에는 플라잉카가 비행하고 있다. 베이징의 카페에서는 바리스타 로봇이 음료를 만들고 서빙한다. 취재팀은 그 혁신의 중심에 AI를 향한 그들의 집요한 연구개발 의지가 있음을 확인했다.

정부 정책에서도, 기업 경영에서도 혁신은 꿈틀대고 있었다. 양자 컴퓨팅 하나에 퍼부은 국가 예산만 해도 세계 다른 나라들의 투자액을 뛰어넘는다. 중국 전역에 퍼진 ICT 혁신 단지는 서로 경쟁하며 성장하고 있다. 토종 AI 반도체 기업 캠브리콘은 엔비디아를 중국 시장에서 밀어낼 기세다. 그들은 탈(脫) 엔비디아, 탈(脫) 삼성을 꿈꾸면서 지금도 노광장치나 최첨단 반도체 개발에 매달리고 있다. 중국이 설치한 산업용 로봇은 전 세계 다른 나라를 모두 합친 것보다 더 많다.

취재는 초등학교 1학년 교실에서 시작됐다. AI 교육 현장을 출발점으로 혁신의 주체인 인재 양성 과정을 짚어봤다. 한국인 과학자들이 쉬쉬하면서도 너도나도 중국행을 택하는 현실을 조명했다.

혁신을 이끄는 지휘자인 정부의 역할도 집중적으로 탐색했다. 정부─대학─기업이 서로 유기적으로 협업해 성과를 만들어내는 혁신의 메커니즘을 파헤쳤다. 혁신의 주체인 기업, 혁신의 판별자인 시장, 그리고 혁신에 마중물을 대는 자본시장까지 꼼꼼히 살폈다.

혁신은 홀로 만들어지지 않는다. 정부와 기업, 대학(연구소), 금융 등이 총체적으로 어우러진 생태계가 존재해야 가능하다. 혁신의 집합소인 산업 클러스터를 살펴본 이유다. 각 장마다 한국의 미래 먹거리에 대한 고민과 한국에 주는 함의도 함께 짚었다. 다만 우리의 취재 영역은 로봇, 자율주행, 전기차 등 하이테크 산업 일부일 뿐이다. 거대한 중국 경제의 일부를 조명한 책으로 읽어주시면 좋겠다.

중국의 혁신은 나비의 날갯짓이 되어 글로벌 지정학, 공급망, 힘의 균형까지 흔들고 있다. 미·중 경제 패권 전쟁도 결국 중국의 기술 혁신에 따라 승부가 갈릴 상황이다. 한국 경제의 원동력이자 마지막 보루인 반도체 산업에서 중국과 대만의 혁신을 다루고 한국의 해법을 모색했다.

이재명 정부는 미국, 중국에 이은 'AI 3대 강국'을 혁신 비전으로 내걸었다. 한국이 그 길을 완성하고 글로벌 경쟁에서 승리하는 데 도움이 될 지침서로 이 책을 제안한다. 한국 정부와 기업, 학계 관계자들에게 꼭 필요한 내용을 담았다고 자부한다.

책이 나오기까지 물심양면으로 애써준 중앙일보의 '더 중앙플러스(The Joongang Plus)' 제작팀, 차이나랩에 깊이 감사드린다. 중국 혁신 팀은 '중국 혁신 리포트' 시즌 2와 시즌 3을 위해 다시 신발끈을 조인다.

차 례

제 **1** 장

혁신의 지휘자, 정부

제 **6** 장

기술 패권의 지정학과 한국의 과제

중국 하이테크가 강한 이유
'STATE YMCA'

트럼프의 미국은 MAGA(Make America Great Again) 구호를 외치며 유명 팝송 「YMCA」에 맞춰 춤을 춘다. 그런데 중국도 같은 노래를 합창한다. '공산당이 곧 국가(당-국가 체제)'인 중국에서는 공산당, 즉 국가(STATE)가 중국몽을 내걸고 YMCA를 외치고 있다.

미-중 간에 벌어지고 있는 경제·기술 전쟁은 결국 도널드 트럼프 미국 대통령과 중국 공산당의 싸움이다.

'STATE YMCA'.

이번 취재에 참여한 필진이 추출한 9개의 하이테크 경쟁 요소다. 'STATE YMCA'는 '중국 하이테크는 왜 강한가?'라는 질문에 대한 답이기도 하다.

S: State-led Innovation(국가가 주도하는 혁신)

경제학자 조셉 슘페터가 주창한 혁신은 '자본주의 체제를 지속시키기 위한 과정'이었다. 창조적 파괴를 통해 기술 발전이 일어나고, 소비자 편익이 높아진다. 그게 우리가 알고 있는 혁신이다.

그렇다면 사회주의의 나라 중국에서도 혁신이 가능할까? 결론부터 말하면 가능하다. 지금 벌어지고 있는 중국의 인공지능(AI), 하이테크 굴기가 이를 보여주고 있다.

그들은 혁신을 '촹신(創新)'이라고 부른다. 이름이 다르듯 중국의 혁신은 서방과는 다른 독특한 특징이 있다. 가장 대표적인 특징이 바로 국가가 주도한다는 점이다.

혁신의 중심에 국가가 있다. 정부는 톱 레벨(고위급)의 정책 설계(頂層設計)를 통해 비전과 목표를 제시하고, 조정자 역할을 수행한다. 정부는 기금을 조성해 직접 기업을 지원하고, 행정력을 발동해 돕는다. 외국 기업을 쫓아내 자국 기업에 시장을 안겨주기도 한다. 정부는 산학연 네트워크를 구축하는 등 혁신을 위한 생태계 조성에 개입하고 있다. 자동차 차고에서 시작하는 미국의 실리콘밸리식 혁신과는 크게 다르다.

중국은 지금 국가가 나서 가용 자원을 총 결집해 하이테크 부흥에 매진하고 있다. 대약진 시대의 국가 총동원령을 연상케 한다. 여기에 시장의 자원 배분 기능이 더해지면서 국가 주도의 혁신 전략(신형거국체제)은 더욱 탄력을 받고 있다.

중국식 혁신 생태계는…

정부 국가 혁신 시스템 설계 및 관리	• 거시정책 수립(頂層設計) • 붉은 자본가(자금 지원+행정지원)
기업 혁신의 주체	• 기술의 상업화(창업, 상업주의) • 시장 피드백을 통한 혁신
시장 규모의 경제	• 경쟁을 통한 비용 절감 요인 제공 • 승자와 패자의 판별(자원 배분)
클러스터 홍색 공급망	• 지역별, 산업별 산업 특성화 • 국내 공급망의 완비
파이낸싱 금융 자원의 전략적 투자	• 정부 기금+민간 투자+창업 투자 • 커촹반, 촹예반 등
대학·연구소 R&D 네트워크	• 대학 중심의 혁신 생태계 구축 • 인재 양성 및 기술 공급

T: Talent Pool(풍부한 인재, 효율적인 인재 양성 시스템)

중국은 기술 추격자에서 선도자로 부상하고 있다. AI, 로봇, 전기차 등 미래 산업 분야에서 특히 두드러진 현상이다. 이를 가능케 한 것이 바로 풍부한 고급 인재다. 중국 대학에서는 한 해 500만 명의 이공계(STEM: Science, Technology, Engineering, Mathematics) 인재가 배출된다.

질적으로도 우수하다. 세계 과학 분야 연구 순위 상위 10곳 중 9곳이 중국 대학이다. 대학은 자율적으로 학사 제도를 운영해 인재 수요에 능동적으로 대처한다. 저장대, 푸단대를 비롯한 화둥 지역의 5개 대학은 'AI+X' 특별 과목을 개설해 공동으로 운영하기도 한다. 베이징대 튜링반, 칭화대 야오반(姚班) 등도 첨단 인재 양성을 위해 만들어진 특수반이다.

미·중 갈등이 격화되면서 유학을 떠났던 인재들이 중국으로 대거 돌아오고 있다. 이들이 다시 중국 과학기술의 자립 기반을 닦는다. 중국 하이테크 굴기의 가장 튼튼한 인프라가 인재였던 셈이다.

A: Angel Capital(풍부한 창업 자금)

'총알은 무진장 많다. 다만 기술이 없을 뿐이다.' 중국 창업 업계에는 다양한 종류의 투자금이 미래 기술을 찾고 있다. 투자가들은 대학 창업 경진대회를 돌며 기술을 사냥하고, 기존 빅테크들은 핵심 기술 회사를 사들여 몸집을 키운다.

우선 정부 기금이 주목할 만하다. 중국은 최근 1000억 위안(약 20조 원) 규모의 '국가 창업 투자 유도 기금'을 설정했다. 바이오, 의약 등 투자 회수 기간이 긴 분야에 집중 투자된다. 세 차례에 걸쳐 진행된 6868억 위안(약 137조 원) 규모의 반도체 분야 빅펀드는 정부 투자 기금의 위력을 보여주는 사례다. 중앙정부가 깃발을 내걸면 지방정부가 가담한다. 메모리반도체 회사인 CXMT에는 안후이성 정부 투자 기금이 투자되기도 했다.

민간 투자도 활발하다. 요즘 중국 벤처캐피털(VC)은 AI, 휴머노이드 등에 꽂혔다. VC는 매년 전체 투자액의 23%를 AI 기업에 집중적으로 투자한다. 이들은 '선배' 기업의 투자를 받기도 한다. 텐센트의 경우 2014년부터 2024년까지 10년간 1175개 기업에 투자했다. 텐센트, 알리바바 등 기술 트렌드에 밝은 빅테크들은 이런 방식으로 영역을 넓히고 있다.

자본시장이 받쳐주고 있다. 중국에는 혁신 기업이 노리는 주식시장 세 곳이 있다. 2021년 11월 정식 개장한 베이징증권거래소(BSE)는 자본시장에서 소외될 수 있는 혁신형 중소기업을 주로 받는다. 시진핑 정부 들어 조성된 상하이의 커촹반(科創板)은 주로 AI, 반도체 기업이 문을 두드린다. 선전의 촹예반(創業板)은 2009년 설립돼 역사가 가장 긴 기술주 중심의 시장이다.

중국에 IT 창업 붐이 불었던 2010년대 중반, 투자가들은 주로 '비즈니스 모델'을 중시했다. 그러나 지금은 기술이 투자의 기준이다. 애지봇, 유니트리, 딥로보틱스 등 신생 로봇 회사들이 그런 식으로 성공할 수 있었다.

T: Total-Tier-Plant(전방위 제조 역량)

샤오미 창립자 레이쥔이 스마트 전기차를 만들겠다고 선언한 것은 2021년 3월이다. 꼭 3년이 지난 2024년 3월, 레이쥔은 전기차 모델 'SU7' 출시를 발표했다. 정말 '뚝딱' 만들었다. 애플과 비교된다. 애플은 샤오미가 SU7 출시를 발표했던 바로 그즈음, 10여 년간 추진해온 '애플 카' 개발을 포기한다고 발표했다. 샤오미는 해냈고, 애플은 포기했다. 무슨 차이일까.

하이테크 제조업 발전에는 3개 요소가 필요하다. 제조 능력과 기술, 제품을 받아줄 시장이 그것이다. 지금 이 조건을 충족하는 나라는 사실상 중국뿐이다. 특히 제조 역량은 '못 만드는 제품이 없다'고 할 정도로 뛰어나다. 운동화에서 자동차까지, 제조업 전 분야에 걸쳐 생산이 이뤄진다(Total). 이쑤시개에서 로켓까지 모든 단계 기술을

샤오미 전시장의 SU7. 뫼비우스 띠를 따라 끝없이 달리는 형상이다. 사진_한우덕 기자

갖추고 있다(Tier). 2001년 세계무역기구(WTO) 가입 이후 갖춰진 '세계 공장'의 면모다.

BYD가 테슬라를 제치고 세계 최대 전기차 생산업체로 클 수 있었던 것도 제조 역량이 있었기에 가능했다. 중국은 세계 최대 자동차 시장이자 자동차 생산국이기도 하다. 그동안 축적한 기술이 배터리와 결합하면서 폭발력을 갖고 있다. 중국은 서방에 100여 년 뒤졌던 자동차 기술을 불과 10여 년 만에 따라잡고 있다. 넓고 깊게 갖춰진 제조 역량이 중국 하이테크 굴기의 속도를 결정하고 있다.

E: Ecosystem & Supply Chain(조밀한 생태계와 자체 공급망)

로봇 전문회사인 유비테크의 본사는 선전에 있다. 그러나 이 회사의 휴머노이드 사업 본부는 베이징에 있다. 베이징이 AI, 자율주행 등에서 이미 탄탄한 연구 기반 클러스터를 구축했기 때문이다. 베이징대·칭화대를 비롯한 명문 공과대와 연구기관 덕택이다. 베이징 중관춘(中關村)을 중심으로 형성된 ICT 생태계는 중국에서 가장 역사가 길고 강력하다. 당연히 휴머노이드 산업에서도 중심지 역할을 한다.

반면에 베이징에서 시작한 자율주행 회사인 딥라우트는 광둥성 선전에 본부를 두고 있다. 주변에 카메라, 라이다 등 부품 회사가 널려 있기 때문이다. 회사 관계자는 "광둥 지역에 산재한 영상 기기 관련 회사를 통해 최고의 부품을 조달받고 있다"고 말한다.

선전에는 지금 거대한 ICT 제조 생태계가 형성되고 있다. 룽강(龍崗)구의 경우 전기차 제작을 위한 부품 90%를 1시간 이내 거리에서 조달할 수 있다. 딥라우트는 룽강 전기차 생태계의 자양분을 흡수하며 성장하고 있다.

그런가 하면 상하이를 중심으로 한 양쯔강 삼각주 지역에는 거대한 반도체 클러스터가 형성되고 있다. 상하이에는 중국의 대표적인 파운드리 업체인 SMIC와 네덜란드 장비업체인 ASML의 대항마로 키우고 있는 반도체 장비회사인 SMEE가 자리 잡고 있다.

주변 안후이성 허페이에는 메모리 회사인 CXMT가, 장쑤성 난징에는 후공정 전문회사인 화톈테크놀로지가 활동하고 있다. 양쯔강 삼각주에 반도체 설계부터 제조, 후공정까지 일괄 처리할 수 있는 공급망을 구축하겠다는 것이 중국 정부의 생각이다.

생태계 조성에서 정부의 역할이 두드러진다. 중국 정부는 전역에 기업과 금융기관, 대학(연구소) 등을 잇는 ICT 클러스터를 조성하고 있다. 이를 통해 자국 내 공급망을 완성하겠다는 구상이다.

Y: Young(젊은 기업과 청년 CEO)

로봇 전문 애지봇(Agibot, 즈위안 로봇)은 업계에서 주목받는 신생회사다. 이 회사 제품 '위안정 A2'는 테슬라 로봇 '옵티머스'와의 기술 격차가 거의 없다는 평가도 나온다. 애지봇 CEO인 펑즈후이는 33세. 화웨이의 천재 소년반 출신이다. 그는 화웨이의 4억 원 연봉을 포기하고 퇴사, 2023년에 창업의 길로 들어섰다. 애지봇의 나이는 겨우 세 살인 셈이다.

애지봇뿐만이 아니다. 취재진이 현지에서 만난 대부분의 기업은 설립된 지 10여 년이 채 되지 않았고, 그 기업을 이끄는 CEO 역시 20, 30대 젊은이들이 대부분이었다. 항저우의 '작은 용' 6곳인 브레인코, 유니트리, 딥로보틱스 등이 그렇다. 중국 생성형 언어 모델을 주도하고 있는 즈푸(智譜)AI, 자율주행 업계의 새로운 스타로 떠오르고 있는 딥라우트, 세계 AI 업계를 뒤흔든 딥시크 등이 모두 청년 기업들이 만든 신생 회사다.

그들은 젊기에 패기가 넘친다. 중국 기업에서 흔히 보이는 관료주의, 평균주의와는 거리가 멀다. 함께 취재 현장을 뛴 윤태성 KAIST 교수는 "중국의 청년 CEO들은 구글, 엔비디아 등 서방 기업에 두려움 없이 덤빈다"며 "그들이 앞으로 20년, 30년 중국 AI 기술과 하이테크 산업을 이끌어갈 것이라는 점이 더 무섭게 느껴진다"고 말한다.

M: Merchandising & Market(민첩한 상업화, 넓은 시장)

중국 로봇은 실험실에서 벗어나 작업 현장에 배치되고 있다. 이미 돈을 벌고 있다. 항저우 취재길에 함께했던 이정동 서울대 교수는 딥로보틱스의 4족 로봇을 보고는 이렇게 말한다.

"저 정도면 우리 업체들도 몇 개월 고민하면 만들 수 있어요. 그러나 한국과 중국은 근본적으로 차이가 있어요. 중국은 뭐든 시장을 만들고 상업화한다는 점이죠. 그게 앞서는 비결입니다."

제품을 팔아 매출을 일으키고 있다는 것이 중국 로봇의 경쟁력이다. 딥로보틱스에 따르면 광저우·베이징·상하이·허베이·산둥·저장·후베이·안후이 등 중국 26개 지역에서 회사 제품을 사들여 활용 중이다.

로봇 사용처는 점점 확대되고 있다. 베이징의 커피숍에서는 휴머노이드가 커피를 만들고, 화재 현장에서는 4족 로봇이 진화 작업에 동원되고 있다. 베이징에는 로봇 전문 매장이 등장하기도 했다. 인터넷 쇼핑몰에는 휴머노이드 로봇이 주인을 기다리고 있다.

상업화와 시장 조성에서도 국가의 역할이 컸다. 화재 진화, 거리 순찰, 전기 시스템 점검 등은 모두 국가 기업(국유기업)이 담당하는 일이다. 이 분야 국유기업이 로봇을 적극적으로 사주고 있다. 하이테크 기업들은 '빅 바이어(Big Buyer)'인 정부를 디딤돌 삼아 발전하고 있다.

중국은 세계에서 가장 많이 물건을 만들기도 하지만, 대부분의 상품에서 세계 1, 2위 시장 규모를 가진 나라다. 이 거대한 시장이 혁신 제품을 받아주고 있다. 시장 내 경쟁도 치열하다. 치열한 경쟁은 '규모의 경제'를 창출하고, 혁신을 촉진한다.

C: Cheap(하이테크에서도 뛰어난 가성비)

신발, 가구, 백색 가전 등 전통산업 분야 중국의 경쟁력은 '가성비'에 있다. 그런데 중국이 만들면 고기술 하이테크 제품도 싸다.

사례는 많다. 중국 유니트리의 휴머노이드 로봇 G1은 시장에서 1만 달러 대에 판매된다. 모건스탠리는 '같은 성능의 테슬라 옵티머스 로봇은 2만 달러 대에 팔린다'고 밝혔다. 중국 휴머노이드는 가격이 대략 절반 수준이다. 세계 AI 업계를 놀라게 했던 딥시크 충격의 본질은 챗GPT4 대비 10분의 1 수준에 불과한 가격이었다.

이것이 어떻게 가능할까. 우선 고급 인재를 싸게 고용할 수 있다. 석사 출신의 3년 차 엔지니어를 기준으로 볼 때 미국 테슬라에서는 22만 달러(약 3억2000만 원)~30만 달러(약 4억3000만 원)의 연봉을 받는다. 선전 자율주행 업계에서는 40만 위안(약 8000만 원)~65만 위안(약 1억3000만 원)에 고용할 수 있다. 4분의 1 수준이다.

정부의 지원도 가격을 낮추는 요인이다. 정부 기금 투자 등 직접 지원이 있는가 하면, 인허가 등을 통한 간접 지원도 수두룩하다. 초기 제품을 대거 사주는 빅 바이어 역할도 한다. 이 모든 게 비용 절감 요인이다.

중국은 그 어느 나라보다 시장 경쟁이 치열한 곳이다. 각 기업은 살아남기 위해 가격을 낮춰야 하고 비용을 줄여야 한다. 국내 경쟁을 통해 가격을 낮춘 제품들은 이제 세계시장으로 나온다. 중국은 '디플레 수출국'이라는 오명을 들으면서도 싼 가격으로 경쟁 제품을 밀어낸다.

A: Access to Data(데이터 접근의 용이성)

AI의 승부는 누가 더 양질의 데이터를 더 많이 확보하는가에 달려 있다. 그런 면에서 중국은 탁월한 경쟁력을 갖추고 있다.

우선 정부가 주도적으로 데이터 접근의 허들(장벽)을 낮추고 있다. 산업별 AI 응용('AI+')을 위해 교통, 의료, 금융, 공공 통계 등의 데이터를 중앙 집중화하고, 이를 전략적으로 기업에 제공하고 있다. 정부는 필요할 경우 민간기업의 데이터를 활용할 수 있도록 법제화했다.

데이터 거래소도 활성화되고 있다. 현재 운용되고 있는 데이터 거래소는 모두 69곳. 2025년 총거래액은 1600억 위안(약 32조 원)을 돌파해 2024년 대비 30% 이상의 성장률을 기록했다. 이 중 베이징·선전·항저우·상하이·광저우·구이양 등 6개 거래소가 전체 거래액의 70%를 차지한다.

중국은 주요 지역 8곳에 데이터센터를 구축했거나 구축하고 있다. 베이징·상하이·광저우·충칭 등 경제가 발전한 지역과 네이멍구·닝샤·간쑤·구이저우 등 상대적으로 경제가 낙후된 지역이다. AI에 필요한 대규모 모델 학습을 전기가 풍부한 서부 지역에서 처리하겠다는 동수서산(東數西算) 프로젝트를 진행 중이다.

중국은 세계 최고 제조업 대국이다. 모든 산업에서 막강한 제조 데이터가 쌓이고 있다는 얘기다. 덕택에 AI 기술을 전 산업에 확산하겠다는 'AI+' 프로젝트는 더욱 탄력을 받고 있다.

혁신은 자본주의 국가의 전유물이 아니다. 중국 혁신은 그걸 보여주고 있다. 'STATE YMCA'로 무장한 중국 기업들은 이제 서방 기업을 밀쳐내고, 앞서 질주하고 있다. 요약해보자.

STATE YMCA

S: State-led Innovation(국가가 주도하는 혁신)

T: Talent Pool(풍부한 인재, 효율적인 인재 양성 시스템)

A: Angel Capital(풍부한 창업 자금)

T: Total-Tier-Plant(전방위 제조 역량)

E: Ecosystem & Supply Chain(조밀한 생태계와 자체 공급망)

Y: Young(젊은 기업과 청년 CEO)

M: Merchandising & Market(민첩한 상업화, 넓은 시장)

C: Cheap(하이테크에서도 뛰어난 가성비)

A: Access to Data(데이터 접근의 용이성)

9개 단서를 손에 쥐고 본격적으로 중국 혁신의 근원을 파헤쳐볼 차례다.

제 1 장

혁신의 지휘자,
정부

"허페이 시정부를 따라 투자하면 큰돈을 벌 수 있다."

일반적으로 정부는 관료주의에 찌든 '복지부동'의 존재다.

중국은 더 그렇다. 그런데 시정부를 따라 주식 투자를 하라고?

그게 말이 되나?

된다. 수익률이 이를 증명한다.

블룸버그통신에 따르면 허페이의 한 프로젝트 투자는

초기 투입 자금의 5.5배를 회수하는 실력을 보여주었다.

이쯤이면 어지간한 펀드 매니저보다 낫다.

기자는 허페이의 그 비밀을 파헤치기 위해 최근 중국 허페이시 북쪽에

자리 잡은 신잔(新站)구 하이테크 단지를 찾았다.

중국이 매년 10기
원전 짓는 진짜 이유는?

#1 해안을 따라 초대형 원전 돔 여섯 기가 쭉 늘어서 있었다. 돔의 지름과 콘크리트 띠가 유난히 크고 두꺼운 원자로가 눈에 들어왔다. 현장 직원은 "177개 원자로 노심으로 성능을 끌어올린 중국형 원전 (C-원전)의 대표 브랜드 화룽(華龍) 1호"라고 자랑했다. 가격과 성능, 공사 기간 등을 무기로 세계 원전 시장에서 돌풍을 일으키고 있는 바로 그 원전이다.

아무리 AI 기술이 있어도 데이터센터를 가동할 전력이 부족하면 '꽝'이다. 중국은 미국과의 AI 경쟁에서 밀리지 않기 위해 전력 인프라 구축에 사활을 걸었다. 2022년 이후 3년간 중국 국무원(중앙정부)은 매년 10기의 원전을 신규 승인했다. 푸젠(福建)성 푸칭(福淸) 원전 취재를 통해 중국 정부의 치밀한 인프라 구축 정책을 확인할 수 있었다.

#2 상하이 서쪽 쑹장(松江)구 이노밸리를 찾았다. 상하이와 쿤밍을 잇는 G60 고속도로 옆으로 스페이스세일 본사가 자리 잡은 곳이다. 위성이 돌고 있는 거대한 우주 공간을 보여주는 본관 사진이 방문객을 압도한다. 이 회사 덕택에 중국의 저궤도 위성 인터넷망(일명 'G60 스타링크')은 더 촘촘해지고 있다.

미국과 중국이 벌이는 '스타워즈'의 현장이기도 하다. 스페이스세일은 국가 위성망 싱왕(星網)을 운영하는 중국 위성 네트워크 그룹과 연합해 일론 머스크의 스타링크와 맞서고 있다. 'G60 스타링크'는 상하이 시정부, 싱왕은 중앙정부의 전폭적인 지원을 받는다. 중국 정부는 6G 패권을 장악하기 위한 '우주 전쟁'을 그렇게 준비하고 있다.

#3 중국은 수력 발전까지 살뜰히 챙긴다. 2025년 7월 19일 리창(李强) 총리는 티베트 린즈(林芝)시에서 거행된 얄룽창포강 수력발전소 프로젝트 기공식에 참석했다. 히말라야산맥을 관통하는 터널을 뚫어 5개의 계단식 수력발전소를 건설하는 초대형 댐 공사다. 공사비는 1조2000억 위안(약 240조 원). 완공되면 중국 원유 수입의 20%를 대체할 수 있다는 것이 중국 정부의 계산이다.

중국은 원전·댐 건설에 국운을 '올인'했다. 국가 AI 역량은 데이터센터에 달려 있고, 데이터센터의 핵심은 전력이라는 걸 잘 알고 있기 때문이다. 인프라에 미친 중국의 진짜 속내를 들여다보았다.

'차이나 스피드'는 원전 분야에서 두드러진다. 중국이 화룽 1호 건설을 계획한 2013년은 일본 후쿠시마 원전 사고 2년 뒤였다. 2013년만 하더라도 중국의 원전은 17기에 불과했다(세계원자력협회 통계). 2025년 기준 중국의 원전은 가동 중 58기, 건설 중 33기. 총 91기다.

5배 이상 늘었다. 아직도 전체 발전에서 차지하는 비중은 5%여서 더 늘어날 여지가 있다.

중국의 원전 굴기는 이제 시작점을 막 지났을 뿐이다. 세계원자력협회(WNA) 집계에 따르면 현재 중국의 원전 발전량은 미국과 프랑스에 이은 세계 3위다. 반면에 건설 중인 원전 33기의 발전용량은 3만5355MWe(메가와트일렉트릭 · 1MWe는 100만W의 전기 출력)다. 2위부터 10위까지 국가의 건설 용량을 모두 합한 3만2690MWe보다도 많다.

루톄중(盧鐵忠) 중국핵에너지전력(CNNP) 대표 겸 전국정협위원에 따르면 "중국은 2030년 원자력발전소 숫자와 설비 용량에서 미국을 추월해 세계 최대 원전 국가가 될 것"이다. 2060년이면 원전이 전체 발전량의 18%를 차지할 전망이다. 1기당 공사비 200억 위안(약 4조 원)이 투입된다.

중국은 4세대 원전의 선두주자다. 인천에서 350km 떨어진 산둥반

중국 푸젠(福建)성 푸칭(福淸) 원전 가운데 중국이 자체 개발한 가압수형 원전 '화룽(華龍) 1호'. 중국의 수출형 원전인 화룽 1호는 현재 전 세계에서 가동 및 건설 숫자가 가장 많은 3세대 원자로다. 사진_신경진 특파원

도 스다오완(石島灣)에는 이미 세계 최초의 소형모듈원전(SMR)인 고온 가스냉각 페블베드 모듈 원자로가 2023년 12월부터 가동 중이다. 남쪽 하이난(海南) 창장(昌江) 원전에서는 2021년 7월 SMR-1호기가 공사를 시작했다. 정범진 경희대 원자력공학과 교수에 따르면 중국은 SMR, 고온가스로(HTGR) 등 거의 모든 종류의 4세대 원자로 노형마다 한국의 전체 원전 연구비에 해당하는 국가 연구비를 투입하고 있다.

4세대 원전은 전 세계가 패권을 차지하려고 겨루는 전쟁터다. 미국도 대놓고 원전 강화에 나서는 분위기다. 도널드 트럼프 미국 대통령은 2025년 7월 '크고 아름다운 법안(One Big Beautiful Bill Act)'에서 원자력 산업에 세액공제를 약속했다. 2050년까지 발전용량을 현재의 4배로 늘리겠다고 공언했다. 영국 주간지 이코노미스트는 비현실적인 목표라고 평가하면서도 '미국 정치권을 움직이게 했다'고 긍정적으로 평가했다.

미국 스타링크 추격 나선 중국… 자본시장도 준비 완료

중국은 위성인터넷 인프라 구축도 원전 못지않게 적극적이다. 위성인터넷은 차세대 통신 표준을 결정하는 6G의 핵심 인프라여서다. 위성인터넷은 미국이 저만치 앞서 나갔다. 일론 머스크의 스타링크는 4만2000개의 저궤도 위성 발사를 목표로 제시했다. 스타링크 공식 사이트에 따르면 이미 6750개 이상의 위성으로 서비스 중이다.

중국은 즉각 추격에 나섰다. 하이난의 원창(文昌), 산시성 타이위안(太原) 발사장도 인프라를 확충했다. 톈빙커지는 국가 위성 발사장인 주취안(酒泉)에 민간 액체연료 발사장을 완성했다. 로켓과 위성을 만드는 우주산업의 공급망도 완비했다. 상하이 G60 위성산업단지는 1.5일마다 위성 1대를 생산할 수 있는 능력을 갖췄다는 평가를 받는다. 2024년 리창 총리의 정부업무보고에 '상업우주'가 처음 포함되면서 관련 기업의 주식 상장이 원활해졌다. 란젠항톈, 중커위항은 기업공개(IPO) 절차를 시작했다.

싼샤댐 3배 괴물 수력발전소 히말라야 뚫는다

티베트 얄룽창포강 수력발전소 프로젝트는 역대 최대급 규모다. 투자액 1조2000억 위안(약 240조 원). 연간 발전용량은 3000억kWh(킬로와트아워)로 싼샤(三峽·삼협)댐의 세 배다. 중국 국민 3억 명이 1년간 사용할 수 있는 전력량이라고 대만 연합보는 추산했다. 투자액은 양쯔강을 가로막은 싼샤댐의 4.7배다.

얄룽창포 공정의 첫째 목적은 경제 부흥이다. 대규모 수리(水利) 공정은 건설 과정에서 기계·철강 등 연관 산업 수요를 일으킨다. 훙밍더(洪銘德) 대만 국방안전연구원(INDSR) 연구원은 "티베트는 매년 200억 위안(약 4조 원)의 재정수입을 거둘 것"이라며 "30만 개 이상의 일자리는 덤"이라고 분석했다.

히말라야 산맥에 2000m 낙차의 물길 터널을 뚫는 티베트 린즈(林芝)와 모튀(墨脫)시에는 신도시가 착착 건설된다. 내륙과 격리됐던 척박한 땅에 도시 경제가 활기를 띤다는 의미다.

더 중요한 노림수는 에너지다. 티베트는 에너지 수요가 적다. 얄룽창포댐에서 생산될 전력의 대부분은 광둥성 주장(珠江) 삼각주와 상하이·항저우가 있는 양쯔강 삼각주까지 중국을 관통해 송전할 계획이다. 이 송전량이 석유와 석탄 화력 발전을 대체한다.

중국은 2024년 기준 5억5000만t의 원유를 수입했다. 해외 의존도는 71.4%에 이른다. 천연가스 의존도는 40.4%다. 얄룽창포 공정이 완료되면 원유 수입량을 20% 줄일 수 있다는 분석이 나온다. 미국이 중동산 원유 수입선을 차단해도 버틸 수 있게 된다. 중국이 히말라야를 뚫는 이유다.

중국의 큰 그림, 동수서산(東數西算)

원전, 위성, 수력발전. 이 모든 건 결국 인공지능(AI) 때문이다. 아무리 기술이 있어도 전력이 뒷받침되지 않으면 소용없다. AI를 돌아가게 하는 펌프는 데이터센터다. 수만 개의 그래픽처리장치(GPU)를 모아놓은 데이터센터는 AI 모델이라는 '뇌'가 움직이도록 데이터를 저장하고 보내는 '심장'이나 다름없다. 그 심장을 뛰게 하는 것이 바로 전력이다. 미국과의 AI 경쟁에서 밀리지 않으려면 필수적이다. 중국 국무원이 차세대 AI 발전 계획을 들고 나오면서 AI를 국가 전략으로 공식화한 것은 2017년. 5년 뒤인 2022년 중국 정부는 동수서산(東數西算) 정책을 들고 나왔다.

동수서산은 중국 동부 지역 데이터(數)를 상대적으로 낙후된 서부 지역으로 옮겨 처리(算)하는 프로젝트다. 국가적인 데이터센터 전략이다. 동부인 베이징·상하이 등은 수요 기반 도시형 노드, 서부인 구이

동수서산 프로젝트
1차 계획에 따른 8대 컴퓨팅 허브

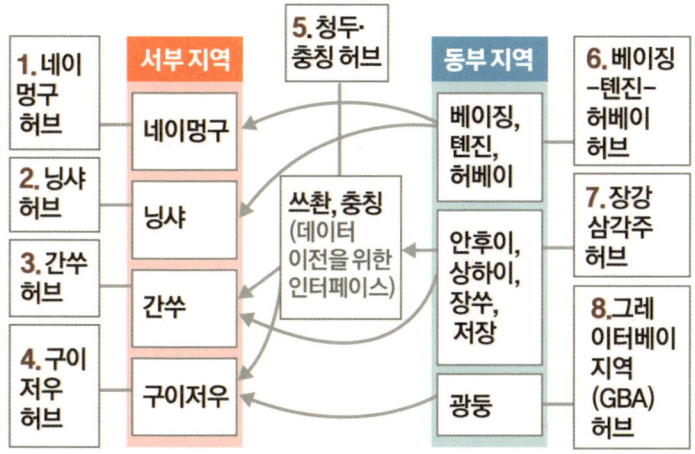

프로젝트 진행 전과 후 데이터센터 분포 변화

단위: % ● 북동부 ● 중앙 ● 서부 ● 동부

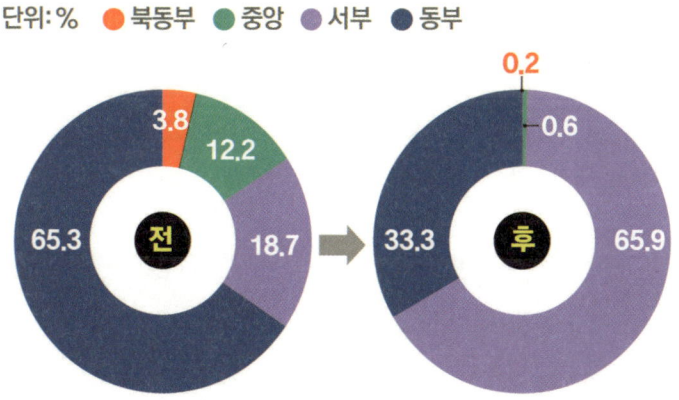

자료: 베이징 한중과기협력센터 재인용

The JoongAng

저우·간쑤·닝샤 등은 에너지 기반 청정에너지형 노드로 구분되어 국가 컴퓨팅 허브를 구축 중이다. 이를 통해 중국은 상대적으로 낙후됐던 서부에도 전력 생산이 가능하도록 기틀을 마련하는 데 성공했다.

컴퓨팅 허브는 총 8곳에 마련됐다. 징진지(베이징·톈진·허베이), 장강삼각주(상하이·장쑤·저장·안후이), 그레이터 베이(광둥·홍콩·마카오), 쓰촨성 청두, 충칭 등 경제적으로 발전된 4곳 그리고 네이멍구, 닝샤, 간쑤, 구이저우 등 경제적으로 낙후된 4곳을 합쳐 8곳이다.

류훙례 중국 국가데이터국 주임에 따르면 8곳에는 195만 개의 서버 랙(서버를 올린 받침대)을 들일 수 있다. 동수서산 정책을 통해 연 4000억 위안(약 80조 원) 규모의 민관 투자가 발생할 전망이다.

동수서산의 핵심은 경제가 발달한 동부의 데이터를 전력이 풍부한 서부에서 처리하는 구조로 만드는 것이다. 특히 AI에 필요한 대규모 모델 학습은 전기와 땅값이 싼 서부에 몰리게 될 전망이다. 서부에서 서버 수천 대를 오래 돌릴 수 있기 때문에 AI 학습·대량 데이터 처리 면에서 비용이 더 적게 든다.

챗GPT 시대 전력 소모 10배 뛰어

컴퓨팅 분야에서 현재는 미국이 압도적으로 강하다. 미국 비영리 연구기관 에포크AI에 따르면, 2025년 5월 기준 미국은 세계 GPU 컴퓨팅 역량의 75%다. 2위인 중국은 15%로 미국과 격차가 크다. 여기 더해 미국은 클라우드 회사 오라클, 챗GPT 개발사 오픈AI, 일본 소프트뱅크와 손잡고 2029년까지 세계 최대 AI 데이터센터 단지를 미국에 조성하는 스타게이트 프로젝트를 추진하겠다고 발표했다. 5000억 달러(약 700조 원)을 들이는 거대 사업이다.

한국의 경우, SK와 아마존웹서비스(AWS)가 손잡고 울산 미포 산단에 국내 최대 AI 전용 데이터센터를 설립한다. 해저케이블에 인접해 있고, 원전에 가까운 점, 바다에 가까워 냉각수 사용이 용이한 점 등을 이유로 울산이 AI 데이터센터로 낙점됐다.

사업비 7조 원을 들여서 건설되는 울산 AI 데이터센터는 2027년 1단계로 40여MW 규모가 첫 가동되고, 2029년 2월까지 103MW 규모로 완공될 예정이다. 울산 AI 데이터센터의 고용 창출 효과는 7만 8000명, 경제 효과는 25조 원으로 예상된다.

문제는 '전기 먹는 하마' 데이터센터를 운영할 때, 충분한 전력을 안정적으로 공급해야 한다는 점이다. 데이터센터 1개가 쓰는 전력은 6000가구(4인 기준)가 쓰는 양과 맞먹는다. 그런데 시장조사기구 가트너에 따르면 2027년 세계 AI 데이터센터 중 40%가 전력난에 시달릴 것으로 전망됐다. 실제로 AI 시대에 전력 소모량이 폭증하고 있다. 구글 검색 1회에 소모되는 전력량은 0.3Wh지만 챗GPT를 사용하면 2.9Wh가 소모되어 전력 소모량이 10배 뛴다. 제때 전력망을 갖추지 못한다면 한국도 2011년 '9·15 대정전'과 같이 대규모 셧다운이 또 올 수도 있으니 대비가 필요하다. 조홍종 단국대 경제학과 교수는 "전력망이 국가 경쟁력이다"면서 "송·배전망 건설·확충에 사활을 걸자"고 강조했다. 조 교수는 "투자와 보상을 통해 조속히 송전망 건설과 배전망 확충에 나서자"면서 "특히 전력 산업 자체를 첨단 산업으로 인식하고 키우자"고 전했다.

중국 허페이시 따라
주식 사면 부자 된다?

"허페이시 정부를 따라 주식을 사면 큰돈을 벌 수 있다."

안후이(安徽)성 허페이(合肥)시 정부의 투자 안목을 믿으라는 취지다. 중국 주식시장에서는 상식이 됐다. 류즈잉(劉志迎) 중국과학기술대학(USTC) 공상관리학과 교수는 『허페이는 모델이 있는가(合肥有模式嗎)』라는 책에서 도시가 투자은행으로 변신한 허페이의 사례를 집중적으로 다뤘다.

일반적으로 정부는 관료주의에 찌든 '복지부동'의 존재다. 중국은 더 그렇다. 그런데 시정부를 따라 주식에 투자하라고? 그게 말이 되나?

그런 일이 실제로 벌어졌다. 수익률이 증명한다. 블룸버그통신에 따르면 허페이의 한 프로젝트 투자는 초기 투입 자금의 5.5배를 회수하는 성과를 냈다. 웬만한 펀드 매니저보다 낫다.

취재진은 허페이시 북쪽에 자리 잡은 신잔(新站)구 하이테크 단지를 찾았다. 허페이시는 우리에게 다소 낯설 수 있으나 TV드라마 '포청천'으로 알려진 포증(包拯, 999~1062), 리커창(李克强, 1955~2023) 전 총리의 고향이기도 하다.

축구장 50개 크기의 고션(Gotion·國軒) 배터리 공장에서는 사람을 찾아보기 어려웠다. 자동화율 95%인 공장에서 현장 인력은 196명에 불과했다. 리튬인산철(LFP) 배터리를 만드는 475m 생산라인은 무인 공장이나 다름없었다. 왕치쑤이(王啓歲) 부총경리(부사장)는 "고션은 'Go Innovation(혁신하라)'의 줄임말"이라며 "허페이 전기차 클러스터에서 혁신의 주역은 고션"이라고 강조했다.

고션은 2023년 리튬인산철 배터리 생산능력 세계 3위의 강자다. 연구개발(R&D)에 매출의 10% 이상을 투입한다. R&D 인력은 2022년

허페이시 북쪽 신잔(新站)구 하이테크 단지의 고션(Gotion · 國軒) 배터리 공장 리튬인산철(LFP) 배터리 생산 건물. 사진_신경진 특파원

6267명에서 2027년 1만 명이 목표다. 2020년 2525건이었던 특허 보유 건수는 2023년 5056건으로 늘었다. 여기서 생산된 고션 배터리는 지분 26%를 보유한 독일 폭스바겐(VW)으로 납품한다.

고션과 허페이는 '피'를 섞은 전략적 파트너다. 모든 일은 2017년 시작됐다. 당시 독일 VW는 전기차 사업을 위해 장화이(江淮·JAC)자동차와 공동으로 허페이에 JAC폭스바겐을 설립했다. VW와 JAC가 지분을 50%씩 투자한 중국 최초의 전기차 회사였다. JAC는 안후이성 정부 산하 국유기업. 안후이성 성정부-VW-JAC의 전기차 동맹이 탄생한 셈이다.

이 동맹에 고션이 가입한 것은 2020년. 당시 VW는 고션의 지분 26.4%(1조8000억 원)를 매입했다. 허페이시는 이때 고션 모회사에 투자(투자액 미공개)하는 방식으로 VW의 투자 리스크를 분담한 것으로 알려졌다. 전기차 클러스터에 필수적인 배터리 기업에 대해 시정부가 '보증'을 선 셈이다. 이는 허페이가 이후에 전기차 니오·BYD 등을 추가 유치해 전기차 메카로 탈바꿈하는 기반이 됐다.

정리하면 이렇다. 시정부가 투자를 통해 기업을 허페이로 끌어들인다. 허페이에 들어온 기업들이 관련 기업을 끌어들인다. 이 과정을 통해 한 도시에 관련 산업의 클러스터가 만들어진다. 이를 설명하는 용어가 바로 '허페이 모델(合肥模式)'이다.

취재진은 음성인식 AI 분야의 선두주자 아이플라이텍, 폭스바겐의 전기차 공장 및 이노베이션 허브, 태양광 솔루션 기업 썬그로우(Sungrow), 저공경제의 주역 공중택시 제조업체 이항 등을 둘러봤다.

허페이 모델 투자 성공 사례

2008년	허페이시와 BOE 1차 협력, 허페이에 6세대 TFT-LCD 생산라인 건설
2012년	허페이시와 BOE 2차 협력, 허페이에 8.5세대 TFT-LCD 전공정 생산라인 건설
2017년	허페이시와 베이징 기가디바이스반도체 협력, 허페이에 19㎚ 공정의 12인치 웨이퍼(DRAM 등 포함 연구개발 프로젝트 유치
2018년	허페이시와 비전옥스(Visionox) 협력 허페이에 6세대 능동형 유기 발광 다이오드(AMOLED) 생산라인 건설 및 투자(유리기판 크기 1500㎜X1850㎜)
2020년	허페이시와 전기차업체 NIO 협력 합의, NIO 본사 허페이 이전
2021년	허페이시와 아이플라이텍(iflytek) 협력, 인공지능 연구개발 생산기지 1기 프로젝트 착수
2022년	허페이시와 비전옥스 2차 협력, 허페이에 6세대 AMOLED 모듈 생산라인 건설, 스마트웨어러블, 폴더블폰 휴대폰, 자동차 디스플레이, 전문가용 디스플레이 포함

자료: 첸하이증권연구소

일본 샤프에 두 번 당한 BOE를 살린 시정부

허페이 모델의 핵심은 시정부의 변신이다. 허페이의 목표에 꼭 맞는 기업을 뽑고, 정부가 주도해 펀드를 만든다. 해당 기업의 지분을 인수하고, 우수한 프로젝트는 시장에 내놓는다. 그렇게 해서 경제 성장, 고용 창출, 산업 고도화가 이루어진다. 투입한 자산 가치가 오르면 정부 지분을 체계적으로 매각한다. 이를 통해 세수 기반을 확충하고 다음 프로젝트에 투자할 시드머니도 마련한다. 자본 시장과 실물 경제가 선순환하는 '허페이 모델'의 사이클이다. 그 핵심에는 혁신·산업·자본·인재의 네 가지 사슬이 있었다.

허페이의 하이테크 굴기(崛起)는 디스플레이 후발업체 BOE 투자로 시작됐다.

브라운관을 대체한 평판 디스플레이 산업은 21세기 초 삼성·LG·소니·샤프 등 한국과 일본 기업이 주도했다. 여기에 추격자 중국이 뛰어들었다. 2003년 옛 현대전자의 LCD 사업부문인 하이디스를 인수한 중국 BOE(京東方)가 5세대 라인을 베이징과 청두에 갖추며 한국과 일본 추격에 나섰다. 그러던 중 2008년 글로벌 금융위기가 터졌다. 자연히 수요가 급감했다. BOE는 생존이냐 도약이냐의 갈림길에 섰다. 막대한 자본을 투자하는 생산라인 업그레이드 말고는 돌파구가 없었다.

BOE는 즉각 선전(深圳)시를 찾아갔다.

"6.5세대 생산라인 구축에 투자한다면 베이징 본사를 선전으로 이전하겠다."

그런데 일본의 샤프가 발 빠르게 개입했다. 선전시는 BOE보다 선진기술을 가진 샤프를 선택했다. 거절당한 BOE는 이번에는 상하이의 문을 두드렸다. 샤프가 다시 따라왔다. 상하이 역시 BOE 대신 샤프의 손을 들어주었다.

그렇게 갈 곳을 잃은 BOE 소식을 들은 허페이시 대표단은 직접 BOE를 찾아갔다. 두 차례 샤프에게 새치기를 당한 BOE는 허페이시에 물었다.

"BOE와 샤프 중 누구를 택할 겁니까?"

허페이의 답은 절묘했다.

"샤프가 허페이에 오겠다면, 두 회사 모두에 투자하겠습니다."

BOE는 허페이를 선택했다. 허페이는 2008년 300억 위안(약 6조 원)이던 재정의 절반에 해당하는 150억 위안(3조 원)을 BOE에 투자했다. 지하철 건설 계획도 접었다. 시에서는 "시 예산으로 무리한 도박 아니냐"라는 비난이 쏟아졌다.

비난을 뒤로 한 채, 2010년 11월 허페이의 BOE 6세대 생산라인이 착공 18개월 만에 양산을 시작했다. 중국 최초로 32인치 LCD를 만들며 글로벌 선두 업체로 도약했다. 시는 2012년 8.5세대, 2016년 10.5세대 TFT-LCD 생산라인 건설에 추가로 투자했다. 사이사이 허페이는 투자 회수에 성공했다. 디스플레이 선도 기업을 유치하자 핵심 소재 등 100여 개 상·하류(전후방) 연관 기업이 허페이로 몰려왔다. BOE는 무명의 부품기업에서 출하량 기준 세계 최대 LCD 패널 제조사로 변신했다.

자금난에 시달리던 전기차 업체 지분 1조 원 샀다

2017년에는 메모리 제조사인 CXMT(長鑫存儲·창신메모리)를 유치하는 데 성공했다. 2020년에는 자금 부족에 시달리던 전기차 업체 니오(NIO)에 지분 매입 방식으로 70억 위안(약 1조4000억 원)을 투자했다.

허페이의 니오 투자는 우연이 아니었다. 2019년 중국 공업정보화

●41

부가 '신에너지차 산업 발전 계획'(2021~2035)을 발표하자 허페이시는 국유 자동차 기업 JAC와 안카이(安凱)를 전기차 업체로 변신시키겠다는 전략적 목표를 세웠다.

마침 중국의 테슬라로 불리던 전기차업체 니오는 단기적인 현금 부족에 시달렸다. 그때 리빈(李斌) 니오 회장이 전국 18개 도시를 돌며 자금조달에 나섰다. 허페이는 주저 없이 니오의 '백기사'를 자처했다. 목적은 '구제'가 아니었다. 전기차 산업 사슬을 허페이로 유치하기 위한 마중물 전략이었다. 허페이 덕에 위기에서 벗어난 니오는 본사와 생산시설을 허페이로 이전했다.

2년 만에 니오는 자금난에서 벗어났고, 주가는 급등했다. 블룸버그에 따르면 허페이는 초기 투자금의 5.5배를 회수했다. BOE와 니오에 투자한 허페이 건설투자홀딩스는 2019~2021년 해마다 50억 위안(약 1조 원)의 투자 수익을 거뒀다.

연이은 투자 성공에 허페이는 '벤처투자자 지방정부'라는 별명을 갖게 됐다. 전문가팀이 산업을 면밀하게 연구하고, 허페이의 기반 기술을 점검한 뒤 전문 기관과 협의해 투자 결정을 내린 덕분이었다.

3대 홀딩스가 상호 견제

첸하이 증권의 '허페이 모델 분석 보고서'에 따르면 허페이시의 정부기금은 "단기적으로 측정 가능한 투자 수익이 아닌 중소기업 육성, 산업 사슬의 강화, 도시산업의 업그레이드 촉진을 목적으로 한다"고

중국 최대 음성인식 AI 기업 아이플라이텍의 허페이 본사 전시실 입구. 사진_신경진 특파원

한다. 시정부는 투자가 만들어낼 유입 인구의 규모, 고용 인원, 토지 가격 등을 종합적으로 판단한다. 2024년 기준 허페이는 장부상 300억 위안(6조 원)의 수익을 거둔 것으로 알려진다.

허페이의 투자는 3대 금융 플랫폼을 통해 이루어진다. ① 허페이시 건설투자홀딩스 ②허페이 싱타이(興泰) 금융홀딩스 ③허페이시 산업투자홀딩스가 3대 플랫폼이다.

이때 특징은 3대 투자 홀딩스가 서로를 견제하면서도 각자 부족한 '빈틈'을 메운다는 점이다. 투자리스크를 나눠 가지는 '헤지(hedge)'도 가능하다.

허페이는 두 가지 전략을 쓰고 있다. '큰 나무 옮겨심기(移大樹)'와 '묘목 키우기(育幼苗)'다. '큰 나무 옮겨심기'는 성장을 위해 추가 투자가 필요하지만, 당장 보유 자금이 부족한 기업을 대상으로 한다. 허페이시는 자금을 대는 조건으로 본사나 제조 공장을 허페이로 옮길 것을 요구한다. BOE와 니오가 여기에 해당한다.

'묘목 키우기'는 중국 과기대의 연구 성과가 중심이다. 허페이 창업 인큐베이터에서 투자를 통해 묘목을 큰 나무로 키우는 방식이다. 아이플라이텍이 대표 사례다. 중국과학기술대학(USTC) 출신의 류칭펑(劉慶峰) 아이플라이텍 창립자. 그의 스승은 1982년 음성 관련 논문을 처음 발표했다. 1999년 류칭펑은 박사를 딴 뒤 대학 연구실에서 친구 몇 명과 함께 창업, 2008년에야 아이플라이텍은 주식 상장에 성공했다. 오랜 시간을 견딘 끝에 시장가치 1000억 위안(20조 원)의 대기업으로 성장했다. 수십 년에 걸친 '묘목 키우기'의 성공 사례다.

허페이 모델은 지금도 진화하고 있다. 디스플레이, 전기차, 반도체에서 성공을 기반으로 AI, 양자 컴퓨팅, 핵융합, 바이오테크 등 미래 산업까지 영역을 넓혔다. 허페이 '퀀텀대로'에는 20개 이상의 양자 전문 기업이 들어섰다. 중국 최대의 양자 컴퓨팅 산업 사슬이다.

인구 985만 명인 허페이의 2024년 성장률은 6.1%다. 전국 성장률 5%를 웃돈다. 한때 낙후된 고장으로 여겨진 허페이 주민은 첨단 산업단지를 기반으로 중국 평균을 뛰어넘는 가처분소득을 누린다. 뤄윈펑(羅雲峰) 허페이 시장은 "혁신 기업의 성장에 필요한 시나리오 1000개를 만들어 모든 상황마다 맞춤형 서비스를 제공하겠다"고 밝혔다.

애플은 못 한 걸
샤오미는 할 수 있었던 까닭은?

"중국을 이기려면 중국처럼 행동하라." 중국의 하이테크 혁신을 두고 나온 말이다.

'뭐라고? 사회주의의 나라 중국을 닮으라고? 그게 말이 되나? 그들의 하이테크 굴기가 아무리 출중하다기로 중국을 따라 하라니….' 당연히 이런 반박이 나올 만하다.

그런데 이 말의 주인공은 기술 혁신과 공공 정책을 주로 연구하는 미국의 비영리 싱크탱크인 정보기술혁신재단(ITIF)이다. 중국의 하이테크 혁신을 주제로 낸 보고서의 결론이다. '시장자본주의 본산인 미국의 간판 싱크탱크 맞나?'라는 생각이 들 수밖에 없다.

보고서는 이유를 이렇게 설명한다.

"중국은 AI·로봇·전기차 등 미래 산업에서 이미 서방 국가를 추월했거나 추월할 기세다. 미국이 중국을 따돌리는 가장 확실한 전략은 중국처럼 '국가 권력 자본주의(National power capitalism)'를 채택하는 것이다. (중국이 그렇듯) 국가가 강력한 리더십을 발휘해 혁신을 주도해야 한다."

미국에서조차 정부 주도의 혁신에 나서자는 주문이 나오는 것이다. 그렇다면 우리는 물어야 한다. 도대체 중국의 국가 주도형 혁신은 어떻게 작동하는지 말이다.

샤오미(小米)는 했고, 애플은 포기했다. 스마트 자동차 얘기다. 샤오미의 대표 모델은 세단형 전기차 'SU7'과 SUV 'YU7'이다. 취재진은 이 두 모델이 생산되는 베이징 이좡(亦庄) 경제기술개발구의 '슈퍼팩토리'를 찾았다. 전시장 겸 본관 1층으로 들어서니 하늘에 매달린 자동차 두 대가 보인다. 'SU7'이다. 자동차는 뫼비우스 띠를 타고 달리고 있다. 무한 질주를 상징한다고 했다. 공장은 축구장 55개 넓이. 투어는 차를 타고 진행됐다.

베이징에 있는 샤오미 슈퍼팩토리의 차체 조립 공정에서 로봇들이 작업하고 있다. 사진_샤오미

없는 건 사람이었고, 있는 건 로봇이었다. 처음 참관한 바디(차체) 공정에는 로봇만 분주할 뿐 사람은 보이지 않았다. 안내 직원은 "전체 공정의 91%가 자동화돼 있고, 차체·조립 등 핵심 공정은 자동화율이 100%에 달한다"고 설명했다. 차체 공정의 경우 124대 로봇이 일하고 있단다.

사람은 교대 근무를 해야 하지만 로봇은 24시간 일한다. 어둠 속에서도 로봇이 작업을 진행하는 '다크 팩토리(黑燈工場)'가 구현되고 있다. 연간 35만 대 생산 체제, 약 76초에 1대가 출고된다고 했다.

본관 1층 제품 전시실. '사람·자동차·집(人·車·家)'을 연결하는 스마트 생태계를 보여주고 있다. 자동차는 샤오미 생태계에서 구동되는 스마트 기기의 하나일 뿐이다. 자동차에서 음성으로 명령을 내리면 집 에어컨이 켜지고, 전동 커튼이 자동으로 열린다. 전기 청소기를 구동할 수도 있다. 휴대전화와 자동차, 가전제품을 하나로 통합하는 '카홈(Car Home) 시스템'이다. 샤오미는 이를 위해 전용 스마

샤오미 YU7. 샤오미의 SUV 모델. 사진_왕철 중국연구소 연구원

트 운영체제인 '하이퍼OS'를 개발했다.

샤오미 창립자 레이쥔이 스마트 전기차를 만들겠다고 선언한 건 2021년 3월이다. 꼭 3년이 지난 2024년 3월 레이쥔은 SU7 출시를 발표했다. 정말이지 '뚝딱' 만들었다. 2025년 6월에는 SUV형 YU7 시판에 들어갔다. 예약 판매 3분 만에 20만 대가 팔려 화제가 된 모델이다. 애플과 비교된다. 애플은 샤오미가 SU7 출시를 발표했던 바로 그즈음, 10여 년간 지속해온 '애플 카' 개발을 포기한다고 발표했다. 샤오미는 했고, 애플은 포기했다.

왜 애플은 실패하고, 샤오미는 성공했을까

하이테크 제조업 발전에는 3가지 요소가 필요하다. ①제조 능력 ②기술 ③시장이 그것이다. 지금 이 조건을 충족하는 나라는 사실상 중국뿐이다.

중국은 '못 만드는 제품이 없다'고 할 정도로 제조 역량이 뛰어나다. 샤오미가 3년 만에 뚝딱 스마트 전기차를 만들 수 있었던 힘도 여기에 있다. 축적된 자동차 제조 역량이 있고, 퍼스트 무버(first mover) 수준으로 올라선 기술이 있고, 3분 만에 20만 대를 팔 만큼 거대한 시장이 있기에 가능했다. 여기서 끝이 아니다. 중국 하이테크에는 성공 요소가 한 가지 더 있다. 바로 정부의 '보이는 손'이다.

정부는 톱 레벨(고위급)의 정책 설계(頂層設計)를 통해 비전과 목표를 제시하고, 조정자 역할을 맡는다. 정책이 일단 정해지면, 추진에 속도가 붙는다. 기금을 조성해 기업을 지원하고, 행정력을 동원해

외국 기업을 쫓아내기도 한다.

　그렇다고 일방적으로 기업을 통제하는 것은 아니다. 정부는 기업이 혁신의 주체라는 걸 인정하고, 기업의 시장 활동에는 과도하게 개입하지 않는다. 베이징대 류더잉 혁신창업연구원 원장은 "오랜 시간 경험을 거쳐 정부는 방향을 제시하고 지원하지만 간섭하지 않는다는 원칙을 지켜나가고 있다"고 말했다. 기업은 치열한 시장 경쟁에서 살아남아야 하고, 결국 시장은 승자 위주로 재편된다.

　사회주의 나라 중국에서의 시장 경쟁은 우리의 상상을 초월한다. 시장이 곧 정글이다. 기업은 시장 경쟁을 통해 비용을 줄이고, 기술 진보를 이루어낸다.

　황재원 대한무역투자진흥공사(코트라 · KOTRA) 중국 본부장은 "시장은 승자에게 부를 몰아주고, 패자를 퇴출한다"고 말했다. 누군가는 '치열한 경쟁으로 중국 전기차 산업에 망조가 들고 있다'고 말한다. 그런데 실상은 그렇지 않다. 경쟁은 옥석을 가리는 과정일 뿐이다. 정부는 초기에 산업 지원에 나서지만, 산업이 성숙하면 기업을 경쟁의 장으로 내몬다. 그런 면에서 중국의 시장은 혁신의 판별자이기도 하다.

엔비디아 칩 불허, 공무원 아이폰 사용금지의 속내

'엔비디아 칩 사지 말고, 중국산 칩을 써야 한다' 이 한 마디에도 중국 정부의 보이는 손이 작동한다. 중국은 2025년 9월 17일 알리바바 · 바이트댄스 등 자국 기업에 "엔비디아 칩을 사지 말라"는 지침을 내렸다. 엔비디아의 중국 전용 최신형 칩 'RTX 6000D'의 구매를 중단하라는 지시다. 엔비디아 입장에서는 중국 시장을 고스란히 내놔야 할 처지다. 이 소식에 주가는 출렁했다.

이런 일, 중국에서는 아주 흔하게 벌어진다. 중국은 외국 기술·제품이 대체 불가능하다고 판단하면 그 기술·제품을 모방한다. 제품의 경우 외국산이라도 시장에서 자유롭게 팔리도록 문호도 열어둔다. 그러다가 "이제 중국 제품 경쟁력이 충분하다"는 판단이 들면 변검에서 순식간에 가면을 바꾸듯 돌변한다. 시장에서 밀어내기가 시작된다.

대표 사례가 공무원들에게 애플 아이폰을 못 쓰게 한 것이다. 2023년 9월 중국은 공무원들에게 직장 내 아이폰 사용 금지를 명령했다. 아이폰이 내일 시장에서 사라진다고 해도 중국에는 아무런 문제가 없다. 이미 대체 가능한 국산 제품이 널렸기 때문이다. 결국 중국이 '아이폰 금지' 정책을 내놓은 건 '국내 제품 경쟁력이 충분히 올라왔다'는 판단이 섰기 때문이라는 지적이다.

2016년에는 삼성전자도 당했다. 당시 '갤럭시 노트7' 배터리 화재 사건이 터졌다. 삼성은 전 세계 모든 제품에 대한 판매 중단 및 대규모 리콜(회수)을 발표했다. 그런데 1차 리콜 조치 대상 국가에 중국이 제외돼 있었다. 그 뒤 중국에서 판매된 제품도 폭발하면서 삼성전자가 전액 환불 조치를 했다. 그런데도 중국은 갤럭시 폰을 밀어냈다. 삼성 관계자는 "중국의 스마트폰 기술이 이제는 궤도에 올랐다고 판단, 화재를 빌미로 갤럭시를 퇴출했다는 생각이 든다"고 말했다. 시장에서는 삼성폰에 이어 아이폰도 중국 시장에서 퇴출 수순을 밟고 있다는 얘기가 나온다.

그렇다면 중국은 왜 엔비디아의 뒤통수를 때렸는지도 자연히 알수 있다. 삼성 갤럭시, 아이폰 등과 다르지 않다.

2025년 9월 19일 화웨이가 새로운 AI 칩 기술을 공개했다. 엔비디아 칩 구매 불허 뉴스가 전해진 지 이틀 뒤였다. 이와 함께 새 AI 클러스터 기술을 공개했다. 엔비디아가 지배하는 AI 칩 시장에도 도전해 볼 만하다는 출사표인 셈이다. 로이터통신은 "수년간 한국 SK하이닉스 · 삼성전자와 미국 마이크론 등이 주도하는 HBM 기술을 화웨이도 갖게 됐다"고 평했다.

중국의 AI 칩 기술은 엔비디아를 위협할 수준이다. 캠브리콘은 개발 중인 쓰위안690 칩이 엔비디아의 H100 수준에 이를 것이라고 자신한다. 화웨이의 경우 개발 중인 '어센드 920'이 H20을 완전히 대체할 수 있다고 밝혔다. 바이두는 자체 개발한 '쿤룬(崑崙)' 칩을 클라우드 데이터센터에 쓰고 있다. 알리바바는 최근 엔비디아 제품과 호환되는 AI 칩을 개발했다고 발표했다.

엔비디아 칩 구매 불허. 표면상으로는 미중 갈등이 이유로 보이지만 실상은 다르다. 중국이 AI 반도체 분야에서 경쟁력이 커졌다고 자체적으로 판단했기 때문이라고 봐야 한다. 엔비디아 칩 구매 불허와 화웨이의 발표. 중국 정부가 기업의 뒷배가 되어주는 최신 버전을 또다시 목도한 셈이다.

K배터리가 꺾인 것도 중국 정부의 '녹색 번호판' 정책과 맞물려 있다.

녹색 번호판에 깃든
중국 정부의 은밀한 손

한국 배터리의 세계시장 점유율은 SNE리서치 기준으로 4년 만에 30%대에서 10%대로 곤두박질쳤다. 중국은? 1·2위인 CATL과 BYD만 합쳐도 55.7%. 세계 절반 이상을 중국이 먹었다. 상위 10개 기업 중에서 중국 6곳, 한국 3곳, 일본 1곳이다. 한·중·일 배터리 삼국지에서 중국은 압도적인 승자다.

중국 배터리업체 CATL 등이 급속히 성장한 뒤에는 정부의 집요하고 전방위적인 정책 지원이 있었다. 전기차 보급을 위해 시행된 중국 정부의 '번호판' 전략을 살펴보는 이유다.

중국은 2000년대 초부터 자동차 등록 제한 정책을 시행해 왔다. 대기 오염과 교통난 때문에 도시별로 연간 자동차 번호판 발급량을 제한했다. 지금도 베이징·상하이 등 대도시에서는 추첨·경매 방식으로 번호판을 사야만 자동차를 살 수 있다. 차량 증가 억제를 위한 고육책이다. '차를 사는 것보다 번호판을 구하는 것이 더 어렵다'는 말이 나오기도 한다. 베이징·상하이에서는 출퇴근 시간의 경우, 다른 도시 번호판 차량은 통행을 금지하는 초강경 조치도 시행했다. 번

중국의 녹색번호판. 이 번호판이 중국 전기차 생태계를 바꿔놓았다. 사진_바이두

호판 확보는 하늘의 별 따기였다. 그랬던 중국 정부가 2016년 전기차 보급을 위해 묘책을 꺼냈다. 신(新)에너지차 전용 번호판(녹색 번호판)만큼은 무료로 발급하기로 한 것. 2016년 여러 도시에서 시범 도입됐고, 베이징에서는 2017년 말 본격 시행됐다. 전기차 보급이 폭발적으로 늘어나는 계기가 되었다.

번호판을 공짜로 준다니 소비자들이 전기차로 몰릴 수밖에 없었다. 번호판은 주차료와 통행료를 깎아주기도 했다. 2022년 이후 전기차 구매 시 10%의 구매세 면제 혜택을 주었다. 이제 녹색 번호판을 달지 않으면 손해를 보는 상황이 됐다. 그렇게 녹색 번호판 제도는 중국을 '전기차 왕국'으로 만드는 마중물이 됐다.

녹색 번호판은 하이테크 산업 육성을 위한 지극히 작은 사례일 뿐이다. 지방정부로 가면 더 노골적이고 파격적이다. 상하이·선전에서는 내연기관차를 신에너지차로 전환할 경우 할인해 주는 프로그램을 운영했다. 선전시의 경우, 택시는 전기차 전환을 의무화했다. 선

전시에 본사를 둔 BYD의 전기 택시가 급속도로 보급된 이유다.

컨설팅업체 로듐그룹의 중국 산업 담당 연구원 그레고르 세바스찬은 "BYD의 발전에 선전시의 지원이 중요했다"고 말했다. 베이징, 상하이 등 주요 도시 시내를 달리는 자동차 10대 중 4대는 녹색 번호판 차량이다. 선전의 신에너지 차량 보급률은 2022년 57%에서 불과 2년 만인 2024년 75.9%로 뛰어올랐다.

미국 싱크탱크인 전략국제문제연구소(CSIS)에 따르면 중국의 전기차 및 배터리 셀·소재 기업들은 지난 15년간 중국 정부에서 2310억 달러(약 329조1750억 원)의 보조금을 받았다고 추정됐다. 이 금액 안에는 무상 토지 제공, 인건비 보조, 산업단지 인프라스트럭처 등 비(非)현금성 지원은 포함되지도 않았다.

상하이 모터쇼에 나온 화웨이. 중국 자동차 업체들은 살아남기 위한 무한 경쟁의 레이스를 벌이고 있다. 사진_한우덕 기자

중국은 다 계획이 있구나… 10년 뒤 계획까지 완료

중국의 큰 그림은 갑자기 툭 튀어나온 게 아니다. 2020년 발표된 신에너지차 산업 발전 계획(2021~2035)에 따르면 중국은 2035년을 '순수 전기차 시대의 원년'으로 삼았다. 특히 버스와 택시에서는 2035년까지 완전한 전기자동차화를 추진하기로 했다. 이와 견줘, 한국의 전기차 보급률은 2023년 5%에서 2025년 5월 22.5%로 올라왔다. 2030년에는 30%까지 끌어올릴 생각이지만 중국에 비하면 여전히 낮다.

세부적으로 중국은 ▶2025년까지 리튬이온 배터리 생산 비용 50% 이상 절감▶2035년까지 완전한 자율주행 시스템 구현이라는 목표도 세웠다. 성능 좋은 전기차를 만드는 건 기업이 할 일이지만, 그 전기차가 도로에서 더 많이 굴러다닐 수 있도록 인프라를 구축하는 건 정부 몫이다. 전기차 생태계는 그렇게 조성됐다. 자국 업체들에 유리하게 울타리를 쳐서 배타적인 시장을 마련해 준 것이다. 덕택에 중국의 전기차 보급률은 세계 1위다. 2030년에는 순수 전기차 비중만 50%를 넘을 전망이다. 그들만의 '초록 만리장성'이다.

소방과 공안은 로봇 사들이는 '나라님'

대부분의 하이테크 제조업, 로봇·AI 등 미래 산업을 파고들면 중국 정부의 다양한 행정 지원을 만나게 된다. 항저우의 로봇 업체 딥로보틱스. 이 회사의 4족 로봇은 언덕으로 오르고, 넘어져도 일어나고, 좁은 굴을 빠져나가고, 사다리를 척척 기어오른다.

그런데 딥로보틱스의 4족 로봇 강아지가 상업화할 수 있었던 건 소방 분야에서 정부 조달이 이루어졌기 때문이다. 대당 7000위안(약 135만 원)에 현지 지방정부에 공급된다. 창사(長沙)시 소방구조대는 4족보행 로봇의 화재 진압 성능 검증을 완료하기도 했다. 로봇은 창사 베이천(北辰) CITIC 은행 창사 지점 빌딩 30층과 44층에서 갇힌 이들을 구조했다. 화재 현장에서 유해가스를 정확하게 감지하고 소방관들을 돕는 등 테스트를 통과한 것이다. 중국 26개 성과 도시에서 이 회사 제품을 사들여 활용 중이다. 제19회 아시안게임이 열렸던 항저우 정부는 딥로보틱스의 4족 로봇을 지하 전력망 점검에 활용했다. 국가전력망 저장전력연구소가 로봇을 도입하면서다. 사람이 직접 지하 전력망을 둘러볼 필요가 줄었고, 로봇 검사로 정확도가 한층 높아졌다. 후난성은 일부 변전소에서 경비를 서는 데 로봇을 활용했다. 푸젠성은 220kV 케이블 터널을 검사하는 데 인력 대신 4족 케이블 검사 로봇을 활용했다. 로봇은 케이블 과열·결함 등의 95%를 조기에 감지해냈다. 딥로보틱스는 지역 정부의 공안(중국의 경찰 조직)에도 납품 중이며 범죄 예방 등에 적극적으로 활용되고 있다.

AI 모델 분야에서도 중국 정부의 지원을 확인할 수 있다. AI 기반의 학술 논문 검색 플랫폼인 'A마이너'를 개발한 탕제(唐杰) 칭화대 컴퓨터공학과 교수는 AI 기업 '즈푸AI'를 설립한 인물이기도 하다. 탕제 연구팀이 2021년 6월 대형 언어 모델(LLM)인 '우다오(悟道)2.0'을 발표했다. 당시 우다오2.0은 미국 오픈AI의 챗GPT3.0보다 성능이 앞섰다는 평가를 받았다.

그런데 '우다오2.0'의 표면적인 개발 주체는 즈푸AI가 아닌 베이징

시정부 산하 비영리 조직인 BAAI다. BAAI가 시정부 · 칭화대 · 즈푸 AI 등과 함께 개발했다고 발표됐다. 즈푸AI가 '우다오2.0'을 BAAI에 헌납하는 형식이 된 셈이다. BAAI는 '우다오' 등 AI 모델 소스를 오픈 플랫폼에 올려 공개했다. 개발은 민간기업이 했지만, 보급은 국가 기관이 맡게 된 셈이다. BAAI는 인재를 발굴하고 정책 건의도 한다. 정부와 기업 · 대학 · 연구소까지 하나로 꿰는 국가 AI 생태계의 허브다. 미국이 이를 모를 리 없다. 2021년 이후 미국은 즈푸AI와 BAAI를 '블랙리스트'에 올려놓고 감시하고 있다.

화웨이가 독자 개발한 스마트폰 운영체제(OS) 훙멍도 비슷하다. 중국 공업정보화부 산하에 있는 '개방 원자 재단(Open Atom Foundation)'이 실질적인 운영 주체다. 화웨이는 훙멍 소스를 모두 이 재단에 헌납했고, 재단이 OS를 업계에 확산한다. 산업별 적용이 가능하도록 시스템을 조율하고 해당 소스를 공개했다. 개방이라는 말이 붙은 것으로 알 수 있듯 원하는 기업은 누구든 가져다 쓸 수 있다. 민간 기술 훙멍이 국가 재산이 된 셈이다. 바이두의 블록체인 플랫폼 '슈퍼체인', 텐센트의 저전력 사물인터넷(IoT) 시스템 '타이니' 등도 유사한 방식으로 중국 전역에 뿌려지고 있다.

중국 혁신의 방법, 신형거국체제

중국 혁신 체계의 핵심은 정부다. 정부가 '이쪽'이라고 방향을 제시하면 기업 · 대학 · 금융기관 등은 일사불란하게 한 곳으로 달린다. 자원은 집중되고, 효율은 높아진다. 이런 발전 전략을 일컫는 말이 바로 '신형거국체제(新型擧國體制)'다. 2025년 3월 리창(李强) 중국 총리는 전인대(의회)에서 '2025 정부 업무 보고'를 낭독했다. 그는 선진 제조업 육성 방안을 밝히면서, 운용 방식으로 '신형거국체제'라는 단어를 들고 왔다. '새로운 형태의 국가 총동원 체제'라는 뜻이다. 국가가 총동원령을 내려 하이테크 산업을 지원하겠다는 선언이기도 하다. 2023년 이후 3년 연속 정부 업무 보고에 등장했던 문구다.

　마오쩌둥(毛澤東) 시대를 연상케 한다. 마오는 중공업 분야 육성을 위해 '거국 체제'를 발동했다. 50년대 말 진행됐던 대약진 운동이 대표 사례다. 당시 중국은 철강 생산을 위해 국가 총동원령을 내렸다. '10년 안에 영국을 추월하고, 20년 안에 미국을 따라잡자(超英赶美)!'라는 슬로건도 내걸었다. 중국 전역에 철강 생산을 위한 소규모 용광로가 만들어지기도 했다. 하지만 실패였다. 기차역에 쌓인 쇳덩이는

마오쩌둥 시기의 대약진 운동 포스터. 거국체제를 상징한다. 사진_바이두

교통망을 마비시켰고, 철강 이외의 산업은 파국으로 치달았다.

그렇게 사라졌던 '거국 체제'라는 용어가 70년이 지난 지금, 시진핑(習近平) 시대 다시 살아났다. 다만 다른 점이 하나 있다. 앞에 '신형(新型)'이라는 말이 붙었다. 여기 '신형'은 '시장의 수급을 고려한다'는 뜻. 하이테크 산업 육성을 위해 국가 총동원령을 내리겠지만, 시장과 보조를 맞춰가며 추진하겠다는 의미다. 시장을 무시한 채 지령(指令)식 정책으로 밀어붙이다 실패한 마오식 거국체제의 한계를 극복하겠다는 뜻이기도 하다.

개혁개방 이후 중국에서 시장은 '수단(tool)'이다. 시장은 자원 배분의 수단이고, 우수 기업을 선별하는 도구다. 기업이 시장에서 마음껏 서로 경쟁하도록 방임한다. 그런가 하면 대학이 산업 수요에 맞춰 인재를 양성할 수 있도록 학사 운영에 최대한의 자율성을 보장한다. 그게 바로 '신형'이 갖는 의미다.

국가 총동원 체제는 시장과 결합하면서 더 강력한 힘을 발휘한다. 정부와 기업, 대학, 금융기관 등이 시장과 대화하며 혁신의 생태계를 만든다. 그게 바로 중국 하이테크 굴기를 낳은 로직이다.

결론은 이렇다. 중국식 혁신에서 정부는 여러 얼굴로 모습을 드러낸다. 녹색 번호판 정책을 통해서 전기차 산업을 열어젖히는 한편, 소방용 로봇을 직접 구매하는 '빅 바이어' 역할을 한다. 민간 기술을 사들이고 이를 국가 전체에 고르게 뿌린다. 없던 시장도 만들어내는 정부다. 중국처럼 없던 시장도 만들어 주는 정부가 될 것인가, 아니면 정부 정책을 기업을 길들이는 '마술봉'처럼 삼는 정부가 될 것인가? 한국은 선택의 기로에 섰다.

제 **2** 장

혁신의 실행자,
기업

중국의 기술 굴기를 상징하는 화웨이의 연구개발(R&D) 심장부

'상하이 렌추후 R&D 센터'. 여의도 절반 크기($1.6km^2$) 부지에

연구원 2만 명이 밀집한 최신식 · 최첨단 연구개발 기지다.

하지만 중앙일보를 초청한 화웨이가 면담 자리에서 꺼내 든

사진 한 장은 '첨단'과는 거리가 멀었다.

눈길을 사로잡은 건 흑백사진 속 소련에서 개발한 일류신(IL-2) 전투기.

제2차 세계대전 당시 총알 세례를 받고 너덜너덜해진 날개로

하늘을 나는 모습이다.

왕젠펑 화웨이 공공 · 정부업무부 총재가 의미심장한 말을 던졌다.

"영웅은 예로부터 많은 시련을 겪습니다.

그런데 그 시련은 우리를 더 강하게 만듭니다."

구멍이 뚫린 날개로도 무사 귀환한 전투기,

그것이 그들이 말하는 '화웨이 정신'이었다.

1563번 추락 끝에
중졸 노점상이 만든 '플라잉카'

2018년 6월 26일, 마침내 날아올랐다. 중국 최초의 플라잉카 유인 비행 성공이었다. 이렇게 날아오르기까지 1563번의 시험 비행이 있었다. 8개 프로펠러의 굉음도 아름다운 합주곡처럼 들렸다. 추락의 상처는 씻은 듯 사라졌다. 그로부터 6년이 지난 2024년 11월 주하이(珠海) 에어쇼.

"세계 최초로 공개합니다! 변신!" 외마디 소리와 함께 대형 승합차의 뒷문이 열렸다. 그러자 트렁크 안에서 전기수직이착륙기(eVTOL)가 서서히 모습을 드러냈다. 샤오펑후이톈(小鵬匯天)이 만든 '육지항공모함'이었다. 자동차 모듈과 비행 모듈을 결합한 분리형 플라잉카다. 샤오펑후이톈의 창업자 자오더리(趙德力)가 직접 비행 모듈을 조종해 날아올랐다. 그는 엔지니어도, 항공 전문가도 아니었다. 1978

년 중국 후난(湖南)성 한서우(漢壽)현에서 태어난 자오는 전형적인 시골 아이였다. 둥팅후(洞庭湖) 습지를 끼고 놀던 어느 날, 멀리서 날아오른 헬리콥터 한 대가 인생의 방향타를 돌려놓았다. '하늘을 날고 싶다'는 꿈이 생긴 것이다.

5남매 중 막내인 자오는 고등학교 졸업장도 못 받고 생업에 뛰어들었다. 광둥(廣東)성에서 생산직과 노점상, 경비원 등으로 일하면서 돈을 모았다. 작은 식당을 열어 적지 않은 돈을 모으기도 했다. 모은 돈을 긁어모아 모형 비행기와 초소형 연료 헬리콥터를 개발했다. 직접 하늘을 날겠다며 비행교육도 받았다.

집 담보 잡혀 만든 비행 기업

자오는 2013년 전문 지식도 없이 직원 20명과 함께 후이톈(匯天)이라는 비행 관련 기업을 설립했다. 매순간이 가시밭길이었다. 사업으로 모은 자본금은 순식간에 사라졌고 직원들도 하나둘 떠나갔다. 남은 건 자신과 조카뿐이었다. 프로펠러와 모터, 배터리를 교체하면서 매번 수백만 원씩 까먹었다. 결국 집을 담보로 대출을 받았다. 부품은 외상으로 조달했다. 끝이 보이지 않는 어둡고 긴 터널을 헤쳐나갔다.

넘어지고 깨진 모든 순간이 성공의 밑천이 됐다. 그는 균형추 비행에 만족하지 않고 직접 비행기에 올라탔다. 수십 차례 추락하며 크게 다치는 일도 반복됐다. 그래도 그는 다시 조종간을 잡았다. 자오더리는 굉음과 함께 황무지 위를 날았다. 고도 8m 높이에서 안정적으로 호버링(제자리 비행)했다. 그러곤 무사히 땅에 안착했다. 『서유

직접 비행기를 개발해 시험 운항 중인 자오더리. 사진_광저우일보

기』에 등장하는 하늘을 나는 구름의 이름을 딴 '진더우윈(筋斗雲·근두
윈)'이 첫 유인 비행에 성공한 순간. 1564차례의 시험 끝에 이루어냈
다. 지상에 발을 디딘 자오더리는 기쁨의 눈물을 흘리고 있던 아내를
뜨겁게 끌어안았다.

성공스토리는 널리 퍼졌다. '비행 괴짜'로 전국구 스타가 됐다. 미
국과 유럽, 남미 등에서도 그를 주목했다. 그는 TV 출연으로 돈을 벌
면서도 연구팀을 꾸리고 차세대 모델 개발을 멈추지 않았다. 자오더
리는 허샤오펑(何小鵬)을 만난 2020년 본격적으로 날아올랐다. 샤오
펑자동차 창업자인 허샤오펑은 영상으로 접한 자오더리의 이야기에
매료됐다. 자오더리를 직접 만난 뒤 곧바로 투자를 결정했다. 직접
목숨을 걸고 시험하는 기업가 정신이 그를 사로잡았다. 이 모든 건
허샤오펑이 자오더리에게 건넨 첫마디로 시작됐다.

"얘기부터 하실래요? 아니면 일단 한번 타볼까요?"

허샤오펑은 자오더리의 꿈에 통 크게 베팅한다. 둘의 만남이 이루
어진 뒤 허샤오펑이 우선주와 전환사채를 매입하는 방식으로 자오더

리에게 9000만 달러(약 1262억 원)를 지원했다고 중국 경제매체 차이렌이 전했다.

연구개발 인력이 80%, 길이 없으면 길을 만든다

취재진이 방문한 광둥성 광저우(廣州)시 샤오펑후이톈 본사. 자오더리의 꿈이 현실로 이루어진 순간들을 전시한 '박물관'이었다. 로비한 쪽 벽을 가득 메운 특허증서들이 눈에 들어왔다. 안내 직원은 샤오펑후이톈의 자랑이라고 설명했다. 2024년까지 등록한 특허 889종 가운데 대부분이 발명특허(623종)다. 직원 1400명 가운데 80% 이상이 연구개발 인력이다.

전시장에는 샤오펑후이톈의 플라잉카들이 놓여 있었다. CEO가 에어쇼에서 타고 나타났던 육지항공모함이 가장 넓은 공간을 차지했다. 5.5m 길이의 자동차 모듈에는 최대 5인, 비행 모듈에는 조종사

샤오펑후이톈이 개발한 육지항공모함. 사진_샤오펑후이톈 홈페이지

를 포함한 2명이 탈 수 있다. 비행 시 자율주행 모드도 가능하다. 샤오펑후이텐의 대외 홍보 담당 천푸민(陳馥敏)은 "우리는 세계 최초의 플라잉카를 양산했다"면서 "2026년부터 연간 1만 대를 양산할 수 있다"고 설명했다. 판매가는 200만 위안(4억 원)보다 낮을 것이라고 한다. 사전 접수한 주문만 5000건에 달한다.

중국의 주요 저공경제 기업

사명/설립자	위치	특징
샤오펑후이텐 자오더리	광저우	자동차와 비행 모듈 결합한 육상항공모함
이항 후화즈	광저우	세계 최초 자율비행 eVTOL 상업운항인증(OC)
DJI 왕타오	선전	세계 최대 드론 제조업체
에어로푸지아 궈량	청두	지리자동차그룹 자회사
워란터 둥밍	상하이	4인 이상 유인 eVTOL 최다 판매
펑페이항공 톈위	상하이	세계 최초 2톤 초과 eVTOL
항톈차이훙 중국항공우주과학기술그룹	베이징	고성능 방산용 무인기
주이멍쿵톈 차이원콴	쑤저우	액체수소 연료 틸트로터 eVTOL
티캡테크 황융웨이	상하이	5인승 틸트로터 eVTOL
위펑웨이라이 셰링	상하이	5인 탑승 eVTOL

200조 원 규모의 저공경제

샤오펑후이톈이 몸담은 분야는 중국에서 새롭게 부상하는 '저공(低空)경제'다. 저공경제는 지표면 위 1000m 이하의 낮은 고도에서 이루어지는 비행 활동을 중심으로 항공기 제조, 운영 서비스, 인프라와 파생산업 전반을 포괄하는 새로운 경제 영역이다. 전기수직이착륙기(eVTOL), 드론, 경(輕)항공기를 활용한 물류·여객·관광·응급구호 등이 대표적 응용 분야다. 에어택시·화물운송 같은 서비스뿐 아니라 기체 제작과 인프라 구축 등 제반 산업을 포괄한다. 도심항공교통(UAM)보다 확장된 개념이다.

중국은 2024년 중앙경제공작회의에서 저공경제를 전략적 신흥산업에 포함시키며 공식 정책 테이블에 올렸다. 2025년 3월 리창(李强) 국무원 총리는 "저공경제를 새로운 성장 동력으로 육성하겠다"고 공식 선언했다. 중국민용항공기협회가 기술 표준을 처음 발표한 것도 그 직후였다.

중국 민용항공국(CAAC)에 따르면 2023년 저공경제 시장 규모는 5059억 위안(약 101조 원)에서 2026년 1조 위안(약 200조 원)을 돌파할 전망이다. 해당 산업은 2035년 3조5000억 위안(약 700조 원)으로 성장할 전망이다.

물론 넘어야 할 산도 있다. 중국 교통운수부는 기술 미성숙과 인프라 부족, 수익 모델 한계, 보안 등을 저공경제 발전의 장애요소로 꼽았다. 그럼에도 중앙정부와 지방정부 모두 막대한 인프라 투자와 함께 시범구역 조성에 박차를 가하고 있다. 특히 광저우에서만 2027년까지 100개 이상의 도심항공교통(UAM) 이착륙장이 완공될 예정이다.

광저우가 이처럼 저공경제에 힘을 쏟는 이유는 광저우에 자동차와 전자 부품 분야의 전통적인 클러스터가 있기 때문이다. 특히 플라잉카는 동력 시스템 등에서 자동차와 기술적으로 많은 부분이 겹친다. 광저우 지방정부는 형식증명(TC)과 생산증명(PC) 등을 받는 경우 저공경제 기업에게 최대 1500만 위안(약 30억 원)에 달하는 재정 보조금을 준다. 또한 도심 내 저공경제 시범지구를 조성했다.

저공경제의 선두 기업으로는 이항(EHang) 등을 꼽을 수 있다. 2014년 배달용 드론 제조업체로 시작한 이항은 최근 사우디아라비아 · 아랍에미리트(UAE) 등과도 협력을 논의 중이다. 세계 드론 시장의 70%를 차지한 DJI 역시 빼놓을 수 없다. 고정익 · 다축 드론 기술, 비행 제어 시스템, 저궤도 항공 데이터 플랫폼 등의 핵심 기술을 확보한

이항 EH-216 모델. 이항의 2인승 모델 eVTOL 'EH-216'은 2025년 3월 중국 CAAC로부터 전 세계 유일하게 운항 인증(OC · Operating Certificate)을 받았다. 사진_이항

기업이다. 이를 통해 다른 기업들에 부품 및 플랫폼 생태계를 만들어 주는 '허브' 역할을 한다.

지리자동차그룹의 항공사업을 맡은 에어로푸지아는 모그룹의 자동차 기술과 자본력을 토대로 항공업계에 영향력을 확장하고 있다. 객실형 eVTOL을 개발하는 신생 기업인 워란터도 주목할 만하다. 조종사 1명과 승객 4~5명을 태울 수 있는 중소형 eVTOL로, 기술 설계와 인증 역량 확보에 중점을 두며 상업·통근용 도심항공모빌리티 시장을 개척하고 있다. 펑페이항공은 도심항공모빌리티와 공중물류를 동시에 겨냥하는 기업이다. 복합익 구조를 통해 수직 이착륙과 고속 순항을 전환할 수 있는 기술력을 확보했다. 세계 최초로 2t급 eVTOL 생산 허가를 얻었고, 연간 200대 생산 가능한 공장을 세우고 있다.

안보와 수출 축을 맡은 항톈차이훙도 있다. 중국항공우주과학기술그룹 산하 상장사로 광역 정찰과 응급재난 등에서 힘을 발휘하고 있다. 고성능 방산용 무인기 수출을 통해 저공기술의 산업 기반을 넓히는 회사다.

화웨이가
'너덜너덜 전투기' 꺼낸 사연

'영웅과 시련(磨難)'.

중국 첨단산업 굴기를 이끄는 화웨이의 연구개발(R&D) 심장부 '상하이 렌추후 R&D 센터'에서 마주한 것은 의외의 두 단어였다. 2025년 10월 문을 연 이곳은 여의도 절반 크기(1.6km²) 부지에 100개가 넘는 연구시설과 연구원 2만 명이 밀집한 최신식·최첨단 연구개발 기지다.

하지만 화웨이가 면담 자리에서 꺼내 든 사진 한 장은 '첨단'과는 거리가 멀었다. 눈길을 사로잡은 건 흑백사진 속 소련에서 개발한 일류신(IL-2) 전투기. 제2차 세계대전 당시 총알 세례를 받아 너덜너덜 해진 날개로 하늘을 나는 모습이었다. 렌추후 R&D 센터를 소개한 왕젠펑 화웨이 공공·정부업무부 총재가 의미심장한 말을 이어갔다.

"영웅은 예로부터 많은 시련을 겪습니다. 그런데 그 시련은 우리를 더 강하게 만듭니다."

구멍 뚫린 날개로도 무사 귀환한 전투기에서 읽을 수 있는 '화웨이 정신'이었다. 세계 스마트폰 1위 삼성전자와 인공지능(AI) 반도체 최강자 엔비디아에 도전장을 내민 기업. 미·중 무역전쟁의 최전선에 선 기업 화웨이. 그들이 외치는 것은 '시련에도 단련되는 영웅의 서사'였다.

모든 영웅이 처음부터 영웅인 건 아니다. 30년간 진행해온 화웨이의 독특한 신입사원 멘토링 제도에 '영웅을 키운 비결'이 담겨 있었다. 군인 출신인 런정페이 창립자의 아이디어가 깃든 것으로 알려져 있다.

"영웅은 예로부터 많은 시련을 겪었다. 시련은 우리를 더 강하게 만든다" 사진_화웨이

농사 짓던 위청둥, 스마트폰 1위로 만든 영웅

2025년 8월 4일 화웨이는 화면을 두 번 접는 트라이폴드(Tri-fold)폰 신제품 '메이트 XTs'를 공개했다. 아직 삼성전자도 트라이폴드폰을 내놓지 못한 상황에서 화웨이는 벌써 2세대 모델을 선보인 셈이다.

"화웨이를 뛰어넘을 수 있는 기업은 결국 화웨이뿐이다."

이런 자신감을 드러낸 사람은 위청둥(余承東) 화웨이 소비자부문 최고경영자(CEO)다. 그는 화웨이를 이끄는 주역이자 '시련 속에서 단련된 영웅'이기도 하다.

1969년 안후이성 류안에서 태어난 위청둥은 가난 때문에 학업을 이어가지 못했다. 그는 기자간담회에서 "농번기에는 농사일을 돕고 농한기만이라도 학교에 다니게 해달라고 아버지를 설득해야 했다"는 일화를 밝혔다. 농사일을 병행하며 공부를 이어간 그는 1988년 현(縣) 전체 이공계 수석으로 시베이(西北)공업대에 합격했다. 졸업 후 모교에서 2년간 강의를 하다가 1993년 칭화대 무선통신학과 대학원에 진학했다. 그해 프로젝트를 위해 선전을 방문했다가 화웨이에 입사한다. 당시 화웨이는 직원 200명의 작은 회사. 위청둥은 하위직 엔지니어로 출발했다.

하지만 그는 곧 주력 제품 개발에서 두각을 나타내고 4세대 기지국 프로젝트를 이끌며 인정받았다. 그 뒤 무선 사업에서 스마트폰 단말기 사업부로 자리를 옮겼고, 2018년 이사회 임원에 올랐다. 2019년에는 화웨이를 국내 스마트폰 판매 1위, 세계 2위로 만들었다. 이후 지능형 자동차 솔루션 부문 회장을 맡으며 신성장 동력도 키웠다.

화웨이의 '영웅' 위청둥은 이제 반도체까지 일구려 한다. 2025년 위청둥이 직접 선보인 '메이트 XTs'가 더 주목을 받은 건 스마트폰의 두뇌 역할을 하는 애플리케이션프로세서(AP) 때문이다. 화웨이는 그간 스마트폰 출시 때마다 AP 정보를 철저히 숨겼다. 하지만 위청둥은 "기린 9020을 탑재한 메이트 XTs는 시스템 최적화를 거쳐 기기 성능이 36% 향상됐다"고 말했다. 기린은 화웨이가 자체 설계한 반도체 칩이다. 기린 칩이 전면에 나오자 업계에서는 "화웨이가 반도체 기술 자립을 대외적으로 알린 것"이라는 평가가 나왔다. 자신감의 발로다.

말단 사원으로 시작해 회사 최고위 임원으로 승진한 위청둥 같은 인재는 어떻게 단련되고, 만들어졌을까. 화웨이의 독특한 인재양성 시스템이 만들었다. 특히 화웨이의 인재 시스템은 시련 속에서도 강하다.

시련을 투자 기회로

화웨이의 최근 시련은 2019년 미국의 제재 대상에 오르면서 시작됐다. 화웨이는 세계 정상급 기술력을 자랑하는 통신장비 수출은 물론, 첨단 반도체의 수입과 위탁 생산까지 막혔다. 삼성전자를 추격하겠다던 스마트폰 매출은 급락했다. 남은 선택지는 자급자족뿐이었다. 그러자면 또다시 혁신이 필요했다. 혁신을 뒷받침할 인재가 절실했다.

상하이에서 만난 왕젠펑 총재는 "화웨이는 내부에서 미국의 제재가 풀리거나 완화되기를 기다리는 직원들에게 '그런 환상을 버려라'라고 말한다"며 "외부 환경을 바꿀 수 없다면 스스로 노력하고 성장하는 수밖에 없다는 것이 우리의 결론"이라고 말했다.

화웨이는 시련의 시기에 오히려 R&D 투자를 공격적으로 늘렸다. R&D 인재를 위한 투자였다. 화웨이의 매출 대비 R&D 투자 비중은 2015년 15.1%에서 2020년(15.9%)까지 계속 15%대를 유지했다. 그러나 2021년 화웨이의 R&D 비중은 22.4%로 크게 늘어난 뒤 4년 연속 20%대다. 2024년 기준으로 삼성전자(11.6%)와 SK하이닉스(7.5%)를 크게 웃돈다. 화웨이 전체 직원(20만8000명) 중 55%인 약 11만 명이 R&D 인력이다.

2025년 5월 공개된 두 장의 사진에도 화웨이의 기술 굴기가 그대로 드러났다. 화웨이가 광둥성 선전에 조성하는 것으로 추정되는 대규모 반도체 시설 위성사진을 파이낸셜타임스(FT)가 공개했다. 2022년과 2025년의 차이가 크다. 화웨이가 시련의 시기에도 대규모 투자로 조용히 실력을 키웠음을 방증하는 대목이다.

1대1 도제식 훈련

아무리 R&D에 돈을 들여도 혁신을 일구는 사람이 없으면 말짱 꽝이다. 화웨이는 30년간 시행되어온 화웨이식 인재 육성 제도를 통해 유능한 대졸자를 입도선매식으로 끌어들여 이들을 '화웨이 인간'으로 만든다. 목표는 심플하지만 제도는 아주 디테일하게 이루어진다.

핵심은 이렇다. 화웨이는 매년 1만 명의 학부 졸업생을 신입사원으로 뽑는다. 이때 신입들이 화웨이에 빠르게 적응하도록 미국 웨스트포인트 육군사관학교의 교육 방식을 본떠 교육한다. 군인 출신인 창립자 런정페이가 고안한 육성법이다. 시험과 평가를 반복하며 병사들을 숙련시키는 훈련 방식이다.

강조하는 건 체계적인 교육과 팀워크다. 무엇보다 신입이 업무에서 협력하고 문제가 생기면 책임지며 스스로 문제점을 찾는 법을 배우는 것이 목표다. 물고기를 주는 것이 아니라 '물고기 잡는 법'을 교육한다.

모든 신입사원에게는 1인당 1명씩 멘토가 배정된다. 한 멘토가 두 명 이상을 맡지 않는다. 사실상 1대1 전담이다. 화웨이는 신입사원으로 내정된 사람에게 미리 멘토를 배정한다. 멘토는 예비 신입에게 한 달에 한 번 연락해 개인 상황, 논문 진행 상황, 졸업 여부 등을 파악한다. 벌써 입사 전부터 서서히 화웨이식 인재 만들기가 시작된다.

입사 첫날, 멘토는 신입의 적응을 돕는다. 주변 동료 등 사무실의 모든 이에게 신입을 소개하는 것도 멘토가 할 일이다. 입사 첫 주, 멘토는 신입에게 부서의 조직 구조, 프로젝트 진행 상황 등을 소개한다. 신입을 위한 3개월 교육 계획도 수립한다. 도제식 교육이라고 해도 좋다.

특히 입사 직후 1주일은 화웨이의 기업 문화와 교육을 집중적으로 배운다고 한다. 오전에는 달리기 등 운동, 낮에는 수업, 저녁에는 토론하고 배운 내용을 기록한다. 직원들은 회사 경영 규정, 임금 및 급여 지급 원칙, 직원 평가 정책 등을 배운다.

빅데이터 허브 산악지대에 장비 설치, 문과도 예외 없다

화웨이의 신입사원 전문교육은 3개 캠프로 나뉜다. 1번 캠프는 모든 신입사원이 참여한다. 장비 설치 작업 등을 직접 해보면서 현장에서 제품 작동법을 익힌다. 예를 들어 화웨이 하드웨어 기지는 구이저우(貴州)에 있다. 산악지대가 험준하기로 유명한 구이저우는 중국의 빅데이터 허브로도 불린다. 중국 최초의 국가 빅데이터 종합시험구가 있기 때문이다. 또한 구이저우는 세계 극한의 작업 환경을 시뮬레이션하는 데 최적의 장소로 꼽는다.

신입사원 여러 명이 팀을 구성해 장비를 구이저우의 산악지대로 운반해 설치한 뒤 시운전한다. 그 뒤 다시 산에 올라 설치된 장비를 제거하고 다시 내려온다. 연구개발·마케팅·재무 등 전 부문 신입이 받는 교육이다. 문·이과를 가리지 않겠다는 뜻이다.

2번 캠프에는 1번 캠프를 마친 직원 중 마케팅 부서 신입이 배치되며 고객 응대 업무가 대부분이다. 3번 캠프는 1번 캠프를 마친 R&D

화웨이에 입사하는 신입 직원들은 통신 인프라 구축 및 유지보수 실무 과정을 이수하게 된다. 선전에 근무하는 저우친야오가 구이저우 화웨이 교육 센터에서 안테나를 수리하기 위해 사다리에 올라선 모습. 사진_화웨이

직원이 배치받는 연구 및 개발 캠프다. 화웨이의 신입사원 대다수는 R&D 부문으로 채용된다고 한다. 기타 부서는 1번 캠프를 마치고 해당 부서에서 업무를 시작한다.

캠프 훈련으로 심신을 단련한 신입사원에게는 정규직 관문이 기다린다. 정규직 사원이 되기 위해 신입사원은 먼저 3개월간 자신이 보고 배운 것을 토대로 업무 보고서를 제출한다. 보고서에는 기업 문화와 직무 기술, 두 가지 측면에서 자신이 무엇을 배웠는지 실제 사례를 통해 적어야 한다.

정규직 평가를 통과한 신입사원들은 정식으로 업무를 시작한다. 평가에서 성과가 좋으면 역량 강화를 통해 몇 년 뒤 다시 평가 기회를 얻는다. 즉 신입이 21~25세에 입사한다고 보면 15년 후에는 36~40세가 된다. 15년간 3~4번의 평가를 거쳐 40세 전에 고위 임원이나 전문가가 된다고 본 것이다. 위청둥 역시 이런 단련의 과정을 밟아 '영웅'으로 성장했다.

화웨이의 인사 평가는 4단계(A 5%, B 45%, C 45%, D 5%)다. C 또는 D를 장기간 연속으로 받은 직원은 직급이 내려가거나 해고된다. "노력하지 않는 사람은 화웨이 직원이 아니며 해고될 것"이라는 런정페이 창립자의 매서운 지론이 담겼다. 화웨이는 독특한 리더십으로도 유명하다. 회사의 주요 경영 전략을 결정하는 건 순환 회장의 몫이다. 최고경영층 인사 3명(부회장)이 6개월씩 돌아가며 맡는다.

현재 순환 회장은 멍완저우(孟晚舟)다. 창업자 런정페이(任正非)의 딸이자, 2018년 12월 캐나다에 억류됐던 바로 그 사람이다. 직전 6개월(2025.4~2025.9)은 쉬즈쥔(徐直軍)이 맡았고, 멍완저우 다음 6개월

(2026.4~2026.9)은 후허우쿤(胡厚崑)이 순환 회장이다. 화웨이는 이 제도가 1인 경영의 독단을 막고, 경영에 활기를 불어넣는다고 설명하고 있다.

"중국 닭, 중국 와서 알 낳아라" 난제 해결 시 40억 원

화웨이에서는 신입을 가르칠 멘토를 무엇보다 중요하게 여긴다. 멘토를 선정할 때 2가지 조건을 본다. 첫째, 멘토의 업무 성과가 좋아야 한다. 둘째, 업무 문화를 충분히 이해해야 한다. 화웨이에서는 직급, 연공서열에 관계없이 해당 분야의 베테랑이 멘토다. 즉 입사 1~2년 차 신입사원도 능력이 뛰어나면 멘토가 될 수 있다.

"화웨이에서는 멘토를 안 하면 관리직으로 승진이 불가하다"는 말이 나올 정도다. "신입 하나도 못 이끄는데 어떻게 관리자가 되냐"는 논리다. 대신 멘토에게는 6개월간 소정의 금전 지원을 해준다. 또 매년 우수 멘토를 선정해 시상한다. 신입에게 별도로 컨설팅하는 전문가 집단도 있다. 명문대 출신의 퇴직 교수, 화웨이 R&D 센터 출신으로 퇴직한 전문가들이다.

화웨이는 사람을 키우기도 하지만 천재를 영입하는 데도 도가 텄다. 화웨이의 '슈퍼 인재 영입'은 국적, 학력에 관계없이 오직 재능과 핵심 업적만을 고려한다. 이 가운데 지니어스 유스(Genius Youth) 프로그램은 2019년 시작됐다. 이 프로그램은 세계 상위 30개 대학 박사 학위 소지자 또는 졸업 후 3년 이내의 인재를 뽑는다. 석사라도 특출나면 선정된다. 세전 기준 연 89만6000위안(약 1억 7920만 원) 연봉을 준다. 최고 연봉으로 연 201만 위안(약 4억 원)을 받은 이도 있다고 한다. 입사 시에는 독립된 연구실과 수백만 위안 규모의 R&D 예산을 받을 수 있다.

지니어스 유스에 선발되려면 기술 발표를 해서 심사위원들에게 평가를 받아야 한다. 마지막으로 런정페이 창립자와 최종 면접을 본다. 보통 7단계의 엄격한 시험 및 면접을 통과해야만 선정된다고 한다. 2025년의 경우, 수학, AI, 물리학, 소재, 반도체 칩, 보안 등 6개 분야에서 지원자를 모집했다.

화웨이는 글로벌 기초 과학자들을 뽑는 '복귀 프로그램'도 2020년 시작했다. 해외 명문 기업이나 대학에서 5년 이상 수학, 이론 물리학, 화학, 반도체 재료 등 기초 학문을 강의한 중국인 또는 중국계 미국인 과학자가 대상이다. 연봉 300만~600만 위안(약 6억 원~12억 원)을 받을 수 있고 상하이나 선전에 있는 200m² 아파트를 10년간 무상 임대해준다.

1억~3억 위안(약 200억 원~ 600억 원)의 일회성 연구 자금 지원도 받을 수 있다. 5~8명으로 구성된 팀도 꾸릴 수 있고 자녀 교육비 등도 지원한다. 런정페이가 "중국 닭들이 중국으로 돌아와 알을 낳게 하라"는 한 마디에 시작된 프로그램이다.

화웨이 인사팀과 헤드헌팅 전문 업체가 '공동 헤드헌팅 그룹'을 구성해 '대체 불가능한' 전문가 1000명(IEEE 펠로우 등 학자 포함)을 발굴하기도 한다. 헤드헌팅 그룹의 승인을 받으면, 화웨이 이사회는 48시간 이내에 상한선 없이 연봉 패키지를 승인한다.

화웨이에서는 기술적 과제 목록(3nm GAA 공정 전력 소비 모델 등)을 공개해 전 세계 누구나 익명으로 해결책을 낼 수 있게 하고 있다. 만일 누군가 제시한 해결책이 타당하다고 입증되면 그는 화웨이의 수석 과학자로 영입돼 다음과 같은 혜택을 받게 된다.

- 500만~2000만 위안(약 10억 원~40억 원)의 현금과 이에 상응하는 가치의 주식
- 50~100명의 연구 인력으로 구성된 독립 연구소
- 연간 1억 위안(약 200억 원)의 R&D 예산

최우수 논문, 글로벌 대회 우승, 핵심 특허, 업계 난제 해결 역량

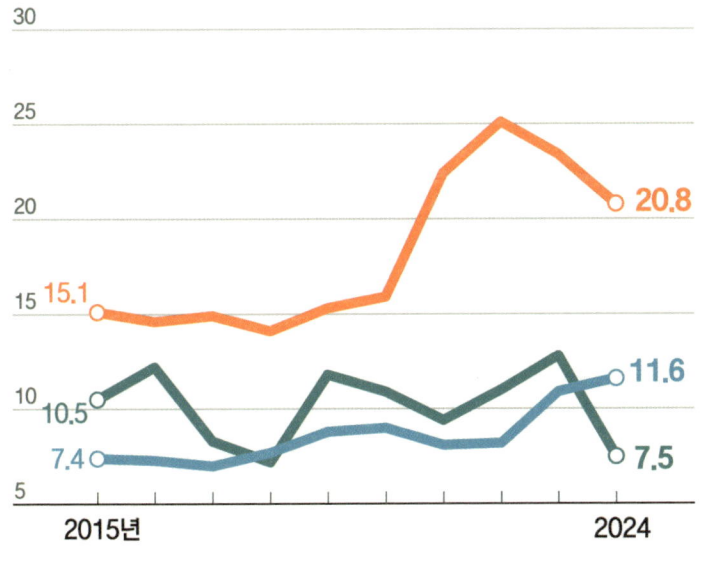

매출액 대비 연구개발(R&D) 투자비중

단위: % ●화웨이 ●삼성전자 ●SK하이닉스

자료: 화웨이, 전자공시시스템

The JoongAng

이 있다면 이력서를 3장 분량의 PPT로 정리해 화웨이의 '천재 청년' 또는 '인재 리더' 프로그램에 제출하면 된다.

지원자는 30분간 현장에서 자기가 개발한 기술을 발표한 뒤 7명의 화웨이 전문가와 인터뷰한다. 합격자는 현장에서 입사 제안서와 약정서를 받는다. 합격하면 3개월 이내에 관리자 승인 없이 부서 간 프로젝트 팀을 구성할 인력을 모을 수 있다. 6개월 이내에 임무 완수 시, 제품 라인 담당 사장급으로 승진한다.

그렇게 선정된 화웨이 R&D 인재 중 일부는 세계 최대 규모의 R&D 센터인 칭푸 '인재 특구'에서 일한다. 상하이 칭푸에 위치한 약 200만m^2 규모의 센터로 2024년 본격 가동했다. 6200세대의 스튜디오 아파트와 5300세대의 주택을 시세의 30%에 임대해 준다. 물가 비싼 상하이에서도 고생하지 말란 배려. 특히 성과가 좋은 직원들에게는 180~220m^2짜리 호수를 바라볼 수 있는 주택 300채를 10년간 무상 임대해 준다. 은퇴 시까지 임대 연장도 가능하다. 특구 내에 100개 이상의 카페·레스토랑, 병원, 국제학교 등이 있다.

예산, 팀원, 거주 환경까지 지원해줄 테니 몸만 오라는 식이다. 국적, 연령, 학력 가리지 않는다. 오직 최고 수준의 기술과 인재를 원하고 그에 맞게 대우한다.

사내 비판 환영하는 자셴 커뮤니티

화웨이 내부에는 '자셴 커뮤니티'(稼先社區)가 있다. "화웨이 내부에서는 어떤 금기도 없어야 한다. 열린 소통을 잘해야 하며, 우리 사이를 막는 장벽은 모두 없애야 한다.”

2022년 6월 런정페이 화웨이 회장의 이 발언을 계기로 화웨이에는 자셴 커뮤니티가 만들어졌다. 사내 직원들의 내부 커뮤니티다. 자셴은 중국 핵무기 개발의 아버지로 불리는 핵물리학자 덩자셴(鄧稼先)에서 따왔다. 한국으로 따지면 천재 물리학자의 이름을 따서 이휘소 커뮤니티라고 부르는 식이다. 화웨이 직원들은 ‘자셴 커뮤니티’를 통해 제품 사용 경험과 노하우, 문제점 등의 정보를 주고받는다. 제품을 써보니 이상했다면 왜 이상한지 파악하고 자유롭게 토론하라는 얘기다.

엔비디아 점유율 0%,
무슨 일이 있었던 걸까

"95%였던 엔비디아의 중국 AI 칩 시장점유율은 지금 0%다. 미국 정부의 대중국 AI칩 금수 조치는 중국에 어느 정도 악영향을 주겠지만, 미국에게는 더 큰 피해를 준다."

엔비디아 CEO 젠슨 황이 2025년 10월 6일 뉴욕의 한 세미나에서 한 말이다. 트럼프 행정부의 중국 제재가 결국 중국 기업의 AI 반도체 자립만 가속화시킬 것이라는 얘기다. 95%에서 0%. 도대체 중국 반도체 업계에서는 무슨 일이 벌어지고 있었던 것일까.

탈(脫)엔비디아는 중국 반도체 업계의 최대 관심사다. 중국은 '탈엔비디아'에 국가 명운을 걸었다고 해도 지나치지 않다. 정부는 자국 데이터센터 구축에 쓰이는 AI 칩의 국산화 비율을 절반 이상으로 높이라고 압박한다. 기업은 '내가 엔비디아를 몰아낼 주역'이라며 제품

업그레이드 경쟁을 벌인다.

한국이 엔비디아의 그래픽 카드 몇 장을 사느냐를 놓고 갑론을박하고 있을 때, 중국은 어떻게 하면 엔비디아를 극복할 수 있을까 고민한다. 중국은 '희토류 공급을 끊어버리겠다'며 미국을 압박할 수 있는 힘도 결국 '탈엔비디아'에서 나온다는 걸 잘 알고 있기 때문이다. 그 최전선에 있는 회사가 캠브리콘(寒武紀)이다. 주가 폭등으로 요즘 중국 증시에서 가장 주목받는 종목이기도 하다.

회사 이름은 어떻게 지어졌나?

캠브리콘 이름은 지구 시대 구분 용어인 캠브리아기(5억4000만 년 전 ~4억8000만 년 전)에서 비롯됐다. 이 회사의 중국어 이름 '한우지(寒武紀)'는 영어 'Cambrian'의 중국어 표현. 회사의 영문 이름 캠브리콘(Cambricon)은 캠브리아기(Cambrian)와 실리콘(silicon)을 결합해 만들었다.

캠브리아기는 폭발적인 진화가 진행되던 때였다. 척추동물이 무척추동물을 능가하기 시작한 시기이기도 하다. 학자들은 '생명 폭발'이라는 말로 이 시기를 규정한다. 캠브리콘은 '캠브리아기의 폭발적 성장을 꿈꾼다'는 의미로 회사 이름을 정했다고 설명하고 있다.

캠브리콘 주가는 2025년 한 해 동안 4배 올랐다. 지금은 조정 국면이라지만 여전히 투자가들의 눈을 사로잡고 있다. '중국의 엔비디아'라는 별명을 얻었다. '나도 중학개미(중국 주식에 투자하는 개인투자자) 대열에 합류해 봐?'라는 생각이 들게 할 정도다.

이 회사의 풀네임은 '중커한우지(中科寒武紀)테크놀로지'다. 여기서 '중커(中科)'는 중국과학원을 뜻한다. 중국과학원은 국무원(정부) 직속의 최고 종합 학술 연구기관. 국가 과학기술 전략을 수립하고, 인재를 키운다. 중국과학원 산하에는 안후이(安徽)성 허페이(合肥)에 캠퍼스가 있는 중국과기대학(학부 과정)과 중국과학원대학(석·박사 과정)이 있다. 상하이과학기술대학(학부)도 운영한다. 모두 이공계 최고 명문 대학이다.

회사 이름에 '중국과학원' 약칭이 들어갔다는 건 캠브리콘이 이 연구 기관과 관련이 있다는 걸 뜻한다. 두 가지 측면에서 그렇다.

첫째는 창업자와의 관계다. 아버지는 장시(江西)성 난창(南昌)시의 전력회사 직원이었고, 어머니는 같은 도시에서 중학교 역사선생님으로 일하고 있었다. 그러나 그들의 두 아들은 비범했다. 형 천윈지(陳云霽), 그리고 동생 천톈스(陳天石).

무서운 천 씨 형제들

훗날 캠브리콘을 설립하게 되는 이들은 어렸을 때부터 천재였다. 특히 수학을 잘했다. 초등학교 3학년 때 이미 중학교 과정 수학을 공부할 정도였다. 형 윈지는 남들은 18살이 돼야 겨우 들어가는 중국과기대를 14살에 입학했다. 중·고등학교 수재를 대상으로 뽑는 소년반(少年班) 과정을 통해서다. 24세에 박사학위를 땄다. 동생은 16살에 형과 같은 소년반에 들어갔다. 형보다는 한 해 늦은 25세에 박사학위를 받았다. 당시 그들은 '무서운 천재 형제'로 언론에 오르내렸다.

형제는 졸업 후에도 같은 길을 걸었다. 과기대 졸업 후 석·박사 과정인 중국과학원대학 컴퓨팅기술연구소(計算技術研究所)로 진학했다. 연구 분야는 달랐다. 형은 주로 반도체를, 동생은 AI 로직을 연구했다.

형의 반도체 기술과 동생의 AI 지식은 자연스럽게 AI 반도체로 모였다. 형제는 2015년 딥러닝 전용 AI 칩인 'A1' 프로세서를 개발했다. 윈지는 그해 미국 MIT 공대가 선정한 '35세 이하 글로벌 혁신 인사 35명' 중 한 명으로 뽑혔다.

둘은 2016년 창업의 길로 접어든다. 'A1' 프로세서가 기반이었다. 동생 텐스가 CEO, 형 윈지는 최고과학자(CSO)로 참여했다. 모교 중국과기대학의 주인인 중국과학원이 산하 창업투자사를 통해 창업 자금을 댔다. 그게 바로 이름에 '중커(中科)'가 들어간 두 번째 이유다. 중국과학원은 지금도 지분 15.7%를 가진 2대 주주다. 국유자금이 민영기업을 뒷받침한 사례다. 형 윈지는 2018년 그가 좋아하는 연구를

캠브리콘 공동 설립자인 천원지(왼쪽), 천텐스 형제. 사진_중국과학원 홈페이지

위해 회사를 떠났다. 그는 지금 모교 중국과학원 컴퓨팅기술연구소에서 부원장으로 일하고 있다. 캠브리콘과는 여전히 기술 자문으로 인연을 끊지 않고 있다. 그는 주요 기술회의에 꼭 참여하는 것으로 알려졌다.

화웨이 손 잡고 세상에 나온 캠브리콘

캠브리콘이 세상에 이름을 드러낸 것은 화웨이를 통해서였다. 2017년 화웨이는 독일 베를린에서 열린 가전·IT 박람회 IFA에서 스마트폰용 AI칩 '기린970'을 발표한다. 세계 최초로 평가받는 스마트폰 AI 칩이었다. '기린970'은 '화웨이 메이트 10 프로'에 장착돼 그해 말부터 판매됐다. 이 '기린970'에 쓰인 칩 기술이 바로 윈지·톈스 형제가 만든 'A1'이다. 캠브리콘은 창업 이듬해인 2017년부터 A1 기술을 화웨이에 공급하기 시작했다. 이 사실이 업계에 알려지면서 캠브리콘은 주목받기 시작했다. 대학 선배인 아이플라이텍(IFLYTEK) 설립자 류칭펑(劉慶峰)이 1000만 위안(약 20억 원)을 엔젤 투자하기도 했다.

캠브리콘의 성장이 본격화됐다. 클라우드용 AI 칩인 '쓰위안(MLU)' 시리즈, 단말기에 쓰이는 AI 칩인 'M1', 'H1' 시리즈 등의 제품을 잇따라 출시했다. 특히 2021년에는 AI 기반 실시간 교통 분석 제어시스템 회사인 슈퍼비전과 함께 '텅룽(騰龍)STAU-R100-C'를 개발하기도 했다.

슈퍼비전은 스마트 교통 솔루션, 자율주행 정보 제공, 스마트 교차로 시스템 등 분야에서 타의 추종을 불허하는 기술 회사. '텅룽

STAU'는 교차로·터널·고속도로·공장 등의 환경에서 고해상도 영상 분석, 실시간 AI 추론, 대용량 저장을 처리할 수 있는 서버다. 여기에 캠브리콘의 '쓰위안(MLU)'칩이 쓰였다.

미국 제재에도 4348% 매출 폭증

언제나 꽃길은 아니었다. 2022년 잘나가던 캠브리콘에 '빙하기'가 찾아온다. 그해 12월 미국 바이든 행정부의 블랙리스트에 올랐기 때문이다. 미국과 대만으로부터 칩 생산 설비와 부품이 끊기면서 충격을 받을 수밖에 없었다. 2023년에는 적자를 기록하기도 했다.

난국 타개의 비결은 오로지 기술력이었다. 캠브리콘은 2024년 9월 'MLU590' 출시로 반전의 발판을 마련했다. 이 제품 성능은 엔비디아의 AI 칩 'H20'의 80~90% 수준으로 평가된다. 그러면서도 제품 가격은 30% 쌌다. 그 덕에 주가가 뛰어오른 것이다.

2025년 4월 9일, 중국 AI 반도체 업계는 새로운 이정표가 하나 세워졌다. 딥시크가 새로운 버전의 생성형 언어 모델 V3.1을 발표하면서 "이 버전부터 학습 및 운용에 차세대 국산 칩을 활용하게 될 것"이라고 발표한 것이다. 미국 엔비디아에 의존하던 AI 칩을 중국 제품으로 바꾸겠다는 선언이다. 실제로 딥시크는 화웨이의 그래픽 카드 어센드(Ascend)와 캠브리콘의 MLU 제품을 사용하는 것으로 알려졌다.

중국 정부도 거들었다. 중국은 비슷한 시기 자국 데이터센터 구축에 쓰이는 AI 칩의 50% 이상을 국산으로 채택하라는 지침을 내렸다. 중국은 '탈엔비디아'를 위해 똘똘 뭉쳤다. '중국의 엔비디아'라는 별명이 과장이 아님을 보여주듯, 캠브리콘 주가는 급등했다.

트럼프 행정부는 2025년 4월 엔비디아에 대해 H20 칩의 대중국 수출을 막았다. 이 조치는 이후 해제됐지만, 중국의 AI 자립 정책을 더 단단하게 만들었다. 중국 대형 IT기업이 데이터센터 구축에 H20 대신 'MLU590'을 더 찾게 된 배경이다. 2025년 상반기 캠브리콘 매출액은 무려 4348% 폭증했다.

엔비디아를 위협하는 '중국의 엔비디아'

중국의 AI 칩 국산화 작업은 치열하게 진행 중이다. 캠브리콘도 그중 하나일 뿐이다.

가장 앞서 달리고 있는 회사는 화웨이다. 화웨이의 주력 제품인 '어센드 910C'는 엔비디아 H20의 85% 수준의 연산 능력을 갖춘 것으로 평가된다. 화웨이는 차세대 제품 '어센드920'이 H20을 완전히 대체할 수 있다고 자신한다. 바이두는 자체 개발한 '쿤룬(崑崙)' 칩을 클라우드 데이터센터에 쓰고 있다. 알리바바는 최근 엔비디아 제품과 호환되는 AI 칩을 개발했다고 발표, 서방 업계를 긴장시켰다.

"중국은 AI에 관한 한 미국 뒤에 있지 않다."

엔비디아 CEO 젠슨 황은 중국 AI를 이렇게 평가한다. 중국의 '탈엔비디아'에 대한 경계감, 위기의식이 묻어난다. 천하의 엔비디아가 지방 소도시 난창(南昌) 출신의 천재 형제를 경계하는 형국이다.

중국의 주요 인공지능(AI) 칩 메이커 및 브랜드와 특징

개발 회사	브랜드(대표 상품) / 주요 특징
화웨이(하이실리콘)	어센드(昇騰) (Ascend 910C) AI자립의 선두 주자
캠브리콘	쓰위안(思元) (MLU590) 대표적인 AI 칩 상장사
바이두	쿤룬(崑崙) (Kunlun P800) 자체 클라우드 AI 플랫폼에 사용
알리바바(阿里平頭哥)	한광(含光) (Han guang 800) 자사 클라우드 인프라에 사용
호라이즌(地平線)	정청5(征程5) 차량용 AI 칩 전문 유니콘
텐수(天数智芯)	스카이-아크(Sky-arc) (天垓150) 2021년 중국 최초 7나노 GPU기술 공개
비런(壁仞科技)	BR(BR100시리즈) 범용 GPU 개발 스타트업
엔플레임(燧原科技)	쑤이쓰(邃思), 윈쑤이(云燧) (邃思2.0, T20) AI 학습 및 추론 가속 칩 기업(IPO 추진중)
메타엑스(Meta X)	N시리즈(MXC500) 서비스 구동 및 추론에 특화된 GPU 기업
하이광(海光信息)	DCU(DCU2) 대표적인 AI칩 상장사

삼성, SK하이닉스의 HBM은 안녕한가?

우리 일이기도 하다. 화웨이 · 캠브리콘 등은 AI용 가속기를 구성하면서 메모리 칩 국산화에도 박차를 가하고 있다. 화웨이는 자체 개발한 고대역폭메모리(HBM) 'HiBL 1.0'을 2026년 1분기 출시 예정인 AI 반도체 '어센드 950PR'에 탑재할 계획이다. YMTC · CXMT 등도 2026년 양산을 목표로 HBM 개발에 박차를 가하고 있다. 박재근 한양대 교수는 "중국의 HBM 기술력이 아직 삼성 · SK하이닉스 수준에는 이르지 못한 것으로 분석되지만, 절대 안심할 수 없는 상황"이라며 "중국 정부와 기업은 반도체 완전 자립이라는 목표를 향해 가용 자원을 총동원하고 있기에 폭발력을 가진다"고 말했다.

캠브리콘이 일으키는 폭발적 기술 진화. 그로 인해 중국 AI 반도체가 자립할지가 중요하다. 중국의 반도체 자립은 당장 반도체로 먹고 사는 한국에도 큰 영향을 줄 사안이기 때문이다.

4족 로봇 세계 1위
기업을 일군 낙제생의 반란

"너, 너무 멍청하구나."

죽어라 공부해도 영어 28점이던 그는 선생님에게 이런 말까지 들었다. 평범한 가정에서 자란 중국 저장성 닝보 출신 왕싱싱(王興興)은 소심한 성격에 영어 낙제생이었다. 그래도 공작 시간만큼은 즐거웠다. 어릴 때부터 전자제품을 분해하거나 무언가를 만드는 것이 낙이었다. 캔으로 소형 제트엔진을 만들고 물 전기분해 장치를 만드는 것이 즐거웠다. 바람의 힘으로 움직이는 사륜구동 자동차, 모형 비행기, 현미경까지 만들었다.

2009년 18세가 된 왕싱싱은 저장대 입학시험을 봤다. 수학·물리·화학 점수는 만점에 가까웠다. 하지만 '그놈의 영어'가 발목을 잡아 낙방했다. 굴욕이었다. 대신 과학 분야에 강한 저장이공대에 지원해 합격했다. '발명 미치광이' 왕싱싱은 실험실에서 살았다. 용돈 200위안(약 4만 원)을 들여 로봇을 만들면서 '평생 이것을 하겠다'는 직감이 들었다.

이제 왕싱싱은 세계 4족 로봇의 60%를 만드는 기업, 유니트리의 창립자로 세상에 나왔다. 현지 언론에서는 왕싱싱을 '중국판 아이언맨'으로 부른다. 중국 CCTV가 선정한 '2025년 AI 인물 10인'에 뽑히기도 했다. 엔비디아의 창립자인 젠슨 황이 행사에 초청할 만큼 이공계 초특급 '셀럽'이다. 유니트리의 기업가치는 120억~150억 위안(약 2조4000억~3조 원)으로 평가받는다. 2025년 6월 공개된 회사 직원 수는 1000명, 2024년 연 매출은 10억 위안(약 2000억 원)이다. 2025년 유니트리가 따낸 계약 금액은 이미 2024년 매출(10억 위안)보다 많은 12억 위안 이상이다.

유니트리는 2026년 1~3월 과학기술혁신위원회에 상장을 위한 공식 등록 절차를 밟게 된다. 일부 애널리스트들은 A주 상장 로봇 기업들의 평균 주가수익비율(PER)을 기준으로, 유니트리 상장 후 시가총액을 500억~1000억 위안(약 10조~20조 원)까지 예상했다.

이렇게 되면 왕싱싱의 순자산만 100억 위안(약 2조 원)이 넘는다는 계산이 나온다. 왕싱싱이 가진 직간접 지분이 34.76%라서다.

업계에서는 기대감과 함께 과열을 경계하는 목소리가 뒤섞였다. '비싼 장난감 만드는 회사'란 싸늘한 평가와 '세계 산업을 바꿀 기대주'라는 평가가 공존한다. 창업 10년 만에 주식시장의 핫픽(hot pick)으로 등극한 유니트리. 상장을 앞두고 전문가들이 보는 회사 경쟁력은 무엇일까.

로봇 만들다가 피 철철 나도 웃었다, 왜?

영어 실력이 부족해 명문 저장대 입학을 포기해야 했던 왕싱싱, 대학원만큼은 꼭 저장대 대학원을 가고 싶었다. 그러나 '그놈의 영어'가 또 발목을 잡았다. 별수 없이 2013년 상하이대 대학원에 진학했다. 그랬기에 '오로지 실력으로 보여줘야 한다'라는 생각뿐이었다. 로봇에 매달렸다. 당시 지도교수는 왕싱싱 때문에 혀를 내둘렀다.

"왕싱싱 그 친구가 부품에 손가락을 베어 피가 난 적이 있는데, 이러는 거예요. 피 좀 나면 어떠냐고. 덕분에 로봇 성능을 시험해 본 좋은 기회였다고요. 집념에 놀랐습니다."

2년이 걸려 마침내 2015년 저가형 순수 전기 4족 로봇인 X 도그(X Dog)를 개발했다. 제작비는 1만5000위안(약 300만 원). 그런데 성능은

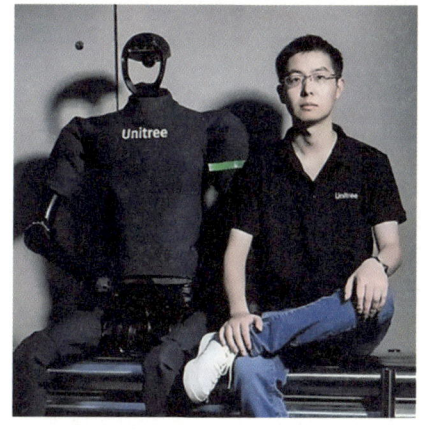

유니트리 휴머노이드와 나란히 앉은 왕싱싱. 물건 분해하기를 좋아하던 소년은 세계 4족 로봇 생산의 60%를 담당하는 유니트리를 키워냈다. 사진_바이두

미국 MIT에서 만드는 100만 위안(약 2억 원) 제품을 능가했다. 2015년 왕싱싱은 상하이 창업경진대회에 참가해 2위를 차지해 상금 8만 위안(약 1600만 원)을 받았다.

목구멍이 포도청이던 그는 2016년 드론 기업인 DJI에 입사했다. 하지만 로봇의 꿈을 접을 수 없었다. 1년도 지나지 않아 그는 200만 위안(약 4억 원)의 투자를 받았다. 그 길로 DJI를 떠나 자기 사업을 시작했다.

현재 유니트리가 만든 4족 로봇은 세계 시장 점유율이 60%다. 압도적이다. 이 회사 전체 매출에서 4족 로봇이 차지하는 비중은 65%에 달한다. 이 중 80%는 연구·교육 분야에, 나머지 20%는 소방·검사 등에 쓰인다.

로봇은 신생 분야다. 연구개발 비용도 많이 든다. 상업성이 아직은 약하다는 얘기다. 그러나 유니트리는 2020년부터 5년 연속 흑자라고 밝히고 있다. 실적에 거품은 없을까. 박승찬 용인대 중국학과 교수는 "5년간 흑자는 정부와 차이나모바일 등 국유기업이 의도적으로 유니트리를 키우기 위해 사들인 것"이라고 평가했다. 정부가 빅바이어 역할을 해주고 있다는 얘기다. 전병서 중국경제금융연구소장은 "2023~2024년에는 미국·유럽·일본 등 해외에서도 매출이 늘었다"고 짚었다.

정부가 사줬든, 해외에서 매출이 나왔든 5년 연속 흑자는 업계 주목을 끌기 충분했다. 기술력이 있어 가능한 얘기다. 유니트리는 국내 특허 180건, 국제 특허 150건을 출원했다.

업계도 유니트리의 기술을 인정한다. 2025년 7월 시리즈 C(벤처캐피털 투자 라운드 중 마지막 단계. 제품·서비스 검증이 이루어진 기업에 추가 투자) 펀딩 라운드에서 텐센트·알리바바·지리자동차 등의 투자를 따냈다. 메이퇀(8.25%), 세콰이어 차이나(7.13%) 등도 지분을 보유하고 있다. 업계가 어느 정도 왕싱싱을 믿고 있는지를 보여준다.

CSF(중국전문가 포럼) 안희정 연구원은 "운동 제어 알고리즘이 유니트리의 핵심 경쟁력"이라면서 "로봇이 복잡한 지형과 환경 변화에 실시간으로 대응할 수 있게 한 기술"이라고 평가했다. 2023년 발표된 4족 보행 B2 로봇은 달리기 속도로 세계 최고 기록을 세웠다. 왕싱싱의 진짜 관심은 4족 로봇보다는 2족 휴머노이드 쪽으로 더 가 있다. 그가 저장이공대에 입학한 뒤 200위안(약 4만 원)으로 만든 로봇도 2족 휴머노이드였다. 왕싱싱의 '휴머노이드 사랑' 결실이 바로 그를 업계 스타 반열에 올린 2025년 춘제(설) 전야제의 '휴머노이드 군무(群舞)'다. 2026년 춘제(설) 때도 유니트리 로봇과 인간이 협업해 무술을 선보였다.

유니트리의 경쟁력은 가격이다. 특히 2025년 7월 공개된 휴머노이드 로봇 'R1'은 1대당 5900달러(약 836만 원)다. R1은 무게 25kg, 키 121cm로 경사진 언덕을 질주하는 등 고난도 동작이 가능하다. 대형 멀티모달 모델(LMM)이 들어 있어 음성, 이미지 인식도 가능하다. 유니트리가 기존에 만든 휴머노이드인 G1(1900만 원), H1(1억2500만 원)과 비교해 가격이 싸졌다. 미국 테슬라의 옵티머스보다도 저렴하다. 옵티머스는 2만~3만 달러(약 2837만~4255만 원) 수준으로 책정될 전망이다.

4족 로봇도 마찬가지다. 유니트리의 4족 보행 로봇개인 Go2의 기본 모델 가격은 1600달러(약 226만 원)이다. 미국 보스턴다이내믹스의 로봇개 '스팟'은 7만4500달러(약 1억 원)인 점을 감안하면 압도적인 가격 경쟁력이다.

이게 가능한 이유는 사내 R&D 덕분이다. 핵심 부품을 자체 개발해 비용을 낮췄다. 유니트리의 M107 모터는 동급 수입산의 3분의 1 비용이지만 성능은 1.5배 낫다.

둘째, 정책적 지원의 수혜자라는 점이다. 이미 중국 정부는 2025년 6월 기준 700억 위안(약 14조 원) 이상을 로봇 산업에 쏟아 부었다. 유니트리의 경우, 중국 국영 통신사인 차이나모바일과 휴머노이드 로봇의 대량 생산 및 공급 계약을 체결했다. 향후 중국 정부는 제15차 5개년(2026~2030년) 로봇 산업 발전 계획에 따라 2000억 위안(약 40조 원) 규모로 로봇 산업 특별 프로젝트 펀드를 조성해 지원할 방침이다.

셋째, 광대한 시장과 다양한 응용처다. 정부와 민간은 자금을 대주고 기업과 학계는 첨단기술 개발에 매진한다. 여기에 소비 시장까

2026년 춘제(설) 갈라쇼에서 로봇과 인간이 협업해 무술을 선보였다. 사진_CCTV

지 갖췄으니 3박자가 맞는다.

중국 정보산업발전센터에 따르면 중국 휴머노이드 로봇 시장은 2025년 53억 위안(약 1조600억 원)에서 2029년 750억 위안(약 15조 원)으로 급성장할 전망이다. 이렇게 되면 세계 시장의 3분의 1을 중국이 차지하게 된다.

로봇 응용처는 무궁무진하다. 특히 중국군은 유니트리 로봇개를 군사 실험에 활용할 방안을 모색 중인 걸로 알려져 있다. 향후에는 손님 응대, 환자 모니터링 등 다양하게 활용될 전망이다. 이러니 내수만으로도 로봇 기업이 먹고 산다.

그렇다고 앞날이 마냥 장밋빛은 아니다. 기술력과 시장성은 우수하나, 향후 수익성 하락과 업계 경쟁 리스크를 넘어야 한다는 지적이 나왔다.

우선 업계 경쟁이 치열하다. 최근 유니트리 일부 모델이 보안상 취약점을 노출해 신뢰성 문제도 불거졌다. IT매체인 IEEE 스펙트럼은 유니트리 일부 4족 보행 로봇과 휴머노이드가 보안상 취약점을 노출했다고 지적했다. 매체에 따르면 보안상으로 한 번 뚫린 로봇은 로봇 주인이 인지하지 못한 사이 영상 데이터를 전송할 수 있었다. 해외 구매자 입장에서는 해당 데이터가 중국 서버로 넘어갈 수 있다는 점이 염려된다.

중국 정부, 유니트리 나비효과 노린다

한 가지 분명한 점은 중국 로봇 산업은 기술 발전과 정부 지원을 업고 성장세를 보인다는 점이다. 중국정보통신연구원에 따르면 2045년 까지 산업 현장에 투입되는 휴머노이드는 10조 위안(약 2000조 원) 규모로 추정된다. 기술 성과도 쌓이고 있다. 베이징의 휴머노이드 로봇 훈련장에서 제품 포장, 분류 작업 등을 훈련하는 로봇의 작업 성공률은 95%에 달하는 것으로 알려졌다.

중국 정부가 로봇 산업을 지원하는 '노림수'는 또 있다. 유니트리가 잘나가면 베어링·감속기 등 부품 공급 업체도 덩달아 수혜를 볼 수 있기 때문이다. 유니트리의 나비 효과다. 유니트리의 핵심 부품 국산화율은 90% 이상으로 추정된다. 한국 입장에서는 문호가 닫히기 전 중국의 성장하는 로봇 공급망에 올라탈 필요성이 있다. KOTRA 베이징 무역관은 "한국 기업이 보유한 첨단 부품을 '대체 불가능한 부품'으로 자리매김해 중국 기업들의 핵심 밸류 체인 내 전략적 파트너가 될 수 있게 해야 한다"고 짚었다.

AI 인물 10인은? 시진핑 낙점 받은 세계 2% 상위 과학자

중국중앙방송총국(CMG) 산하 CCTV가 선정한 '2025년 AI 인물 10인'에는 기라성 같은 인물들이 포진해 있다. 윈톈리페이의 천닝 CEO는 AI 기반 CCTV를 내놨으며, AMD 임원 출신인 천웨이량 무시(沐曦) 반도체 창립자는 AI 반도체 전문가로 유명하다. 대규모 언어모델(LLM)을 개발한 장펑 즈푸AI 최고경영자, MS에서 일하다가 스카우트된 저우징런 알리바바 클라우드 최고기술 책임자는 첨단 기술력을 인정받은 사례다.

생성형 AI 유니콘 기업인 스텝펀 AI의 장다신 창립자, 샤리쉐 인피니전스 창립자, 한비청 브레인코 대표, 펑즈후이 애지봇 창립자, 다이원위안 4패러다임 창립자도 기대주다.

이 가운데 AI 컴퓨팅 인프라 기업 인피니전스를 만든 샤리쉐(夏立雪)는 시진핑 주석이 특별 방문해 화제가 됐다. 인피니전스는 상하이 AI 6소룡 기업으로도 불린다. 샤 대표는 칭화대 출신이면서 미국 듀크대에서 방문학자로 활동했다. 스탠포드대가 발표하는 세계 상위 2% 과학자에 3년 연속 선정(2023~2025년)됐다.

2023년 5월 그가 설립한 인피니전스는 단 2년 만에 바이두, 텐센트, 즈푸 등으로부터 10억 위안(약 2000억 원) 자금을 조달했다. 인피니전스는 AMD · 화웨이 · 엔비디아 등 여러 반도체 칩을 결합한 '이(異)기종 컴퓨팅 시스템'을 개발해 AI의 효율성을 높이고 있다.

인간처럼 칩도 '소통'을 위해 언어가 필요하다. 문제는 서로 다른

2025년 4월 29일 상하이를 방문한 시진핑 주석. 인피니전스를 만든 샤리쉐(오른쪽)가 시 주석에게 브리핑하는 모습. 사진_바이두

아키텍처의 칩은 서로 다른 언어를 사용한다는 점이다. 이에 착안한 샤리쉐는 서로 다른 칩 간의 효율적인 통신에 집중했다. 즉, 이기종 칩을 위한 '세계 언어'를 개발한 것이다. 이 언어가 칩과 칩 사이에 '고속도로'를 뚫은 효과를 주었다. 샤리쉐는 2024년 세계 인공지능 콘퍼런스에서 이기종 칩 하이브리드 학습 플랫폼을 선보였다. 이 플랫폼은 대규모 언어 모델 학습의 비용을 40% 이상 절감한 것으로 알려졌다. 인피니전스는 궁극적으로는 AI 모델의 최적화와 효율화를 통해 컴퓨팅 비용을 줄이는 것이 목표다. 향후 칩 작동 에너지 소비도 현재의 10분의 1로 줄인다는 목표다.

4패러다임(第四範式 · 4Paradigm)의 다이원위안(戴文淵)은 학창 시절 상이라는 상은 다 받았다. 상하이 교통대에서 학사와 석사 학위를 받았고 홍콩 과학기술대에서 박사 학위를 받았다. 2005년 미국 컴퓨터학회(ACM)가 주관하는 프로그래밍 경연대회 세계 선수권 대회에서 우승했다. 다이원위안은 바이두 광고 시스템을 구축한 후 화웨이로 이직해 AI 분야에서 일했다. 그는 2018년 35세 미만의 MIT 우수 과학기술혁신가 35인으로 뽑혔다. 4패러다임은 2014년 9월 설립된 기업이다. AI로 빅데이터를 분석해 이를 활용하는 알고리즘을 개발하는 업체다. 아내인 우밍(吳茗)과 같이 세웠다.

이 회사 AI 서비스를 쓰면 몸값이 비싼 엔지니어를 쓰지 않고도 저렴한 가격에 데이터를 분석할 수 있다. 특히 중국 국유 은행들이 4패러다임 시스템을 통해 사기를 적발해내 주목받았다. 다이원위안과 우밍 부부는 70억 위안(1조 4000억 원)의 자산을 갖게 됐다.

제 **3** 장

**혁신의 판별자,
시장**

휴머노이드 로봇은 생수와 이온음료를 팔고 있었다.

2~7위안(약 400~1400원)짜리였다.

인사를 건네자 로봇은 "음료를 드시고 기분 전환하겠느냐"고 답했다.

현장에 비치된 태블릿PC에서 음료를 고르고 결제하자 로봇이 즉시 반응했다.

뒤를 돌아 냉장 매대로 향한 뒤 집게 손으로 정확하게 음료를 집어 들었다.

카운터에 음료를 올릴 때까지 걸린 시간은 고작 40초.

중국 휴머노이드 로봇의 가장 큰 경쟁력은 상업화에 있다.

팔고 팔려서 로봇이 돈을 번다.

현장에 배치된 로봇은 오늘도 데이터를 축적하며 더 똑똑해지고 있다.

전기차도 로봇도,
중국이 만들면 싼 이유

#1. '1000만 원짜리 전기차'. BYD가 2025년 4월 시판에 들어간 전기차 '시걸' 모델을 두고 나온 말이다. BYD는 당시 5만6800위안(약 1136만 원)에 판매를 시작했다. 미국에서도 '8000달러(1146만 원)짜리 전기차'라는 얘기가 나왔다. 미국 GM의 보급형 전기차인 쉐보레 '볼트'의 3분의 1 수준에 불과하다.

#2. 중국 유니트리의 휴머노이드 로봇 G1은 시장에서 1만 달러 대에 판매된다. 인터넷에서도 살 수 있다. 모건스탠리는 '같은 성능의 테슬라 옵티머스 로봇은 2만 달러 대에 팔린다'고 밝히고 있다. 대략 중국 휴머노이드 로봇 값이 미국의 절반 수준에 불과한 셈이다.

#3. 딥시크도 그랬다. 2025년 세계 인공지능(AI) 업계를 강타한 '딥시크 모멘트'의 핵심은 성능보다 가격에 있었다. 성능은 미국 오픈AI

의 챗GPT4와 견줄 만했지만, 개발비는 약 10분의 1 수준에 불과했다. 엔비디아 주가를 휘청이게 할 정도였다.

중국은 가성비의 나라다. 신발·옷·가구…. 무엇이든 중국이 만들면 싸다. 그런데 하이테크 분야에서도 같은 논리가 적용된다. 중국이 만들면 AI도, 로봇도, 전기차도 서방 기업과 비교할 수 없을 정도로 싸다. 왜일까.

중국 자율주행 기술, 미국 제품 10분의 1 가격 비결은

"일단 타고 느껴보시죠."

광둥(廣東)성 선전(深圳)의 자율주행 솔루션 회사 딥라우트(deep route.ai). 관계자는 정문을 밀치고 들어서는 취재단을 다시 밖으로 내몰았다. 시험 주행부터 먼저 해보자는 취지다. 30분간 선전 시내를 돌았다. 베이징에서, 우한(武漢)에서, 웨이하이(威海)에서도 타본 자율주행 차였다. 크게 다르지 않았다. 앞 차를 능수능란하게 추월했

딥라우트 솔루션을 장착한 자율주행차 시승. 사진_한우덕 기자

고, 깜빡이를 켜 뒤차를 먼저 보내주기도 했다. 차선 바꾸는 것이 너무 자연스럽다. 중국 자율주행 차, 이제는 놀랍지도 않았다.

정작 놀란 건 다른 데 있었다. 무엇일까? 가격이다.

하드웨어와 소프트웨어로 구성된 딥라우트의 L4급 자율주행 모듈(솔루션) 하드웨어는 약 2000달러(약 286만 원)에 공급된다. 소프트웨어를 포함해도 3000달러 이하. 웨이모·모빌아이 등 같은 성능의 미국 기업 제품가의 10분의 1도 채 되지 않는다.

기자를 안내한 후젠(胡鑒) 마케팅 매니저의 설명이다. '10분의 1 가격이라고?' 믿기 어려웠지만, 후 매니저는 실적이 증명한다고 말했다. 그는 "창청(長城)자동차에 솔루션을 공급하고 있고, 2025년 20만 대가 팔렸다"고 강조했다. 2026년 목표는 50만 대로 잡고 있다.

싼 게 비지떡? 아니다. 딥라우트 기술은 글로벌 자율주행 업계에서 인정받고 있다. 특히 디지털 지도 없이 카메라와 라이다(레이저 광선을 발사해 대기 중의 온습도 등을 측정하는 관측 장치)만으로 도로 상황을 판단하는 VLA* 분야 선두를 달리고 있다.

ICT(정보통신기술) 시장 조사 기관인 IDC가 이를 보증했다. 딥라우트는 IDC가 발표한 '2025년 보조 주행기술 평가' 보고서에서 도심 내 비게이션, 고속도로 차선 중앙제어 등의 분야에서 최고 점수를 받았다. 특히 VLA 모델의 경우 인간에 가까운 연쇄적 사고(Chain-of-Thought) 분야 혁신을 이뤘다고 평가했다. '비지떡' 만드는 회사가 아니라는 얘기다.

---

* VLA: 복잡한 도심 교통 상황을 이미지로 이해하고(Vision), 비정형적인 상황에서 인간처럼 추론해 방어적인 운전 결정을 내리며(Language), 차량을 제어하는(Action) 방식이다.

중국 vs 서구, 로봇 가격 차이 한눈에 보기

단위: 달러

로봇 유형	중국 대표상품 가격	서구 등 경쟁 국가 동급 가격
6축 산업용 로봇 팔 (10kg급)	약6500 <	일본 화낙/야스카와 1만
로봇 팔 (UR5e와 동일 수준)	1만1155 <	미국 UR 2만4420
기본 휴머노이드 로봇	5000~ 6000 <	테슬라 옵티머스 2만~3만
AGV(자재를 적재·운반· 하역하는 자동화 차량)/ 핸들링 로봇	8000~ 1만2000 <	유럽 동급 1만8000~2만2000
소방/검사 로봇	2만8000 <	보스턴 다이내믹스의 로봇 '스팟' 7만5000달러

자료: 모건스탠리 등

The JoongAng

기술 가는 곳에 돈도 따른다. 세 차례의 펀드 레이징을 통해 5억 달러(약 7166억 원)를 투자받았다. 중국 자율주행 업계의 대표적인 유니콘이다.

전기차·배터리·태양광, 우주항공에 이르기까지 중국이 만들면 하이테크 제품도 싸다. 로봇을 보자. 10kg급 산업용 로봇팔의 경우 일본 화낙이라면 1만 달러에 팔릴 제품을 중국 기업들은 이보다 35% 저렴한 6500달러에 내놓는다. 중국 휴머노이드 로봇 4~5대를 살 돈으로 미국 테슬라가 만든 휴머노이드 '옵티머스'를 1대 살 수 있다.

표준화가 잘 되어 있을수록 중국산 제품은 더 쌌다. 중국 제품이 서방 기업이 범접할 수 없을 정도의 가성비 제품을 만들 수 있는 배경은 무엇이었을까?

첫째, 인건비다.

중국의 노동자 인건비는 여전히 싸다. 미국의 20% 수준이다. 전기료 역시 미국이나 유럽보다 30% 싸다. 여기에 기타 비용도 싸다. 토목 및 장비의 감가상각비도 20% 낮다.

그러나 이는 임가공 산업에 적용되는 얘기다. 하이테크 분야의 인건비 개념은 다른 데 있다. 고급 인력 몸값이 관건이다.

중국은 해마다 500만 명의 STEM(과학·기술·공학·수학) 인재가 쏟아져 나온다. 공급이 많으니 가격은 내려갈 수밖에 없다. 석사 출신의 3년 차 엔지니어를 기준으로 볼 때 미국 테슬라에서는 22만 달러(약 3억2000만 원)~30만 달러(4억3000만 원) 정도의 연봉을 받는다. 같은 레벨이라면 선전 자율주행 업계에서는 40만 위안(약 8000만 원)~65만 위안(1억3000만 원)에 고용할 수 있다. 연봉을 25%만 줘도 된다는 것. 중국이 그동안 추진한 이공계 중심의 교육 개혁이 빛을 발하고 있다.

딥라우트의 현재 직원은 1000명. 이 중 85%가 R&D 인력이다. CFO 진레이는 "회사 핵심 R&D 인력 중에는 칭화대·홍콩대 등 명문대를 졸업하고, 인텔·구글·바이두에서 일했던 인재가 많다"고 했다. 트럼프 정부가 들어선 이후 미국에서 귀국하는 '하이구이(海龜, 바다거북이, 해외유학 경험이 있는 중국인재)'가 급증하면서 고급 인재 풀도 넓어졌다.

둘째, 생태계다.

중국 선전은 '아시아의 실리콘밸리'로 불린다. BYD가 있는 선전시 룽강구의 경우 전기차 제작을 위한 부품 90%를 1시간 이내 거리에서 조달할 수 있다. 펑톄쥔(馮鐵軍) 룽강구기업서비스센터 국장은 "완성차 업체가 부품 설계를 의뢰하면 어지간한 제품은 룽강구에서 48시간 이내에 샘플을 받을 수 있다"고 말했다. R&D·물류 비용이 줄어들 수밖에 없다.

딥라우트는 디지털 지도에 의존하지 않는 자율주행 시스템 개발의 선두 주자다. 이를 위해서는 카메라와 라이다 성능이 뛰어나야 한다. 진레이 이사는 "베이징에서 시작한 딥라우트가 선전으로 본부를 이전한 것은 기술 기업과 함께 있기 위해서였다"며 "주변에 산재한 영상 기기 관련 회사를 통해 최고의 부품을 조달받고 있다"고 말했다. 딥라우트는 룽강 전기차 생태계의 자양분을 흡수하며 성장하고 있다.

공급망의 수직적 통합 덕도 보고 있다. 1993년 설립된 중국 자동화 전문 기업인 이스턴, 화웨이 출신들이 설립한 중국 최대 산업 자동화 기업 이노반스 등 중국 기업들은 서보모터(각도·속도를 정밀하게 제어하는 모터)·감속기·컨트롤러 등을 자체 생산한다. 이 세 가지 부품이 제품 전체 비용에서 차지하는 비중은 각각 35%, 25%, 15%다. 이 셋만 자체 조달해도 비용의 75%를 통제할 수 있다는 계산이 나온다.

셋째, 규모의 경제(scale economy)다.

로봇·태양광·배터리 등 대부분의 하이테크 영역에서 중국은 세계 1, 2위의 제조 대국이다. 당연히 '규모의 경제' 원리가 작동한다.

중국은 워낙 생산 규모가 커서 생산량이 늘수록 개별 생산 단위당 비용은 감소하는 '규모의 경제' 효과를 톡톡히 누린다.

전기차도 그렇다. 2024년 중국의 자동차 생산량은 4000만 대, 이중 1134만 대가 전기차다. 딥라우트의 잠재 고객이다. 이 회사 솔루션 단품 공급가는 1만 달러에 육박한다. 그러나 대량 공급을 하면 비용을 3000달러 이하로 낮출 수 있다. 진레이 이사는 "시작할 때부터 '3000달러 이하로 공급한다'는 원칙을 세웠고, 이에 따라 기술을 개발하고 있다"고 밝히고 있다.

로봇도 비슷하다. 2023년 기준 중국은 27만6000대의 신규 산업용 로봇을 추가 도입해 전 세계 로봇 시장의 51%를 차지했다. 세계 로봇의 절반을 중국이 차지하니 규모의 경제 효과도 그만큼 크다. 고정비용의 일부인 상각비용도 대량 생산으로 인해 분산되면서 단위당 비용이 저렴해지고 있다. 이 역시 규모의 경제다. 중국의 단일 생산 라인의 상각 비용은 유럽·미국보다 30% 이상 낮다.

경쟁에서 살아남기 위해서는 가격을 낮춰야 하고 비용을 줄여야 한다. 그 과정에서 혁신 제품은 생산된다. 김명신 코트라 선전 관장은 "중국 시장에서 살아남는 것 자체가 혁신의 한 과정"이라며 "시장 압력 때문에 중국 하이테크 제품 가격이 떨어지고, 경쟁력이 높아진다"고 했다. 시장은 혁신의 판별자다.

중국 하이테크 제품의 '가격 파괴'는 한국에도 도전이다. 취재단과 함께 항저우의 로봇 회사 딥로보틱스를 방문한 엄윤설 에이로봇 대표는 "딥로보틱스의 4족 로봇인 M20는 성능으로 볼 때 스위스 취리히연방공대의 로보틱 시스템즈랩에서 개발한 애니멀(ANYmal)과 비숫하다"며 "그러나 가격은 딥로보틱스 제품이 10분의 1 수준"이라고 말했다.

중국의 가성비를 극복하려면 해결책은 정공법뿐이다. 역시 기술이다. 성능으로 압도하는 수밖에 없다. 또한 중국의 하이테크 가성비 구조를 면밀히 파악해 최대한 격차를 줄여야 한다.

'연봉 4억' 화웨이 관둔 천재,
700일간 1157억 모은 비결

4억 원이 1157억 원으로 불어났다. 700일 만에 벌어진 일이다.

1993년생 중국인 펑즈후이의 얘기다. 천재였다. 그는 27세였던 2020년 화웨이의 특급 인재 채용 프로그램인 '천재 소년 반'에 발탁됐다. 4억 원은 그가 화웨이에서 받던 연봉. 펑은 2022년 4억 원을 뿌리치고 퇴사했다. 꿈 때문이었다. 일론 머스크의 뺨을 칠 만큼 압도적인 휴머노이드 로봇 하나 만드는 것이 소원이었다.

퇴사 이듬해였던 2023년 그는 휴머노이드 스타트업 애지봇(Agibot, 즈위안 로봇)을 설립했다. 구글 등에서 중국계 인재를 대거 모셔와 연구에 매달렸다. 애지봇의 '위안정 A2'는 테슬라 로봇 '옵티머스'와의 기술 격차가 거의 없단 평가도 나왔다. 기술이 돈을 불렀다. 애지봇은 35곳의 전주(錢主)들에게 '돈 세례'를 받았다. 투자업계에 따르면 애지봇은 2025년 8월 기준 8330만 달러(약 1157억 원)의 투자금을 유치했다.

우선 중국 IT 거물 텐센트가 투자에 참여했다. 투자 액수는 비공개였지만, 금액을 짐작할 정보가 있다. 텐센트 투자와 맞물려 애지봇의 납입자본금은 7637만 위안(약 153억 원)에서 8046만 위안(약 162억 원)으로 뛰었기 때문이다.

기다렸다는 듯, 민간 전주가 속속 들어왔다. 바이두 캐피털, 징둥닷컴, 중국계 투자사 힐하우스* 등이 애지봇의 '미래'에 투자했다.

BYD, 베이징자동차 등 자동차 기업들도 줄이어 애지봇에 투자했다. 태국과 중동 자본까지 애지봇에 발을 담갔다. 돈 냄새에 민감한 투자자들이 몰리자 한국의 LG전자, 미래에셋그룹도 애지봇에 전략적 투자를 단행한 것으로 알려졌다.

애지봇은 7차례 자금 조달에 성공했다. 애지봇 관계자는 사우스차이나모닝포스트(SCMP)에 "투자 유치는 원활하게 진행됐고 최소 3년치 운영비용을 댈 현금을 확보했다"고 전했다. 회사 가치는 100억 위안(약 2조 원)으로 이미 유니콘(기업 가치 10억 달러) 수준을 넘어선 것으로 평가된다.

애지봇의 사례는 중국 혁신기업을 찾아내 성장의 과실을 함께 누리려는 글로벌 자본의 흐름을 잘 보여준다. 신형관 중국자본시장연구소 대표이사는 "자본은 가장 빠르고, 가장 객관적이다"고 평가했다. 중국 혁신의 젖줄, 자본시장에 대해 알아볼 차례다.

---

* 힐하우스는 '배달의 민족' 운영사인 '우아한 형제들', 쿠팡, 게임회사 크래프톤 등에 투자하기도 했다.

중국 전주들, 요즘 '이것' 투자에 꽂혔다

중국의 민간 투자는 크게 두 방향으로 이루어진다. 첫째, 민간 벤처 캐피털(VC)의 자금을 유치하는 방법이다. 요즘 VC들은 인공지능(AI), 휴머노이드 등에 꽂혔다. VC는 매년 전체 투자액의 약 23%를 AI 기업에 집중적으로 투자하는 것으로 알려졌다.

흥미로운 건 민간 투자가 정부 '지침'을 따라 한다는 점이다. 정부가 투자하면 민간 VC도 따라간다. 정부가 선행 투자한 기업은 민간 VC의 후속 투자를 받을 가능성이 2.5배 높았다. 미국 전미경제연구소(NBER)에 따르면 중국 정부 및 민간 VC에서 모두 투자받은 중국 AI 기업은 전체의 71%였다. 이런 투자 열기 속에 중국판 챗GPT인 딥시크가 태어났다. 정부가 방향을 제시하면, 민간 자금도 그대로 따라가는 모습이다.

둘째, 민간 빅테크 등 '선배' 기업의 투자를 받는 것이다. 빅테크는 산업의 흐름을 잘 안다. '될성부른 떡잎' 발굴에 유리하다. 태동할 때 투자한 스타트업이 증시에 상장되면 대박을 터뜨릴 수 있다.

중국판 카카오톡인 위챗을 만든 텐센트가 대표적이다. 텐센트는 2014~2024년 10년간 1175개 기업에 투자했다. 현재까지 누적 투자 건수는 1512건이다. 텐센트의 투자 분야는 광범위하지만, 요즘은 AI 기업, 게임 등에 마중물을 대고 있다. 즈푸AI의 경우, 텐센트가 2023년 10월 전략적 투자로 25억 위안(약 5000억 원)을 쏟아부었다.

일찍이 텐센트의 투자를 받은 뒤 주식시장에 데뷔한 기업은 숏폼 업체 콰이서우, 테무의 모기업인 핀둬둬 등이 있다. 텐센트는 창업 1

년 차였던 핀둬둬에 2016년 시리즈B 투자(1억1000만 달러) 등 초기 투자를 했다. 그 후 핀둬둬가 미국 나스닥에 상장할 당시 텐센트는 2대 주주(지분율 17%)였다. 이후 지분 매각 등을 통해 텐센트는 적지 않은 이익을 거둔 것으로 추산된다.

요즘 중국 증시의 핫 종목인 캠브리콘 역시 '선배 빅테크'의 투자를 받았다. 캠브리콘의 CEO는 중국과기대 출신인데, 역시 과기대 출신인 아이플라이텍 설립자 류칭펑(劉慶峰)이 1000만 위안(약 20억 원)을 엔젤 투자했다. 알리바바, 화웨이 등도 투자기금을 활용해 AI 초기 투자 붐을 이끌고 있다.

중국 벤처 캐피털 중 1위 세쿼이아 차이나가 인공지능(AI) 시대 투자의 선도에 서 있다. AI 로봇 기업인 유니트리 등에 투자했다. 원래 세쿼이아 캐피털은 1972년 미국 실리콘밸리에 설립됐는데 "세쿼이아가 투자하면 그 기업은 성공한다"는 업계의 평가가 나올 정도로 실력을 인정받았다. 이 중 2005년 세워진 세쿼이아 차이나는 그간 메이톼, 샤오펑모터스 등에 투자했다. 한국 기업인 토스, 마켓컬리 등에도 투자한 적이 있다. 미·중 지정학적 갈등이 심화하자 2023년에는 중국 부문을 홍산(紅杉)*이라는 이름으로 리브랜딩했다. 운용 자산 규모(AUM)는 약 550억 달러(약 78조6885억 원) 규모로 추산된다.

2위는 IDG 캐피털이다. IDG 캐피털은 1993년부터 중국에서 벤처 캐피털 사업을 개척했다. 바이두, 샤오미, 메이톼 등 굵직한 IT 기업들에 돈을 댔다.

---

* 세쿼이아는 키가 큰 나무 이름인데, 홍산 역시 키가 큰 나무인 레드우드를 중국어로 옮긴 것이다.

중국에서 혁신 지원 위해 만든 3개 증권시장

베이징증권거래소(BSE)

출범 시기	2021년
시장 목표	혁신형 중소기업 육성
대표 분야	전문 제조, 바이오, 첨단부품 등 특화 분야
상장 요건	최근 2년 순이익 ≥ 1,500만 위안(약 28억 원) 등
기타 특징	중소기업 전담 육성 시장

상하이 커촹반

출범 시기	2019년 7월
시장 목표	국가전략 하이테크 산업 육성
	핵심기술 보유 기업 지원
대표 분야	반도체, 인공지능, 바이오, 신에너지 등 첨단기술 분야
상장 요건	적자 기업도 상장 허용 (수익 요건 없음)
	높은 연구개발(R&D) 투자 등 성장성 중시
기타 특징	상장 초기 가격제한 없음 → 이후 ±20% 변동폭 설정

선전 촹예반

출범 시기	2009년 10월
시장 목표	고성장 혁신 기업 지원
	신경제 분야 기업의 규모 확장
대표 분야	소비, 정보기술, 문화 콘텐츠 등 신산업·서비스 분야
상장 요건	최근 2년 순이익 ≥ 5000만 위안(약 98억원) 등
	일정 수익성 요건 존재 (다만 산업 일부 분야제한은 적음)
기타 특징	중국판 나스닥, 기존 승인 → 현재 등록제 전환

자료: 글로벌혁신센터(KIC 중국)

The JoongAng

3위 5Y캐피털은 2008년 상하이에 설립됐다. 원래는 모닝사이드 벤처캐피털이었지만 2020년 5Y로 이름을 바꿨다. 콰이서우(숏폼 플랫폼), 호라이즌로보틱스, 센스타임 등에도 돈을 댔다. 특히 콰이서우 투자가 성공적이었다. 2021년 블룸버그통신에 따르면 5Y는 콰이서우 투자로 300억 달러의 수익을 올린 걸로 전해졌다.

4위 GGV캐피털은 2005년부터 중국 시장에 투자해온 1세대 투자사 중 하나다. 미국과 중국 양쪽에 본사를 두고 운영하다가 중국 사업은 '그래닛 아시아(Granite Asia)'라는 독립 브랜드로 운영하기로 결정했다. 즈푸AI, X리얼(AR업체) 등에 투자했다.

5위 매트릭스 차이나는 2008년 금융위기 때도 다른 VC들과는 달리 공격적으로 투자를 집행했다. 2024년 기준으로 운용 자산 규모(AUM)가 96억 달러(약 13조7337억 원)다.

AI · 로봇 기업이면 OK…"적자여도 상장 가능"

혁신기술이 있으면 선배 기업의 투자를 받기도 하지만, 증시의 문도 열린다. 요즘 중국에서는 증시 상장을 준비하는 하이테크 분야 스타트업이 줄을 서 있다. 로봇 기업 유니트리는 이미 텐센트, 알리바바 등의 투자를 받았다.

유니트리가 노리는 데뷔 무대는 '중국의 나스닥'으로 통하는 커창반(科創板)이다. 커창반은 기술 · 벤처기업 전용 주식시장으로 상하이 증권거래소에 설치됐다. 시진핑 주석이 2018년 11월 중국국제수입박람회 기조연설에서 "미국 나스닥과 같은 시장을 추가로 개설하겠다"고 밝힌 후 2019년 7월 커촹반이 출범했다. 중국 투자 업계는 돈을 쌓아 놓고 유니트리의 증시 데뷔를 기다리고 있다.

이 밖에 중국 AI 스타트업 미니맥스가 홍콩 증시 상장에 성공했다. 미니맥스의 생성형 AI 모델인 'M1'은 경쟁사 딥시크의 R1 대비 절반 이하의 연산 비용으로 동작해 주목받았다. 또한 중국 4마리 AI 호랑이인 즈푸AI가 베이징 증권감독관리국에 IPO 신청 서류를 제출했다.

중국 혁신 지원 이끄는 3총사 증권시장

중국 혁신기업들이 주로 상장되는 3개 주식시장이 있다. 2021년 11월 정식 개장한 베이징증권거래소(BSE)에서는 자본시장에서 소외될 수 있는 혁신형 중소기업을 주로 받는다.

상하이의 커촹반은 시진핑 정부 들어 조성된 증시다. 주로 인공지능(AI), 반도체 기업들이 문을 두드린다. 선전의 촹예반은 2009년 설립돼 역사가 가장 길다.

사실 커촹반이나 촹예반을 설명할 때 미국 나스닥 시장에 비유하곤 한다. 그렇다면 커촹반과 촹예반의 결정적인 차이는 무엇일까. KIC 차이나에 따르면 커촹반은 선도적인 기술(국제특허 등 핵심기술 증명 필요)이 있는지가 핵심이다. 촹예반은 상업화 확장(시장 점유율, 수익 창출 경로)에 주안점을 두고 상장을 결정한다.

그러다 보니 투자자층도 좀 다르다. 커촹반은 기술적인 내용을 분석해야 하므로 공모펀드 등 전문 기관이 주도한다. 그래서 공모펀드 보유 비중이 68%다. 커촹반의 대표적인 주식은 중국 반도체 굴기를 상징하는 반도체 기업 SMIC다. 반면에 창예반은 개인투자자(42%)의 비중이 높다. 창예반의 대표적인 주식은 전기차 배터리 기업 CATL 이다.

시장을 사지 말고,
기업을 사야 하는 이유

스타트업이 될 떡잎들을 '씨앗' 때부터 알아보는 장도 있다. 창업경진 대회다. 중국에서는 대학생은 물론이고 중고등학생도 적극적으로 참여한다. 중국 전역에서 열리는 '국제 대학생 혁신 경연대회' 중 베이징 대회에는 2만1774개 프로젝트가 출품됐고 11만5435명이 참가했다. 스마트 헬스케어, 농촌 활성화, AI 등에서 혁신 제품·서비스가 등장했다. 복잡한 지형에서도 효율적으로 움직이는 드론, 폭우·우박 같은 기상 악화를 조기에 정확하게 경보하는 시스템도 등장했다.

중요한 점은 상만 덜렁 주고 끝나는 것이 아니란 점이다. 수상자들은 '혁신 및 창업 교육 캠프' 참가 자격이 주어진다. 전문가와 기업인으로 구성된 멘토링 팀이 강의하고, 기업 방문도 주선한다. 예비창업자들은 사업 모델 최적화, 자금 조달 전략, 팀 관리 등을 배운다. 아이들 놀이 정도로 치부할 수준이 아니다. 심지어 고등학교 학생들이 참여하는 창업경진대회에도 수준작이 많이 올라온다. 광둥성 선전시의 경우 2024년 고등학생 혁신 경진대회에 과제 514만 건이 출품됐다(선전시 교육국 통계).

선전 위차이(育才) 중학교에서 나온 '불의 독수리' 프로젝트에서는 고층건물 화재 발생 후 2분 이내에 신속 정확하게 화재를 진압하는 드론이 나왔다. 소방국의 검증까지 받은 이 프로젝트는 화재 진압 효율을 높이고 사상자를 획기적으로 줄일 수 있다는 평가를 받았다. 추이위안(翠園) 중학교에서는 장애인이 착용하는 의수 소켓이 너무 뜨겁다는 점에 착안해 AI 냉각 시스템을 갖추면서도 가벼운 의수를 개발했다.

선전 과학기술원(SIAS)의 설립자이자 초대 총장인 리쩌샹(李澤湘) 홍콩과기대 전자·컴퓨터공학부 교수는 수많은 스타트업을 발굴하고 키워낸 '기업의 아버지'다. 리 교수의 안목으로 키워낸 곳이 바로 세계 드론의 60%를 만드는 DJI다.

그는 2014년 X봇 파크, 2021년 이노X를 세웠다. X봇 파크와 이노X는 혁신 인큐베이팅 생태계다. 차세대 기술 기업가 육성을 목표로 출범했고, 하드웨어 스타트업 창업 지원 등을 하고 있다. 이노X에서만 140개 이상의 스타트업이 탄생했고, 6곳은 이미 유니콘으로 성장했다.

선전은 교육과 인재 육성 프로그램을 창업 생태계와 효과적으로 연결한 지역으로 평가된다. 선전 이노X 1기생 기업의 60%가 2년 내 엔젤투자 단계에 도달했는데, 이는 일반 민간 상업형 엑셀러레이터

(20~40%)보다 크게 높은 수치다. 초등학생도 참여할 수 있는 선전 부트 캠프에서 특훈을 받는다. 매 겨울과 여름 2주간 1300명 이상이 지원하는데, 80명만 선발한다. 팀워크, 문제 해결력 등을 집중적으로 평가해 상위권 인재가 선발된다.

중국의 떡잎 스타트업에 투자, 혁신에 올라타는 일

그런데 이렇게 기술만 있다고, 열정만 있다고 다가 아니다. 투자하되 조건을 깐깐하게 따지는 VC도 늘었다. 최근 들어 VC들은 투자 조건에 포함된 환매 조항을 집행하기 시작했다. 과거에는 거의 이루어지지 않았던 조항이었다.

그렇다 보니 요즘 중국 창업자들은 한 번 실패하면 막대한 재정적 부담을 떠안기도 한다. 거액의 빚을 지고 채무자 블랙리스트에 오르는 사례도 적지 않다. 창업자들이 빚더미에 오르면 호텔 예약, 비행기 탑승, 해외 출국까지 제한된다. VC가 창업가를 상대로 소송을 제기하는 사례도 발생하고 있다.

그렇다면 한국은 어떤 전략을 취해야 할까. 과거 우리는 '중국=소비 시장'이라는 단순한 공식으로 인식해왔다. '14억 명에게 초코파이 하나만 팔아도 된다'는 식의 전략, 이제는 안 통한다. 중국 소비자에게 무얼 팔 건지 고민하기보다, 중국 혁신기업을 발굴하고 투자해 함께 성장한다는 인식 전환이 필요한 시점이다.

중국의 될성부른 하이테크 벤처기업에 투자하고, 그들과 함께 성장하는 모델을 연구할 필요가 있다는 지적이다. '시장을 사지 말고,

기업을 사라'는 얘기다.

한국과 중국의 스타트업과 창업 생태계를 연구하는 최성진 한양대 교수는 "중국을 이제 경쟁 상대로 볼 게 아니라 그들의 생산 역량을 활용하고 밸류체인에 올라타야 한다"고 짚었다. 한국 대기업 중에서 경쟁력 있는 중국 중견기업을 인수하기 위해 검토하는 업체가 나오고 있다. 한국이 고부가가치가 중간재를 만들고, 중국이 저임금 노동력을 활용해 완성품을 생산하던 시대는 갔다.

최 교수는 "한국의 완성차 기업이 중국 전기차 스타트업을 인수한다고 보면, 단순한 중국 시장 진출이 아니라 중국의 혁신 생태계 속에서 배터리 · 모터 · 소프트웨어 같은 핵심 기술을 흡수하는 효과가 있다"고 강조했다. 또한 디지털 헬스케어, AI 기반 뷰티 스타트업 등 중국 현지 소비자와 접점이 강한 스타트업도 눈여겨봐야 한다. 이런 스타트업을 인수함으로써 그들이 가진 소비자 데이터, 중국 내수 및 글로벌 판매 네트워크까지 함께 얻는 구조다.

유비테크는 왜
산업용 로봇에 집중할까

편의점 알바 일을 시작한 지 3년 정도 됐다. 키 173cm에 무게 85kg. 이 친구는 도대체 피곤이라는 걸 모른다. 하루 24시간 꼬박 일한다. 그래도 불평 한마디 없다. 손님이 시키는 대로 고분고분, 척척이다.

중국의 휴머노이드 로봇 'G1' 얘기다. 이 로봇이 일하는 곳은 베이징(北京) 중관춘(中關村)에 있는 편의점 '갤럭시 스페이스 캡슐(銀河太空艙)'. 세계 최초로 휴머노이드 점원이 근무하는 무인 편의점이다. 'G1'은 로봇 기업 갤봇(Galbot·銀河通用)이 2023년 개발했다. 바퀴형 하체에 집게 손이 양팔에 달렸다. G1 로봇은 활기찬 목소리로 손님을 부른다.

생수와 이온음료 등 2~7위안(약 400~1400원)짜리 음료 9종을 판매 중이었다. 취재진이 갤봇에게 인사를 건네자 "음료를 드시고 기

중국 로봇 기업 갤봇이 개발한 휴머노이드 G1이 운영하는 24시간 무인 편의점. 사진_이도성 특파원

분 전환하겠느냐"는 대답이 돌아왔다. 현장에 비치된 태블릿PC에서 음료를 고르고 결제하자 곧바로 로봇이 움직였다. 몸을 돌려 냉장 매대로 이동한 뒤 집게 손으로 정확하게 음료를 집어 들었다. 카운터에 음료를 올릴 때까지 걸린 시간은 40초. 한 고객은 현장에 설치된 큐알(QR)코드로 커피를 주문했다. 9.9위안(약 2000원)을 결제하자 커피 로봇이 부지런히 움직였다. 종이컵에 따뜻한 커피가 담기고 플라스틱 뚜껑까지 덮였다.

갤봇은 자체 개발한 인공지능(AI) 모델을 통해 복잡한 환경에서도 정확히 상품을 인식할 수 있다는 것이 업체 측 설명이다. 주문 즉시 매대 위에서 주문받은 상품을 고를 수 있는 건 이 때문이다. 하루 2~3차례 배터리만 교체하면 24시간 내내 영업이 가능하다. 갤봇이 처리하는 하루 주문은 1000여 건. 갤봇 관계자는 "중국 10개 도시에서 100개 매장으로 확대할 계획"이라고 밝혔다.

로봇, 휴대전화처럼 쇼핑 가능한 것은 4S 덕분?

앞서 만난 로봇 카페에서 40km 정도 떨어진 이좡(亦庄) 경제기술개발구에는 2025년 8월 세계 최초 휴머노이드 로봇 전문 판매점이 문을 열었다. 마치 자동차나 휴대전화 대리점처럼 휴머노이드 로봇과 4족 보행 로봇, 부품 등을 전시해 현장 판매한다.

로봇 쇼핑도 휴대전화를 사듯 하면 된다는 얘기다. 업체 측은 '로봇 4S 매장'으로서 판매(Sale), 부품(Spare parts), 서비스(Service), 정보 피드백(Survey) 기능을 통합했다고 설명했다. 총 4층에 4000m² 규모로 1·2층은 전시 매장, 3·4층은 로봇 수리·상담 공간이다. 여기선 로봇을 직접 체험하고 만져볼 수 있다.

인조잔디가 깔린 미니 축구장에서는 환호성이 터졌다. 그 앞에서는 휴머노이드 로봇 축구 대회에서 우승한 베이징 자쑤진화(加速進化·부스터로보틱스)의 T1이 연신 공을 걷어차 골망을 흔들었다. 휴머노이드 축구선수 움직임의 과학적 원리를 설명한 안내문 옆에는 19만9000위안(약 3985만 원)이라는 가격표도 붙었다.

농구공을 골대에 정확히 쏘아 올리는 휴머노이드 로봇(약 5000만 원), 사람 얼굴을 인식해 초상화를 그려주는 로봇(약 5600만 원) 등도 눈길을 끌었다.

로봇 스타트업 웨이란(蔚藍)이 내놓은 소형 4족 보행 '베이비알파 A2 울트라'는 검은 귀를 가진 강아지 얼굴에 붉은색 몸통으로 실제 반려견처럼 애교까지 부렸다. 현재 2만4099위안(약 482만 원)에 판매 중이다.

중국에서는 휴머노이드 로봇을 온라인에서도 쉽게 구매할 수 있다. 온라인쇼핑 플랫폼 타오바오(淘寶)에서 휴머노이드 로봇(人形機器人)으로 검색하니 2999위안(약 60만 원)부터 25만4150위안(약 5083만 원)까지 다양한 가격대의 제품이 검색됐다. 용도 역시 대형박람회·호텔에 비치되는 안내용 로봇, 학교와 실험실의 학습용 로봇 등 다채로웠다.

중국 주요 로봇 제조사의 휴머노이드 신모델 출시 건수는 2022년 1개에서 2023년 4개, 2024년 35개로 크게 늘었다. 최근 3년간 출시된 전 세계 휴머노이드 로봇 가운데 중국산 비중은 61%에 달한다(모건스탠리). 중국 휴머노이드 산업의 급속한 성장 과정을 이해하려면 업계 대표 기업인 유비테크(UBtech)의 궤적을 들여다보면 된다.

중국 베이징시 이좡 경제개발구에 문을 연 로봇 판매점에 전시된 휴머노이드 축구선수. 사진_이도성 특파원

'최초 홍콩 증시 상장' 휴머노이드 기업

유비테크는 소프트웨어 제어와 AI 모듈, 하드웨어 생산까지 로봇 기술의 전 과정을 자체 기술로 구현하는 '풀스택(full−stack)' 휴머노이드 기업이다. 2023년 12월 29일, 중국 휴머노이드 기업으로는 처음으로 홍콩 증권거래소(HKEX)에 상장하며 글로벌 시장에 존재감을 드러냈다. 창업자 저우젠(周劍)은 상장 당시 "휴머노이드가 더는 공상과학이 아님을 증명했다"고 말했다.

유비테크가 연 길을 중국 정부가 더 넓혀 포장했다. 최근 수년간 로봇 산업을 전략 산업으로 지정해 집중 육성하면서, 수많은 스타트업이 생겨났다.

저우젠은 2008년 일본의 한 로봇 전시회를 방문한 뒤, 휴머노이드 업계의 미래 가능성을 확신했다. "중국이 로봇에서 가장 큰 경쟁력을 가질 수 있다"는 판단 아래 2012년 유비테크를 창업했다. 첫 모델은 키 40cm, 무게 2kg의 소형 휴머노이드 로봇 '알파 1S'였다(2014년 개발). 아이들의 학습을 돕는 가정용·교육용 로봇으로 일상 속 진입을 노렸지만, 당시 시장의 반응은 미지근했다. 2018년에는 인형 크기인 24cm로 줄인 '알파 미니'를 내놓으며 소비자에게 다가가려 했으나, 이때도 시장 반응은 제한적이었다.

가정용 대신 산업용 로봇에 집중한 이유

그러던 회사는 돌파구를 찾았다. 바로 산업용 로봇이었다. 중국 선

중국 휴머노이드 로봇 10대 기업과 주요 특징

회사명	로봇이름	키 (m)	무게 (kg)	배터리 시간	주요특징
유니트리	G1	1.3	35	약 2시간	민첩성, 실용성 강조
로봇에라	스타1	1.71	63	미공개	모듈형 구조, 산업용 적합
딥로보틱스	Dr01	1.6	65	미공개	고정밀 센서, 내구성
유비테크	워커S	1.7	65	약 2.5시간	유연한 관절, 산업 자동화
케플러	포러너K2	1.78	85	미공개	손가락 끝에 96개의 접점을 갖춘 센서
엔진 AI	SE01	1.7	55	약 2시간	자연스러운 보행
PND 로보틱스	아담 라이트	1.67	60	미공개	민첩한 이동
키논 로보틱스	X맨-R1	1.72	110	미공개	서비스 자동화, 무릎 유연성
아스트리봇	스타더스트 스마트 S1	1.7	80	4~6시간	빠른 동작
두봇 로보틱스	두봇 아톰	1.53	62	미공개	직각 무릎 보행, 정밀 조작가능

자료: 산업연구원, 외신 종합

The JoongAng

전시 유비테크 본사에는 10여 년 동안 회사가 시장에 내놓은 다양한 휴머노이드 모델이 전시돼 있었다. 이 가운데 현재 회사의 역량이 집중된 모델은 2025년 7월 공개한 산업용 '워커S2'다. 키 176cm인 워커S2는 전력이 30% 이하로 떨어지면 자체적으로 충전하는 곳으로 이동해 스스로 배터리를 교체할 수 있다는 강점을 지녔다. 실제 사람의 보행 움직임과 자세를 따라 하기 위해 관절 40여 개가 탑재됐다. 현재 워커S2는 자동차 · 물류 공장 등 산업 현장에서 부품 운반, 조립, 품질 검측 등의 임무를 수행한다. 회사는 워커S2를 앞세워 중국 유수의 기업과 2억5000만 위안(약 500억 원) 규모의 공급 계약을 체결했다. 단일 휴머노이드 로봇 수주액으로는 세계 최대 규모다.

탄민(譚旻) 최고브랜드책임자(CBO)는 "대부분의 혁신 기술이 B2B(기업 간 거래) 시장에서 먼저 상용화된 뒤 B2C(소비자 시장)로 확산하는 만큼, 산업용 모델에 우선 집중하고 있다"고 말했다.

유비테크가 산업용 로봇에 집중하는 건 단지 B2B를 위해서만은 아니다. 개인화 · 다양화가 필요한 B2C로 영역을 넓히려면 결국 현실 세계에서의 데이터 축적이 관건이기 때문이다. 물건을 들어 올리거나 물을 마시는 등 휴머노이드가 몸으로 부딪히며 얻는 수많은 데이터는 이른바 '피지컬 AI'(실제 세계에서 작동하는 AI)의 성능을 개선할 수 있는 핵심 재료다.

유비테크가 해법을 찾은 곳은 바로 자동차 공장이었다. 탄민 CBO는 "휴머노이드 산업의 관건은 피지컬 AI인데 물리적 데이터는 아직 한없이 부족한 상황"이라면서 "로봇이 데이터를 쌓는 데 가장 이상적인 곳이 바로 자동차 공장이기 때문에 우리는 2023년부터 로봇을 공장에 배치해서 전 세계에서 가장 많은 현장 훈련 경험을 보유하는 데 집중해 왔다"고 말했다.

2024년부터 공급을 시작한 워커S 시리즈는 BYD·폭스바겐·아우디와 같은 대형 자동차 공장을 비롯해 폭스콘, SF익스프레스(중국 물류기업) 등 다양한 기업 공장에서 생산·물류·품질검사 업무에 투입됐다. 워커S2를 2026년 3000대까지 납품하는 것이 목표다.

핵심은 누가 더 많이 양질의 현실 데이터를 확보하느냐. 결국 데이터가 휴머노이드 기업의 성패를 가른다. 2023년 설립된 갤봇은 리테일(소매) 분야를 겨냥해 분류·운반 작업에 강한 모델 G1을 내놨다. 갤봇의 대표 모델 G1은 베이징 내 메이퇀 매장 20여 곳에서 의약품 분류 작업을 하며 데이터를 쌓는다. 중관춘의 '갤럭시 스페이스 캡슐'도 그중 하나다. 신생 기업 매직랩은 샤오미에서 로봇개를 만들던 개발팀이 나와서 2023년 차린 회사다. 최대 주주는 로봇청소기로 유명한 중국 최대 생활가전 기업 드리미(追觅). 드리미는 전국 주요 공장에 매직랩의 로봇을 투입해 실제 작업 환경에서 모델을 훈련시키고 있다. 로봇의 시행착오 또한 학습 데이터로 축적된다. 로봇이 가정·학교 등 일상 속으로 스며들기 위해서는 식탁을 치우다 세탁기를 돌리는 등 서로 다른 과제를 동시에 처리하는 '비정형 상황'에 자연스럽게 대응할 수 있어야 한다. 로봇의 보편화까지 수년이 걸릴 수밖에 없는 이유다.

한국도 로봇 '시장' 창출 고민해야

국내에서 로봇은 일상에 스며들기에는 아직 먼 미래다. 그러나 중국은 필요한 분야에 로봇을 적극 활용하며 산업은 물론 일반 소비 시장에서 로봇이 함께 하는 미래를 준비 중이다. 일자리를 잠식하는 존재가 아니라 새로운 수요를 창출하는 것이다. 산업연구원의 조은교 연구위원은 "중국의 발전하는 로봇 시장은 우리에게 기회가 된다"면서 "향후 고령화 시대에 대응하기 위해 중국과 로봇 서비스 분야에서 협력 방안을 모색해 보는 등 니치마켓을 찾아볼 필요가 있다"고 했다. 조 위원은 "특히 제조, 물류, 의료 등에 응용되도록 제도적 기반과 실증 환경을 마련해 새로운 수요 시장을 창출하자"고 강조했다.

4개월 만에 3억 명에 의료 서비스를?

새벽잠에서 깬 아이가 보챈다. 아이 이마는 불덩이, 체온은 39.8도다. 기침도 심하다. 베이징의 초보 엄마 왕(王) 여사는 혹시 감기보다 더 큰 병은 아닌지 걱정이 앞선다. 병원 진료가 시작되기 전인 새벽 6시. 왕 여사가 급히 찾은 건 스마트폰 'AI 닥터'였다. '줘서우(左手)'라는 AI 닥터 시스템이다. 줘서우와의 대화는 이랬다.

"지금 아이가 고열에 기침도 심해요."

"5일 전에도 그렇지 않았나요? 그때와 증세가 다른지요?"

"지금은 기침이 더 심해요."

"지난 5년간의 기록을 종합해보면, 아이는 폐렴에 걸릴 확률이 높으니 빨리 병원에 가세요."

"베이징 어느 병원, 어느 의사가 잘 보나요?"

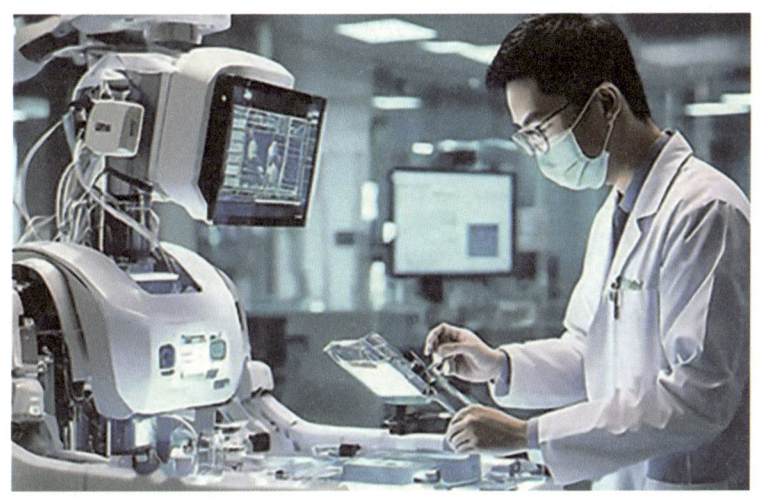

중국 정부는 2016년 국무원에서 발표한 '건강 중국 2030 계획요강'을 바탕으로 스마트 AI 의료 시장을 키우고 있다. 사진_쥐서우 닥터

"○○소아과, 의사 천밍을 찾으세요."

"지금 당장 어떻게 할까요?"

"지난번 먹다 남은 기침 감기약 있죠? 일단 그 약을 먹이세요."

쥐서우 AI 닥터는 이미 왕 여사 자녀의 주치의다. 아이가 태어나서 무슨 병을 앓았는지 속속들이 알고 있어서다. 쥐서우 AI 닥터는 종합병원 스타일이다. 심장내과, 비뇨기과, 정형외과 등 다수의 진료과를 포괄한다. 쥐서우 닥터는 35개 진료과에서 6000가지 이상의 질환(2022년 기준)을 진단했다. 그중 소아과를 분리해 '아동과'를 만들었다. 왕 여사가 이용했던 바로 그 진료 시스템이다.

쥐서우의 자기 소개는 이렇다. "의학책 수만 권, 논문 300만 건, 진료기록 100만 건 이상을 학습했다. 200곳 이상의 병원과 400만 명 이상의 사용자에게 서비스를 제공했다."

쥐서우 AI는 지금도 진화 중이다. 거대한 데이터를 빨아들여 학습한다. 앞서 소개한 왕 여사의 아이는 진료 혜택도 받았지만, 쥐서우 DB에 '기여'도 했다. 쥐서우 AI에게 일종의 '성공 경험'을 준 셈이다. 쥐서우는 중국인들이 자주 걸리는 병을 진단하고 적절한 의료 서비스를 제공하는 사례를 차곡차곡 쌓고 있다.

성과가 나오자 투자금도 몰리고 있다. 2021년 쥐서우 닥터는 1억 위안(약 200억 원)의 시리즈B 투자 라운드를 완료했다. 치밍벤처파트너스가 주도했다. 2006년 설립된 치밍벤처파트너스는 중국의 헬스케어, IT 관련 기업에 투자한다. 과거 샤오미, 틱톡의 모기업인 바이트댄스 등의 초기 투자자였다. 치밍은 베이징 국유자본과 공동으로 베이징 AI 산업펀드를 운영하고 있기도 하다.

쥐서우는 중국 AI 닥터의 극히 일부분에 불과하다. 중국의 주요 대학과 병원들은 AI 의료 시스템 구축을 위해 각축을 벌이고 있다.

중국의 24시간 AI 의사, 오진율은?

의료 AI 분야에서 가장 앞선 대학은 칭화대다. 칭화대 의대 학장 황톈멍(黃天萌)은 2025년 4월 'AI 닥터'를 42명 '고용'했다고 발표했다. 칭화대가 추진하는 '즈싱(紫荊) AI 닥터' 프로젝트의 일환이다. 즈싱 AI 닥터는 '24시간 중단 없는 의료 서비스', '며칠 만에 수만 명의 환자를 진단하겠다'는 목표를 내걸었다.

황 학장은 "42명의 AI 닥터가 300여 개 질병과 관련해 진료를 보고 있다"며 "진단 정확도는 평균 96%다"라고 밝혔다. 2025년 8월 기준 즈싱 AI 닥터는 3억 명에게 서비스를 제공했다. 환자들의 반응도 괜찮다. 즈싱 AI 닥터에 대한 긍정적 반응은 98%였다.

즈싱 AI 닥터는 환자 문진 과정에서 정보를 하나하나 학습하고 있다. 칭화대 대학병원인 베이징 화신(北京華信)의원 등과 협력하고 있기에 임상 데이터 접근이 가능하다. 즈싱 AI 닥터의 최종 목표는 의료·교육·연구개발이 융합된 AI 닥터 생태계 구축이다.

칭화대뿐이 아니다. 상하이교통대 산하 대학병원인 신화(新華)의원은 AI 기업인 센스타임과 함께 의료 LLM 모델 '선쓰카오(深思考, 깊이 숙고한다는 뜻)'를 개발 중이다. 그 첫 작품이 'AI 아동 닥터'다. 신화의원은 '선쓰카오'를 세계 최대 규모의 AI 닥터로 키우겠다는 야심찬 계획을 세우고 있다. 상하이 푸단대는 산하에 있는 중산(中山)병원과 함께 대형 의료 모델 관신(觀心·CardioMind)을 바탕으로 한 심장내과 전문 AI 닥터를 개발했다. 이 밖에 아이플라이텍 등 AI 기업들도 의료 AI에 매진하고 있다.

AI로 폐암 찾고 유전자 분석까지

병리학 연구, 신약 개발, 환자 진단 및 치료, 수술 후 관리, 병원 운영 등 모든 의료 과정에서 AI가 쓰인다. 중국에서는 특히 2010년대 이후 알리바바, 텐센트, 바이두 등 인터넷 기업들이 AI와 빅데이터 기술 혁신을 이루며 중국 AI 의료 산업도 같이 발전했다. 중국 둥우(東吳)증권연구소에 따르면 중국 AI 의료 시장은 2022년 877억 위안(17

조5400억 원)에서 2028년 1598억 위안(약 32조 원)으로 커질 전망이다. 원격 의료 분야에는 중국 정보기술(IT) 대기업 텐센트 산하 온라인 헬스케어 스타트업 위닥터, 핑안보험의 자회사 핑안굿닥터 등이 있다.

대표 기업은 딩샹위안(DXY)이다. 중국 최대 의료 및 헬스케어 디지털 플랫폼으로 2000년 설립됐다. 처음에는 의사 커뮤니티처럼 운영되다가 대중을 상대로 의료 상담 등을 제공하는 디지털 플랫폼으로 자리매김했다. 의사, 의학 연구원 등 550만 명 이상의 전문 회원을 포함해 수억 명의 사용자가 있다. 2014년 텐센트로부터 7000만 달러(약 960억 원)를 투자받아 사업을 확장했다.

딥와이즈는 AI 기반으로 X선, CT, MRI 등 의료 영상을 진단하는 소프트웨어를 만든 회사다. 2015년 세워진 인퍼비전도 CT, MRI 등 의료 영상을 AI로 분석해 의사의 진단을 돕는 기업이다. 폐암, 폐렴 등 질병이 의심되는 부분을 신속하고 정확하게 판독한다. 코트라에 따르면 인퍼비전의 AI 시스템은 2024년까지 100여 개 병원에 도입됐다. 특히 코로나19 당시, AI 시스템을 활용해 CT 영상을 분석하고 바이러스성 폐렴을 판독하는 데 크게 기여했다는 평가를 받았다. 또한 생성형 AI 기반 수술 로봇을 출시했는데 이를 통해 동물실험에서 수술 시간이 크게 줄고 정확도가 향상됐다.

화다유전자(BGI)는 1999년 설립됐으며 본사는 중국 선전에 있다. 인간 및 동식물, 미생물의 유전체 해독 기술을 보유하고 있다. 유전 정보 분석을 바탕으로 질병 진단, 개인 맞춤형 치료 등 정밀 의료 서비스를 제공한다. 중국국가유전자은행을 운영하면서 중국 정부의 대형 유전체 연구 프로젝트를 수행했다. 베리 지노믹스는 임산부가 태

중국 의료 AI 관련 기업과 서비스 분야

정보기술기업+의료

- 텐센트(AI 의료 영상 분석, 암 조기 검진), 알리바바 헬스케어(AI 기술 이용한 건강 관리), 바이두(AI 스마트 문진 서비스), 화웨이(클라우드 컴퓨팅, AI 통한 의료 데이터 분석과 영상 처리)

건강관리 및 원격의료(AI 기반의 온라인 원격 진료 및 건강관리)

- 핑안 굿닥터, 위(We)닥터, 딩샹위안(DXY)

핑안 굿닥터

위(We)닥터

딩샹위안(DXY)

의료 영상 AI 기업

- 인퍼비전(AI 의료 영상 분석, 특히 폐암 검진 강점), 딥와이즈(뇌졸중, 골절 등 진단)

인퍼비전

딥와이즈

AI 활용한 유전체 데이터 분석 및 정밀의학 솔루션 제공

- 화다 유전자(BGI), 베리 지노믹스

화다 유전자(BGI)

베리 지노믹스

아의 상태를 확인하기 위해 받는 비침습 산전 유전 검사(NIFTY)를 중국에 최초로 도입해 유명해졌다. 창립자의 아내가 고령으로 임신, 출산을 했기 때문에 안전한 진단 서비스의 필요성을 느꼈다고 전해진다.

AI 덕에 환자 병원비도 줄었다

AI 의사의 강점은 명백하다. 사람과 달리 AI는 육체 피로에 영향을 받지 않고, 많은 양의 복잡한 데이터를 신속하게 처리한다. 빅데이터와 딥러닝을 기반으로 사람 의사가 간과하기 쉬운 정보까지 파악해 오진 가능성을 줄여준다.

AI가 치료하는 환자 수가 많아질수록 더 많은 정보를 획득해 서비스 품질이 개선되고 오진율도 더 낮아질 전망이다. 특히 병원이나 의사가 부족한 오지까지 AI 의료 서비스를 확장할 수도 있다. 시진핑 정부 입장에서는 도시−농촌 간 의료 격차를 해소한다는 이점도 있다. 윈난성 쿤밍 의과대학의 경우, 디지털 헬스케어 빅 모델을 적용했더니 환자들의 골절 재발률이 52% 줄어들었다. 이 모델을 도입한 뒤 환자들의 평균 의료비가 1800위안(약 36만 원) 줄어들었다. 환자 입장에서도 정확한 진단을 받으니 의료비가 줄어든 긍정적인 효과가 있었다는 것이다.

중국 의료 AI는 오일머니 만났는데

일부 서비스는 벌써 해외로 진출했다. 중국 경제관찰보에 따르면 후이신 인텔리전스의 소독 로봇은 두바이 병원 복도를 돌아다니며 자외선 빔으로 병원균을 정확하게 죽인다. 이런 중국 AI 제품은 중동의 병원에서 새로운 표준이 되어가고 있다.

후이신 인텔리전스의 창립자인 장카이는 2024년 병원 내 배달 로

봇 솔루션을 가지고 두바이 보건청(DHA)을 방문했지만, 난관에 부
닥쳤다. 그 뒤 그는 큰 실수를 깨달았다. 로봇이 손바닥을 위로 향하
게 약병을 건네주는 것이 여기선 신성모독으로 간주한단 사실을 몰
랐다. 즉각 실수를 바로잡았다. 두바이 모하메드 문화연구센터의 컨
설턴트를 고용해 로봇 시스템에 종교, 관습에 대한 데이터를 내장
했다. 소독 모듈로 기도용 깔개 세척 알고리즘을 강화했다. 경제관
찰보는 "후이신의 AI 기능을 탑재한 스마트 병원 AI 로봇은 소독률
99.8%를 달성했다"고 짚었다.

이런 변화를 본 DHA가 중국과 손을 잡기로 했다. 2025년 양측은
스마트 병원 AI 로봇 제조 협정에 서명했다. 두바이 헬스케어 회사와
공동으로 실험실을 세워 현지 시스템을 구축하니 비용이 30% 줄었다.

2025년 5월에는 중국 의료 스타트업 신이AI가 사우디아라비아에 AI
클리닉을 개설했다. AI 닥터가 환자의 증상을 수집한 뒤 영상 자료 등
데이터 분석, 진단 및 처방안을 제시해 인간 의사가 최종 검토하는 방
식이다. 신이AI는 텐센트 등의 투자를 받은 업체로 중국 내 800여 개
병원과 협력해 AI 의료 기술을 고도화했다.

정보조사 업체인 프로스트 앤드 설리번에 따르면, 중동의 병원 내 AI
로봇 보급률은 5%지만, 연간 복합 시장 성장률은 43%에 달할 전망이다.
아직 보급률이 낮아 향후 빠르게 보급될 여지가 있는 알짜 시장이다.

현직 의사 2명이 말하는 "한국, 이렇게 가야"

한국은 어떨까. 전문가들은 세계 최고 수준의 전 국민 의료 데이터를

보유한 한국이 중국의 의료 AI 발전상을 그저 부러워하고 있는 처지라고 평한다. 한국은 1989년 전 국민 의료보험 시대를 열었다. 단일 국민건강보험 체계가 자리 잡았고, 방대한 의료 데이터도 있다. 이를 잘만 활용하면 의료 AI 산업을 리드할 수 있다는 진단이다.

의료계에서는 이런 분위기 속에 의료 AI 데이터센터 구축이 꼭 필요하다는 목소리가 높다. 서울대 AI 연구원이 주최한 '의료 AI 데이터센터 구축의 경제적 효과 평가' 세미나에서는 의료 AI 데이터센터 구축이 절실하다는 진단이 나왔다. 유병준 서울대 교수는 "의료 AI 클러스터를 구축하면 의료 서비스 효율화, 진료비 절감, 연구개발 생산성 향상, AI 산업의 민간 투자 확대 등 다양한 편익이 발생한다"고 전했다. 편익을 금액으로 환산하면 연평균 1조6000억 원의 사회적 편익과 2조5000억 원의 산업 파급효과가 있다는 분석이다.

의료 빅데이터 AI 업체인 휴니버스 이상헌(고려대 의료원 의과학정보 단장) 대표이사는 "중국은 데이터를 거의 마음대로 쓰니까 글로벌 경쟁력 있는 뛰어난 AI 개발이 가능하다"면서 "반면에 한국은 병원이 의료 데이터도 갖췄고, 네이버·카카오헬스케어 등 기업과 협업해 세계 최고의 AI를 만들 수 있는데 현재 법으로는 활용하기 힘들다"고 전했다.

이 대표는 "한국은 심평원, 건강보험공단 등이 전 국민 의료 데이터를 갖추고 있는데, 그 데이터를 자유롭게 쓸 수 없다"고 지적했다. 과거 심평원이 의료 데이터를 IT 스타트업 등에 공개하려던 시도가 있었으나 일각에서 "보험사에 유출돼 보험료가 오르는 등 부작용이 예상된다"며 반대했다. 그 결과 현재는 심평원의 빅데이터 연구비도 감액되고 데이터를 적극적으로 활용하기 어려운 상황이다. 그는 "의료 데이터 오남용이나 유출은 당연히 막고 적절한 관리를 하되 나머지는 선용될 수 있도록 해야 한다"고 주장했다.

이 대표는 "한국은 의료 데이터 거래가 활성화되어 있지 않은 것도 문제"라며 "미국의 경우, 제약사에서 신약 개발 등을 위해 유방암 환자의 특이 유전체 변이 등의 데이터를 정제해 제공하면 1건당 5000달러(약 716만 원)에 거래되는 등 데이터 거래가 활성화돼 있다"고 소개했다.

서울성모병원 정신건강의학과 김대진(가톨릭대 정보융합진흥원장) 교수는 "한국은 의료 AI 분야에서 기술력은 상당하지만, 상용화와 글로벌한 확산에서는 주요국보다 뒤처져 있다"고 짚었다. 미국의 구글 헬스케어, 중국의 핑안굿닥터, 알리헬스 등과 비교하면 아직 시장 점유율이 낮다는 설명이다. 김 교수는 "중국의 성공 요인은 방대한 내수시장 기반의 데이터 축적, 상대적으로 자유로운 규제 환경, 정부 차원의 해외 진출 지원"이라고 설명했다.

한국은 의료 강국이다. 중국에 비해 의료 서비스 품질이 높다. 한국이 중국보다 신뢰성이 높은 '검증된 의료 AI'라는 차별화 전략을 펼친다면 해외에서 승산이 있다. 김 교수는 "싱가포르의 경우, 자국의 의료 기록을 이용한 국가 차원의 의료 특화 파운데이션 모델(Foundation Model, 다양한 AI 작업에 광범위하게 적용할 수 있도록 방대한 데이터를 통해 훈련된 기계 학습 모델. 챗GPT 등이 대표적)을 개발 중인 것으로 안다"면서 "세계 최고 수준의 의료 정보 데이터를 갖고 있는 한국이 이 분야 최강자가 될 수 있다는 걸 잊어서는 안 된다"고 말했다.

호시탐탐 대만 해안선 넘보는
중국의 '늑대 로봇'

'늑대 로봇'.

2025년 10월 말 중국 동부전구 육군 제72집단군의 상륙작전 훈련 장면이 공개됐다. 대만 상륙을 상정해 진행된 이 훈련에서 단연 눈길을 끈 것은 '늑대 로봇' 8대였다. 로봇의 임무는 인간 병사보다 먼저 해안에 상륙해 장애물을 넘고 적진까지 돌격하는 것. 소총을 탑재한 늑대 로봇은 단 28초 만에 죽음의 해안선 200m를 가뿐히 돌파했다. 예전 같으면 병사들이 닿기도 전에 목숨을 잃었을 이른바 '죽음의 해안선' 200m를 늑대 로봇이 뚫은 것이다. 로봇은 적진에 총격을 퍼부었다. 명중률은 92%. 인명 피해를 최소화하고 로봇으로 인간을 대체하겠다는 중국군의 포석이 위력을 발휘하는 장면이었다.

늪대 로봇이 앞장서서 죽음의 해안선을 돌파하는 모습. 체중 50kg에 35kg까지 무장 탑재가 가능한 이 로봇은 시속 12km로 민첩하게 움직일 수 있다. 사진_ CCTV

딥시크+밀리터리

중국 최대 방산업체 중국병기공업집단(노린코)은 2025년 2월 시속 50km로 달리는 군용 차량 노린코 P60을 공개했다. 이 차량에 생성형 AI 시스템인 딥시크가 탑재됐다. 장애물 회피, 표적 식별 등을 자동 수행하면서 보급 등 지원 임무도 겸했다. 딥시크 모델은 무인 차량 제어와 명령 전달 등 군사 분야에 활용된다. 방대한 데이터를 분석해 지휘관의 의사결정을 돕고, 위성 레이더가 탑재된 드론과 연동해 정확도를 높인다.

딥시크는 전투 시나리오 작성에도 쓰인다. 중국 국방 분야에 강한 시안(西安)과학기술대 연구진은 지형, 무기, 적군 상황 등 1만여 개의 변수를 고려한 전투 시나리오를 도출하는 데 드는 시간을 48시간에서 48초로 단축했다고 발표했다. 비결은 생성형 인공지능(AI)인 딥시크였다. 로이터통신은 이 사실을 전하며 중국 AI 기술이 이미 국방 분야에 폭넓게 응용되고 있다고 분석했다.

스텔스 드론 GJ

2025년 11월 13일 중국 공군은 전투기와 드론의 합동작전 편대 영상을 최초 공개했다. 주인공은 J(殲·젠)-20 스텔스 전투기와 GJ(攻擊·궁지)-11 스텔스 드론(무인기)이었다. 이 가운데 GJ-11은 2025년 9월 전승절 80주년 열병식에도 등장해 시선을 끌었다. GJ가 주목받는 건 AI 기반 타격 기술이 도입됐기 때문이다. 특히 서방에서는 GJ-11에 중국판 챗GPT인 딥시크가 적용됐을 거라고 보고 있다.

문제는 GJ-11의 작전반경이다. 중국 연안에서 출격하면 한반도를 지나 대만·필리핀·베트남을 잇는 제1 도련선까지 아우르게 된다. 한국 입장에서는 위협이다. GJ-11의 별명인 '리젠(利劍·날카로운 검)'이 가볍게 들리지 않는다. 소형 드론이나 자폭 드론을 공중에서 대규모로 살포해 군집 전투를 수행하는 주톈(九天)도 막강한 군사력의 상징이다. 주톈은 2025년 12월 11일 산시성 푸청에서 첫 시험 비행에 성공하며 실전 배치를 위한 개발 단계에 돌입했다.

위의 사례들은 중국 국방에서 AI가 활용되는 것 가운데 극히 일부에 불과하다. 과연 중국군은 얼마나 AI를 활용하고 있을까. 글로벌 보안기업 인식트그룹이 발간한 '중국 군사 정보 분야의 생성형 AI 활용' 보고서에 단서가 담겨 있다. 보고서 내용은 이렇다.

'중국군 조달 기록을 보면 딥시크가 150회 이상 언급됐다. 2025년 2월 딥시크가 등장한 후 3~5월 언급이 집중됐다.'

인민해방군이 딥시크를 활용해 전략 시뮬레이션 대규모 모델을 개발한 것으로 추정되는 대목이다. 전시 시뮬레이션, 위기 대응, 군사 분야 고위급 의사결정 등까지 딥시크의 힘을 빌렸다는 추론이 가능하다.

딥시크의 사례에서 보듯, 중국 국방 혁신의 핵심에는 민간 테크기업들이 있다. '중국 민간 테크기업+AI 기술=군의 최첨단화'가 착착 진행되고 있다는 것이다.' 오죽하면 '중국 AI의 최종 목표는 결국 국방'이라는 말이 나온다.

미국에서는 자연히 경계의 목소리가 나온다. 미국 안보신기술센터(CSET)는 심층 보고서에서 '중국이 최근 군사-민간 융합(Military-Civil Fusion, MCF) 전략을 펼치고 있다'고 분석했다. CSET는 2023년 1월~2024년 12월 인민해방군이 발표한 2857건의 AI 계약공고를 전수 조사했다. 미국의 제재를 뚫고 중국군이 AI 기술을 확보하는 방식, 과연 어떻게 진행되고 있을까.

미국 제재에도 중국 인민해방군이 AI 기술을 확보하는 방법

인민해방군이 기업·연구기관·대학 등과 맺은 AI 계약 건을 보면 중국이 미국의 제재를 피해갈 구멍을 마련하고 있음을 알 수 있다. 중국이 파놓은 '교토삼굴(狡兔三窟, 영리한 토끼는 도망갈 굴을 세 개 파 놓는다)'은 바로 민간기업이었다.

원래 중국의 국방산업은 상당 부분 국유 기업에 의존했다. 그러나 이제는 판이 바뀌었다. 미국의 제재 이후, 중국은 미국의 감시가 미치기 어려운 민간기업을 찾기 시작했다. 아직 중국 민간기업 중에는 미국의 제재 대상이 아닌 곳들이 있다. 중국군 입장에서는 미국의 제재를 피할 기회가 생기는 셈이다. 미국 보고서는 "중국군 현대화를 저해하려는 미국 입장에서는 민간기업 때문에 상황이 한층 어려워지고 복잡해지고 있다"고 평가했다.

보고서에 따르면 인민해방군이 맺은 AI 관련 계약 규모는 5억3550만 달러(약 7854억 원)였다. 특히 보고서는 2건 이상의 AI 계약을 수주한 338곳을 분석했다. 최소 2건을 수주한 기관(338곳) 중에 민간기업은 243곳(전체의 72%)으로 가장 많았다. 이들 대부분은 2010년 이후 설립됐으며 드론·데이터 분석·AI 시뮬레이션 기술이 있었다. 사람 나이로는 청소년 정도지만 최첨단 기술로 무장된 상태였다.

인민해방군의 수주를 따낸 대표 기업으로는 항톈훙투(PIESAT, 航天宏圖)와 청두 JOUAV 등이 있다. 항톈훙투는 상하이 증시에 상장된 기업으로 위성·항공 시스템, 특히 원격탐사 위성·레이더 소프트웨어에 특화한 업체다. 이 회사는 2008년에 설립돼 중국 전역에 160개 지사를 두고 있다. 직원 수는 3500명 이상, 특허는 150개 이상이다. 자동 표적 인식, 가상 전투 시뮬레이션 플랫폼, 장비 시험 기술 등을 갖춘 업체다. 인민해방군과 맺은 계약은 57만 달러(약 8억3607만 원)의 데이터 분석·AI 운용 시스템과 22만 달러(약 3억2269만 원)의 드론 가상 시뮬레이션 훈련 시스템 등이었다.

2016년 설립된 JOUAV는 쓰촨성에 본사를 둔 VTOL(수직이착륙) 드론 전문 기업이다. 드론 관련 특허가 400건 이상 있으며 강소기업으로 선정된 적도 있다. 40개국에 제품을 수출한 실적이 있으며, 중국군에는 중형 전투 드론 TB-001을 납품했다. 국유기업이 아닌 민간기업이 인민해방군에 완전한 군용 최종 시스템을 공급한 최초 사례다.

군과 계약을 체결한 민간기업들의 소재지를 보면 장쑤성과 쓰촨성 기업이 많았다. 이 역시 군과 ICT 업계의 밀착 관계를 보여주는 사례다. 장쑤성 난징은 인민해방군 동부전구 사령부가 위치해 전략적인 요충지다. 또한 국방7자 대학* 중 2곳이 이 지역에 있다.

장쑤성은 전자소재 산업이 발달해 있다. 쓰촨성의 경우, 중국 핵미사일 항공방위의 심장부로 꼽힌다. 30여 개 연구소와 제조 공장이 있다.

미국과 중국, 국방 분야 AI 격차 얼마나?

그렇다면 중국의 국방 AI는 어느 정도 위협적일까. 인식트 그룹의 분석 결과, 중국의 생성형AI 모델 성능은 미국 대비 3~6개월 뒤처진 것으로 평가됐다. AI에 쓰이는 반도체 등 일부 핵심 기술은 중국이 미국보다 2년 이상 뒤처진다. 결국 평균적으로는 미국이 중국보다 1~2년 앞선다는 평가다.

평균 1~2년 뒤처져 있다고는 하나 안심하기는 이르다. 중국의 추격 속도가 매우 빨라서다. 인식트 그룹은 "2030년에는 격차가 더욱 좁혀질 가능성이 크며, 특정 분야(드론, 레이더)에서는 중국이 우위를 점할 수도 있다"는 평가를 내렸다. 특허 개수로는 일단 압도적이다.

---

* 국방 7자(國防七子) 대학은 1961년 국방부 국방과학기술위원회 관리하에 국방공업대학으로 확정된 7개 학교를 뜻한다.

양자 컴퓨팅 관련 특허의 경우, 중국은 3217건의 특허를 등록해 미국(2740건)을 앞질렀다. 김진용 경남대학교 정치외교학과 교수는 "AI 개발 역량과 군사 역량은 여전히 미국이 중국에 앞선다"며 "하지만 2017년 제19차 당대회에서 시진핑 국가주석이 군사 지능화 계획을 공언한 이래, 양국 간 격차가 줄고 있다"고 말했다.

중국의 추격 속도가 빠른 비결은 무엇일까. 전문가들은 민간기업의 힘에서 그 이유를 찾았다. 윤석준 한국군사문제연구원 객원 연구위원(국방부 정책자문위원)은 "중국은 민간 AI 개발사·연구소·대학 등과 공산당·중국군 당 중앙군사위원회·국방부까지 일체화돼 상호 협업하고 있다"고 분석했다.

차정미 국회미래연구원 국제전략연구센터장도 "미국보다 부족한 기존의 군사 역량을 최첨단 기술로 메우려는 것이 중국의 발상이다"

'2049년 세계 일류 군대 건설'을 목표로 내건 중국은 AI를 군사 현대화의 핵심 요소로 삼아 고도화하고 있다. 지난 2024년 10월 17일 시진핑(가운데) 중국공산당 중앙군사위원회 주석이 로켓군 여단을 시찰하고 있다. 사진_중앙포토

면서 "중국은 30년 이후를 내다볼 때 전쟁의 근본 양상이 드론전 등 첨단전으로 변화할 것으로 보고 이에 대비하고 있다"고 했다. 차 센터장은 "중국은 민수와 군용의 경계가 매우 옅고 언제든 민수품이 군용으로 바뀔 수 있기 때문에 이를 염두에 둬야 한다"고 덧붙였다. 윤 위원은 "미국과 중국은 6세대 전투기 개발에서 경쟁하고 있는데, 향후 누가 더 혁신적인 AI를 먼저 적용하는가로 승패가 갈릴 것"이라고 내다봤다. 이어 "아직도 4.5세대인 KF-21형 유인 전투기에 얽매여 있는 한국군에는 교훈이 될 것"이라고 짚었다.

K국방 국뽕 냉정히 평가하자는 한국 드론 전문가

G2의 틈바구니에 끼인 한국의 위상은 어느 정도일까. 윤용진 KAIST 교수는 "한국 K국방은 탱크 등 재래식 무기는 잘하지만, 첨단 무기 개발은 참담한 수준"이라고 일갈했다. 윤 교수는 싱가포르 대학에서 학생들을 지도하다가 한국에 돌아왔다. 3년 전부터 우리 군과 협력해 드론 관련 과제를 수행하고 있다.

중국과의 기술 격차를 묻자, 그는 "한국이 긴장해야 한다"고 운을 뗐다. 윤 교수는 "중국 드론은 가격 대비 성능이 좋고 경쟁력이 있어서 한국 드론 업체가 다 망해가는 형국이다"고 했다. 군용 드론도 중국산 부품이 90% 이상이라는 이야기가 나올 정도라는 것이 그의 주장이다.

중국의 경쟁력은 어디서 오는 걸까. 그는 자신이 미국에서 유학할 때 경험을 보면 중국인 학생과 교수들이 서로 끌어주고 밀어주며 최첨단 인기 랩으로 가는 반면, 한국인들은 거기에 편입되기 쉽지 않은 상황이라고 했다. 이미 미국 대학과 과학계가 중국인 위주로 돌아가는 상황이었는데 트럼프 2기 정부 이후에는 미국 대학에 발붙이기 어려워진 중국인들이 중국 본토로 돌아가 자체적으로 인재를 양성하는 분위기가 됐다고 한다.

윤 교수는 "한국이 50만 드론 조종사 양병설을 내놓을 때 중국에서는 '인간 조종사가 굳이 필요하지 않고 AI가 하면 된다'는 발상을 하는 차이가 있다"고 했다. 접근 방식 자체가 다르다. 그는 "적어도 국방 드론은 꼭 국산화해야 한다"면서 "국력의 척도는 기술 발달에 달려 있다"고 강조했다.

한국이 과거에 지녔던 '경제는 중국, 안보는 미국'이라는 이분법적 사고방식은 더는 통하지 않는다. 배영자 건국대 교수는 "한국은 인도·호주·캐나다·싱가포르 등 중견국과 함께 가야 한다"면서 "유사한 가치를 추구하는 국가들에 한국 모델을 확장할 필요가 있다"고 당부했다.

신치범 건양대 군사학과 교수는 "중국이 '지능화'로 미국을 추격하는 상황에서, 핵심 위협은 중국의 AI 기술이 북한의 해킹 및 드론 능력과 결합하는 시나리오"라고 짚었다. 이에 대응해 우리 군은 정부의 'AI G3'(미국, 중국에 이은 3대 AI 강국)전략과 연계해 스마트 정예강군 육성을 가속화해야 한다고 했다. 이어 "AI를 활용해 북한의 경직된 지휘부와 같은 취약점을 식별하고, AI 기반으로 적을 압도하는 최적의 대응책을 마련해야 한다"고 당부했다.

제 **4** 장

혁신의 집합소,
생태계와 공급망

권석준 성균관대 교수는 "화웨이에는 중국 전역 11곳에

'쉐도우 팹'을 두고 있다"고 말했다.

"이를 통해 자신들이 개발한 AI 모델에 최적화할 칩을 생산할 수 있는

구조를 이미 갖췄다"는 설명이다.

이는 긴 호흡으로 투자하는 중국 정부의 '인내 자본'이 있었기에 가능했다.

그는 "2024년 출범한 빅 펀드 3기는 수익 회수 시점이 무려

2044년"이라고 강조했다.

최소 20년까지 참고 기다려준다는 뜻이다.

중국에만 있는
'쇠사슬 책임자'

CEO는 최고경영책임자다. 영어로는 'Chief Executive Officer'. CFO 는 최고재무책임자로 자금 흐름을 책임진다. 영어는 'Chief Financial Officer'다. 최고운영책임자인 COO(Chief Operating Officer)도 있다. 생 산, 마케팅 등 핵심 사업의 효율화를 책임진다.

그런데 중국에는 'CCO'도 있다. 영어로 풀면 'Chief Chain Officer'. 중국어로는 '鏈長(롄장)'이다. '쇠사슬 어른?' 무슨 일을 하는 자리인 가?

취재진이 CCO를 처음 접한 것은 저장(浙江)성 항저우(杭州) 취재에 서였다. 항저우는 인공지능(AI) 시대를 맞아 중국에서도 새롭게 부각 되고 있는 도시다. 생성형 언어모델, 로봇, 뇌 과학, AI 클라우드, 6G 통신 등 미래 산업이 고루 발전하고 있다. AI 벤처를 대표하는 항저우의 여섯 마리 작은 용(六小龍)은 이를 상징하는 존재다.

항저우의 급부상에는 여러 이유가 있을 것이다. 알리바바 창립자 마윈이 2000년대 초부터 조성한 인터넷 혁명의 기운, 세계 대학 평가에서 꾸준히 톱5 안에 오르는 저장대(浙江大)의 존재. 그래서 물었다.

"항저우가 AI 도시로 발전하게 된 배경은 무엇입니까?" 취재단을 맞은 자오청(趙承) 저장성 선전부장에게 질문했다. 뜻밖의 대답이 돌아왔다.

"성(省) 정부와 시(市) 정부가 추진하고 있는 '렌장즈(鏈長制)'가 잘 작동하고 있기 때문입니다."

'렌장즈'는 '렌장 제도'라는 뜻이다. 중국은 '서플라이체인'을 '공잉렌(供應鏈)'이라고 표현한다. 여기 '鏈(렌)'은 '체인'이라는 영어를 중국어로 옮긴 말. 결국 '렌장(鏈長)'은 '서플라이체인 관리를 담당하는 최고 책임자'다. '렌장' 제도는 어떻게 운용될까. 이를 파고들면 중국의 산업 생태계가 보인다.

시장이 최고 쇠사슬 책임자?

'렌장' 제도는 2017년 후난(湖南)성 창사(長沙)시에서 시작됐다. 당시 창사 시정부는 기업 간 공급망 점검 및 관리를 위해 '렌장 제도'를 도입했다. 공급망 병목을 해소하자는 차원이다. 이 제도는 2019년 말 터진 코로나19 때 위력을 발휘하게 된다. 전염병으로 공급망이 꼬였을 때, 정부가 나서서 애로를 풀어주는 과정에서 그 효용성이 입증됐다.

중국은 지방에서 실시한 제도가 괜찮다고 판단되면 이를 중앙으로 끌어와 다시 전국으로 확산한다. 개혁·개방 자체가 그렇게 시작됐다. 렌장 제도 역시 그런 방식으로 전국 31개 성으로 퍼져 진행되고 있다.

코로나19 때, 어떤 공장이 먼저 조업을 재개할지를 정하는 건 시급한 일이었다. 공장 재개를 위해서는 관련 부품 공장이 먼저 일을 시작해야 했다. 그 과정에서 자연스럽게 공급망의 중요성이 드러났고, 이를 관리할 렌장 제도가 정착하게 된 것이다. 중국사회과학원 공업경제연구소 궈차오셴(郭朝先) 교수는 렌장 제도의 탄생을 이렇게 설명한다.

렌장 제도가 가동되는 데는 3인(기관)의 주인공이 있다. 우선 렌장(鏈長)이다. CCO 역할을 한다. 성(省)급이면 성장이, 시(市)급이면 시장이, 구(區)급이면 구장이 맡는다. 그만큼 렌장의 힘이 강력하고 또 중요하다는 뜻이다.

둘째는 '렌주(鏈主)'다. 공급망의 주인이라는 뜻. 당연히 기업이다. 렌주는 시장 상황에 따라 공급망 구축에 필요한 사안을 파악하고, 구체적인 수요를 상부에 제시하게 된다.

셋째는 '렌반(鏈班)'이다. 정부 내에 설립된 렌장 제도 실행 조직이다. 렌반은 렌장의 지도를 받아 구체적인 정책을 시행한다. 렌장(정부)과 렌주(기업과 시장)를 연결해 공급망을 관리하는 역할을 한다. 이들 3인(기관)이 협력해 서플라이체인을 구축하고, 미비한 부분을 보강하고, 확산하고, 강화한다.

미국 제재 충격 벗어난 것도 '렌장 제도' 덕

하이크비전(중국어명 하이캉웨이스)은 항저우에 본부를 두고 있는 세계 최대 영상보안 회사다. 중국 AIoT(인공지능 사물인터넷) 산업을 선도한다. 2022년 이 회사에 위기가 찾아왔다. 미국 조 바이든 행정부가 하이크비전을 규제 리스트에 올린 것. 당장 반도체 공급이 끊겼다. 공급망에 애로가 생기면서 항저우 시정부의 '디지털 안전 공급망' 분야 렌장 제도가 가동하기 시작했다.

야오가오위안(姚高員) 당시 항저우 시장이 직접 렌장으로 나섰다. 그는 대책반 성격의 '렌반'을 조직, 하이크비전의 반도체 조달 방안을 짜도록 했다. '렌주'는 하이크비전이었다. 이 회사는 지금 당장 필요한 것이 무엇인지, 어떤 제품을 공급받아야 하는지 등을 렌반에 보고하고, 문제 해결에 나섰다.

렌반은 우선 저장성(省) 정부와 저장대가 함께 만든 미래산업 연구 조직인 즈장(之江)실험실에 반도체 설계를 의뢰했다. 설계 제품은 같

야오가오위안. 사진_H-TV 캡처

은 저장성 도시인 닝보(寧波)에 있는 SMIC에 맡겨 빠르게 제작할 수 있도록 했다. 그래서 2023년 탄생한 게 CCTV용 반도체인 '시후(西湖)칩1호'였다. 덕택에 하이크비전은 미국 제재의 충격에서 벗어날 수 있었다. 급감했던 이 회사 수출은 안정적으로 칩을 공급받게 되면서 2023년 해외 매출은 10.25% 늘었다.

항저우경제기술개발구는 항저우 시장(렌장)-개발구(렌반)-SMIC샤오싱(렌주)이 뭉쳐 원소재-설계-제조-패키징에 이르는 반도체 공급망 구축에 나서고 있다. 항저우 첸탕(錢塘)구는 구장(區長) 중심으로 렌장 제도를 가동해 바이오산업을 육성하고 있다.

신속성이 핵심이다. 공급 애로가 발생한 제품을 생산하기 위해서는 인재·토지·자금·기술·데이터 등을 빠르게 재배치해야 한다. 흩어진 자원을 신속하게 통합하는 것이 바로 렌장의 역할이다. 그래서 힘이 있어야 한다. 성장이, 시장이 렌장을 맡는 이유다. 정부가 기업처럼 움직인다.

렌장 제도는 진화한다. 저장성은 2024년 '렌장 제도 2.0'을 발표했다. 미국의 공급망 공세에 맞서 보다 공격적으로 성내 서플라이체인 강화에 나서겠다는 취지다. 이를 위해 500억 위안(10조 원) 규모의 기금을 설립하기도 했다. 이 돈은 반도체, 배터리 등 분야에서 취약한 공급망을 보완하는 데 집중적으로 투입된다.

최종 목표 '415X'

저장성이 렌장 제도를 통해 궁극적으로 이루려는 목표는 '415X'로 표현된다. 하이테크 산업 육성의 장기 비전이다.

4 : 4개 1조 위안(약 200조 원) 규모 글로벌 선진 산업 클러스터 육성

15 : 15개 1000억 위안(약 20조 원) 규모 산업 클러스터 육성

X : 100억 위안(약 2조 원) 규모의 미래 스타 기업군 다수 육성

이 중에서 X는 신소재, 바이오헬스 등 첨단 분야 100억 위안급의 고성장 산업 클러스터를 여러 개 육성하겠다는 의미다. 이를 통해 1000억 위안급 클러스터의 '예비 후보'로 키울 계획이다. 415X 프로젝트의 최종 목표는 2027년까지 이 분야 매출 12조 위안(약 2400조 원) 돌파다. 저장성은 2024년 이미 9조1900억 위안(약 1838조 원)에 달했다고 밝혔다. 벌써 목표치의 77%를 달성했다.

다른 지역은 어떨까? 선전(深圳) 취재길. BYD, 화웨이 등이 자리 잡은 룽강구의 투자 유치를 담당하는 펑톄쥔(馮鐵軍) 룽강구 기업서비스센터 국장에게 '렌장 제도를 아느냐?'고 물었더니, 그는 '어디에서 들었느냐?'고 되물었다. 저장성에서 들었다는 말에 그의 답이 길어진다. 렌장 제도는 광둥이 더 발달했다면서다.

시작은 저장성이 빨랐을지 모르지만, 렌장 제도가 지금 가장 잘 작동하는 곳이 바로 광둥이다. BYD가 1시간 이내 부품을 조달할 수 있는 서플라이체인을 구축할 수 있었던 건 이런 성정부의 적극적인 지지가 있었기에 가능했다.

저장성이 렌장 제도의 적용 산업을 10개로 정했지만, 광둥은 20개에 달한다. 저장성 10개 항목에 더해 광둥은 자동차, 소프트웨어, 저공경제 등을 포함했다. 펑 국장은 "광둥성에 지금 47개 산업, 53개 렌주 기업이 활동하고 있다"고 말했다. 저장성보다 4배나 많은 2000

억 위안(약 40조 원) 규모의 기금도 마련했다. "저장성이 렌장제 2.0을 실시한다면 광둥은 이미 렌장제 3.0 단계로 가고 있다"는 것이 펑 국장의 설명이다.

중국의 렌장 제도를 어떻게 해석해야 할까. 미국과 중국의 경제 패권 경쟁이 가속되면서 공급망은 분절되고 있다. 중국 공급망 대 서방 공급망이 대치하는 모습도 보인다. 공급망이 산업 경쟁력을 가르는 시대가 됐다. 중국에서 활발하게 추진되고 있는 렌장 제도는 그 흐름을 반영하고 있다. 정부가 기업처럼 움직인다. 이정동 서울대 교수는 우리도 '기업가형 정부'를 생각해 봐야 할 때라고 강조한다. 그는 "원활한 생태계 형성을 위해 하이테크 분야 정부의 조정 역할이 꼭 필요하다"고 강조했다. 공급망 확보는 우리 산업 안전, 생존과도 연관된 문제이기 때문이라는 지적이다.

양쯔강 반도체 클러스터,
'반도체 자립' 중국의 노림수

설계·소프트웨어의 미국, 파운드리·패키징의 대만, 메모리의 한국, 차량용 반도체의 독일, 장비의 네덜란드, 소재·부품의 일본….

"반도체 하는 나라!" 외치면 세계 여기저기서 손을 번쩍 들 것이다. 반도체는 철저한 '글로벌 분업' 체제다. '반도체 산업'에는 복잡다단한 구성 요소가 존재하며, 단 1개 분야에서 '대체 불가능한 존재'가 되려 해도 오랜 시간 자본을 투입해 기술을 축적하고 숙련된 인력을 보유해야 한다. 반도체를 처음부터 끝까지 홀로 만들 수 있는 나라는 없다. 아니, 지금까지는 없었다.

중국은 이제 '그 나라'가 되려고 한다. 반도체 설계는 물론 제조·후공정까지 직접 해내려 한다. 긴 호흡으로 돈을 쏟아부어 생태계의 빈 구멍을 메우는 '빅 펀드' 정책과 연관 기업을 밀집해 키우는 '클러

양쯔강 삼각주(YRD) 반도체 생태계

도시 / 지역	주요 기업	클러스터 내 역할
① 상하이	SMIC (파운드리) AMEC (식각/증착 장비) SMEE (노광 장비)	YRD의 심장부. 중국 최대(세계 3위) 파운드리 SMIC와 여기 납품하는 대형 장비 기업들 밀집
② 장쑤성 장인	JCET (후공정)	중국 최대(세계 3위) 후공정 전문기업(OSAT) JCET 본사 소재. SMIC 파운드리와 밀접 연계
③ 장쑤성 난징	화텐테크놀로지 (후공정) TSMC (구형 파운드리)	패키징 전문 기업과 외국계 파운드리 공존
④ 장쑤성 우시	화홍반도체 (파운드리) SK하이닉스시스템IC (파운드리) 성허징웨이 (첨단 패키징)	중국 2위 파운드리 업체인 화홍의 생산기지와 첨단 3D패키징 기술 육성 거점
⑤ 안후이성 허페이	CXMT (메모리) ESWIN (IC 설계)	중국의 D램 국산화를 이끄는 창신메모리(CXMT) 소재지
⑥ 저장성 항저우	CCMC (특수 파운드리)	아날로그, 고전압 등 특수 반도체를 제조하는 중신징위안 반도체(CCMC) 소재지
⑦ 저장성 닝보	캉창전자 (패키징 기판) NSI (특수 파운드리)	반도체 패키징 기판 공급망 담당

스터' 조성을 통해서다.

중국 혁신의 심장은 어디인가? 이 질문에 대개 '선전(深圳)!'을 외칠 것이다. 화웨이 본사가 있는 남부 해안 도시 선전은 중국 IT와 스타트업이 꽃피는 '중국의 실리콘밸리'이기 때문이다.

그러나 선전에는 빠진 게 하나 있다. 팹(fab)이 그것이다. 화웨이가 엔비디아를 위협하는 첨단 반도체를 설계해도 실물 칩을 만드는 건 또 다른 얘기다. 미국도 엔비디아 첨단 그래픽처리장치(GPU) 제조를 대만(TSMC)에 의존하는 것이 불안해 미국으로 반도체 공장을 옮기려고 애쓴다. 그만큼 '칩 공장'은 중요하다.

이 모든 조건을 다 갖춘 곳, 중국의 반도체 생태계가 완성되는 곳이 바로 동부 해안의 집적회로(IC) 클러스터, 양쯔(揚子)강 삼각주(YRD · Yangtze River Delta)다. 양쯔강 삼각주는 선전의 혁신을 현실로 만드는 든든한 뒷배이기도 하다.

면적은 4%인데 GDP 25%…일본 제쳤다

상하이-장쑤성-저장성-안후이성에 걸쳐 있는 이곳은 중국 국토의 4%에 불과하지만, 중국 국내총생산(GDP)의 25%를 차지한다. YRD의 2024년 GDP는 33조1691억 위안(약 4조6700억 달러). 같은 기간 일본 GDP(4조1000억 달러)를 넘어섰다.

장쑤성 우시에는 16개 반도체 상장사와 42개 국가 전문 중소기업이 있다. 설계 · 제조 · 공정 · 장비 · 재료를 포함한 완전한 산업 체인을 형성했다는 것이 쑨웨이 우시 부시장의 설명이다.

2025년 중국 장쑤성 우시에서 열린 제13회 반도체설비 연례회의(CSEAC 2025)는 중국이 '반도체의 모든 것을 갖춘 나라'가 되기 위해 '국가 자본 투입'과 '집적화(集積化)'의 두 가지 전략을 어떻게 펼쳐 왔는지 단적으로 보여주었다.

우시는 상하이에서 140km 떨어진 인구 750만 명의 중소 도시다. 그러나 우시의 GDP는 1조6300억 위안(약 326조 원)으로, 부산·인천·울산을 합한 것보다 많다. 2018년 시작한 국가 주도의 YRD 개발 계획에서 직접적 수혜를 본 것이다.

SK하이닉스(메모리), 화홍반도체(파운드리), JCET(패키징), CR마이크로(전력반도체) 등 대형 반도체 기업이 우시에 자리 잡았다. 이들을 중심으로 2024년 우시 GDP는 2023년 대비 5.8% 성장했고, 반도체 산업 생산액은 연간 두 자릿수 성장률을 보였다.

중국 우시에서 열린 장비 전시회 '제13회 반도체설비 연례회의' 개막식에서 'AI 차이나 칩' 구호 아래 인즈야오 AMEC 회장(왼쪽 둘째), 자오진룽 나우라 회장(왼쪽 넷째) 등이 기념사진을 찍고 있다. 사진_심서현 기자

이런 우시에서 열린 '반도체 장비 전시회'에 이른바 '중국의 OOO'로 불리는 업체들이 죄다 모였다. '중국의 어플라이드머티리얼즈(AMAT)'라 불리는 나우라(NAURA), '중국의 램리서치' AMEC 등이다.

껄끄럽고 오래 걸리는 투자는 '정부 몫'

"설립 12년 이상 된 중국 대형 장비 기업들의 매출은 2024년 1187억 위안(약 23조7400억 원)을 달성했다. 지난 4년간(2021~2024) 연평균 45%씩 성장했다."

중국 1위 반도체 장비업체 나우라의 자오진룽 회장은 CSEAC 2025 개막식에서 이렇게 말했다. 중국은 2019년 국가집적회로 투자펀드 2기를 조성하며, 장비·소재·소프트웨어 국산화를 집중적으로 지원했다. 설계, 제조(파운드리)같이 눈에 잘 띄는 분야뿐 아니라 반도체를 만드는 '전 과정'의 빈칸을 다 채우겠다는 포부였다.

당국은 당근과 채찍을 같이 썼다. 반도체 공장에는 중국산 장비를 20~30% 의무적으로 넣게 했다. 대신 외산 장비를 중국산으로 교체했다가 생산 차질을 빚을 경우에 대비해 보험을 들게 하고 보험료는 정부가 내주었다. 장비 업체에는 직접 보조금을 주었다.

이에 힘입어 중국 장비 업체들은 SMIC·화홍·창신메모리(CXMT)·양쯔메모리(YMTC)의 대형 생산 기지에 장비를 납품하며 컸다. '매년 45%씩 성장'이라는 듣도 보도 못한 성장률이 여기서 나왔다.

국가 자본 투입과 집적화의 최종 지향점은 '자립'이다. "장비뿐 아니라 부품까지 자립하자!"는 구호가 기조연설과 세션마다 울려 퍼졌다.

반도체 장비는 미국·유럽 등 서방 국가들이 절대 우위를 지켜 온 영역이다. 5~7나노(nm·1nm=10억 분의 1m) 이하의 미세 공정을 만드는 데 필수적인 극자외선(EUV) 노광 장비를 세계에서 유일하게 만들어 '슈퍼 을(乙)'이라고 불리는 네덜란드 ASML이 대표적이다.

'EUV 자립'은 중국의 다음 목표다. 그래서 현재 전 세계 반도체 산업계가 가장 동향을 궁금해하는 장비 회사는 중국 사이캐리어 (SiCarrier)다.

사이캐리어의 전신은 화웨이의 사내 정밀 장비 개발 부서다. 2021년 정식 회사로 설립되면서 선전시 국유자신감독관리위원회가 돈을 댄 주요 주주가 됐다. 그런데 2025년 3월, 만 네 살도 안 된 회사가 세미콘차이나 박람회에서 에칭·식각·박막 증착·원자층 증착·물리적 기상 증착에 이르는 5개 장비를 한꺼번에 공개했다. 반도체 공정 중에서도 난도가 높은 전공정(front-end)용 장비들이었다.

'이러다 중국이 EUV 장비도 만드는 것 아닌가?' 업계는 발칵 뒤집혔다. 그렇게 되면 세계 첨단기술 시장 판도가 뒤바뀐다. 다만 CSEAC의 사이캐리어 부스에 노광 장비는 없었다.

여기서 한 가지 짚을 점은 화웨이와 사이캐리어의 관계다. 화웨이는 사이캐리어 분사 때 핵심 특허와 인력을 이전해 줬지만, 정작 사이캐리어 지분은 보유하지 않은 것으로 알려졌다. 화웨이 정도 규모와 기술력의 회사라 해도 막대한 연구개발(R&D) 비용이 들고 실패 가능성도 높은 첨단 반도체 장비 사업을 직접 벌이는 건 부담이 있다. 또한 장비 회사를 직접 보유할 경우, 현재 거래하는 장비 회사들과의 관계도 신경이 쓰인다. 이런 어려운 부분을 '지방정부의 자본 투입'으로 해결한 것이다.

권석준 성균관대 화공학부 교수는 화웨이가 이런 방식으로, 공장을 소유하지 않고도 원하는 칩을 생산할 수 있다고 분석했다. 그는 '미·중 AI 전쟁이 바꾼 반도체 지도' 주제 강연에서 "화웨이에는 중국 전역 11곳의 '쉐도우 팹'이 있다"면서 "이를 통해 자신들이 개발한 AI 모델에 최적화할 칩을 생산할 수 있는 구조를 이미 갖췄다"고 했다.

중국이 중국에 "인력·기술 유출 그만!" 외친다?

적극적인 중앙·지방정부의 재정 투입과 기업과의 밀착 협력은 중국 반도체 생태계의 '빈칸'을 빠르게 채워 왔다. 그러나 한편으로는 위험도 안고 있다.

"경쟁사의 핵심 인력을 2배 급여를 제안해 데려와 노동시장을 교란하는 행위, 직원이 회사를 떠나면서 설계 도면을 빼돌려 새 회사에 제공하는 등의 악성 경쟁을 단호히 반대한다." 이 말은 다른 나라가 중국을 향해 하는 말처럼 들리지만, 실제로는 중국 내부를 향한 발언이다.

중국 2위 반도체 장비 회사인 AMEC의 창립자 인즈야오 회장은 CSEAC 2025에서 "지나친 내부 경쟁은 중국 반도체 산업 발전을 저해한다"고 말했다. 반도체에 국가 자금이 모이고, 지방정부는 '내 지역에 반도체 들이기'에 혈안이 된 상황. 조금만 유망해 보이면 나랏돈이 대규모로 투입되니 새로운 장비 회사들이 우후죽순 생겨나고, 이들끼리 기술·인력 유출 시비가 끊이지 않는다는 것이다.

싱가포르 국립대 동아시아연구소의 유홍 선임연구원은 '싱크 차이나' 기고에서 YRD 내 지방정부 간의 과열 경쟁이 비효율적 투자를 낳는다고 지적했다. 이 지역 4곳(상하이·장쑤·저장·안후이)은 물론 개별 도시의 지방정부가 각자 GDP 극대화에만 치중하다 보니, 비슷한 산업에 중복 투자가 이루어진다는 것이다.

중국 정부도 이 문제를 알지만 해결이 어렵다. 파이낸셜타임스(FT)에 따르면 중국 정부는 기업의 인수합병(M&A)을 통해 소수의 '반도체 국가 챔피언'을 만들려 하고, 실제로 2025년 상반기 반도체 업계 내 26건의 M&A가 발표됐다. 그러나 FT에 따르면 다수의 M&A는 발표 이후에도 난항을 겪는데, 가장 큰 걸림돌은 기존 투자자인 국영기업이다. 지방정부들은 '국가 자산을 탕진했다'는 비난을 받을까 봐 실적이 저조한 투자 기업을 처분해야 할 때도 매각을 거부하고 있다는 것. 나랏돈과 지방정부의 의욕이 비효율을 낳은 역설이다.

"한국 HBM, 희토류처럼 전략 물자로"

반도체 빈칸 채우기에 여념이 없는 중국은 한국의 강점 분야인 HBM에 뜨거운 러브콜을 보내고 있다. SK하이닉스·삼성전자에 납품하는 한국 HBM 장비 업체들에는 이미 중국의 러브콜이 쏟아지고 있다. 그러나 전병서 중국경제금융연구소장은 "미·중 갈등과 수출 규제로 인한 일시적 특수이며, 2026년 이후 한국 소부장(소재·부품·장비) 기업 매출 증가는 급격히 위축될 가능성이 크다"고 경고했다. 전 소장은 '한중의원연맹 2025 연구용역 결과보고회'에서 "중국 내 AI 반도체 시장에서 외국 기업의 참여는 제한되고 있다"고 분석했다. 중국 메모리 기술이 한국에 미치지 못하는 3년간을 '마지막 골든타임'으로 알고 대비해야 한다는 주장이다. 구체적으로 HBM을 중국 희토류 같은 '전략 물자'로 관리하고, 퇴직 반도체 엔지니어를 대학 산학교수로 채용해 기술 유출을 방지하며, 한국 정부가 차세대 HBM과 파운드리에 직접 지원해야 한다고 제언했다.

'하얀 석유' 리튬의 힘

중국 장시성(江西省) 이춘시(宜春市)에 위치한 젠샤워(榪下窩) 광산. 이곳 주민들은 '강철용(龍)'이 산허리를 따라 몸을 틀고 누워 있다고 표현한다. 산과 산 사이를 가로지르는 '철제 컨베이어 벨트'가 마치 용이 꿈틀대는 것처럼 보이기 때문이다. 이 강철용에 담긴 건 바로 '하얀 석유', 세계 모빌리티 산업의 패권을 좌우할 자원인 리튬 함유 광석이다. 광석은 광산 아래 선광(選鑛, 불순물을 제거해 원하는 광물만 분리하는 공정) 공장으로 옮겨진다.

젠샤워 광산 한 곳의 파급력은 세다. 젠샤워 광산과 인근 연계 제련소는 1개월에 1만t에 달하는 탄산리튬을 생산한다. 1만이면 세계 리튬 생산량의 3%나 된다. 중국 내 리튬 총생산으로는 12.5%다. 그렇다 보니 젠샤워 광산은 리튬 생산의 핵심 거점으로 꼽힌다.

젠샤워 광산의 움직임에 따라 전 세계 리튬 가격이 요동친다. 중국 당국이 생산량 조절 차원에서 가장 눈여겨보는 곳 역시 젠샤워 광산이다. 중국 정부는 2025년 8월 채굴 허가 만료를 이유로 공장을 멈춰 세웠다. 이를 두고 여러 분석이 나왔는데, 업계에서는 과잉 생산과 저가 경쟁을 조절하려는 의중이 반영된 조치라는 분석이 우세하다. 어느 정도 저가 경쟁 상황이 정상화하면 조만간 광산이 다시 가동될 것이라는 관측도 흘러나오고 있다.

이쯤 되니 용을 품은 광산의 채굴권을 가진 곳이 궁금해진다. 채굴권 소유주는 '이춘스다이(宜春時代) 신에너지광업유한공사'. 그런데 이 회사의 지분을 100% 소유한 진짜 주인은 세계 최대 배터리 기업인 중국의 CATL(닝더스다이)이다.

CATL은 2022년 8월부터 이곳에서 자사 배터리에 필요한 리튬을 직접 캐 왔다. 배터리 원가의 40%를 차지하는 양극재 핵심 광물인 리튬을 자체 조달하기 위한 전략이었다.

리튬 매장량만 보면 칠레가 1위(930만t)다. 2위인 중국(680만t 추정, 코트라 무역관)을 크게 앞선다. 그런데도 중국은 세계 배터리 1위 기업 CATL을 배출했다.

2011년 세워진 CATL은 2017년부터 8년 연속 전기차 배터리 시장 1위였다. 2025년 상반기 점유율은 37.9%(SNE리서치). 에너지 저장 배터리 분야에서도 시장점유율이 36.5%로 4년 연속 세계 1위를 유지했다. CATL이 창립한 지 6년 만에 강자로 우뚝 선 비결은 가치사슬(밸류체인)로 단단히 연결된 배터리 생태계(클러스터)였다.

기업 덕에 '신에너지 배터리 수도' 된 닝더

CATL이 보유한 광산은 젠샤워 한 곳만이 아니다. 자회사 '쓰촨스다이(四川時代)'를 통해 쓰촨(四川)성 야장(雅江)현 소재 리튬 광산을 확보한 데다 중국 전역에서 탐사권과 채굴권 확보에 공격적으로 나서고 있다. 2023년부터는 아예 배터리 광물자원 사업 부문을 신설해 자체 개발, 지분 투자, 합작 등 방식으로 리튬과 니켈·코발트·인 등 배터리 생산의 필수 광물을 직접 관리하는 공급망 구축에 속도를 내고 있다.

찡위췬(曾毓群) 회장은 "CATL이 '가격 조정자' 역할을 하려고 한다"고 선언했다. 원자재 가격이 너무 오르면 보유 재고를 일부 팔고, 가격이 크게 떨어지면 다시 사들이는 방식이다. 원자재 업체와 배터리 제조사가 원자재 가격을 두고 생기는 갑을 관계에 신경 쓸 필요 없다는 뉘앙스였다.

만일 CATL이 배터리 제조만 했다면 급격한 가격 변동기에 속수무책이었을 것이다. 최근 중국에서는 탄산리튬 선물 가격이 t당 9만 5200위안(약 1900만 원)까지 치솟으며 2025년 7월 이후 최고가를 찍었다. 특히 2025년 10월 중순 이후 30% 급등하면서 배터리 업체들의 원가 부담은 더 커지고 있다.

하지만 리튬 생산과 배터리 제조를 동시에 하는 CATL은 선택지가 훨씬 많다. 급격한 가격 변동기에 수익까지 낼 수 있는 구조를 갖추고 있기에 찡 회장의 자신감에는 이유가 있는 것이다.

CATL을 필두로 중국은 이미 세계 배터리 공급망을 사실상 장악한 상태다. 국제에너지기구(IEA)가 2024년 발간한 보고서에 따르면 중국은 리튬과 코발트의 전 세계 원자재 가공의 50%를 수행하고 전 세계 배터리 셀 생산 능력의 85%를 차지하고 있다. CATL이 전 세계 1위 배터리 기업으로 올라선 배경에는 탄탄한 생태계가 있었던 셈이다.

CATL 본사가 있는 푸젠(福建)성의 소도시 닝더(寧德)시. 예전에는 양식장과 갯벌이 있는 작은 항구도시였다. 하지만 닝더 출신 쩡 회장이 2011년 CATL을 세우며 회사명 그대로 '닝더의 시대'(寧德時代)를 열었다.

한때 갯벌이던 곳에는 첨단 리튬 배터리 공장이 들어서며 상전벽해가 이루어졌다. 닝더시 공업정보화국에 따르면 이곳에서는 평균 1.7초마다 배터리 셀이 생산되고, 20초마다 배터리 모듈이 조립된다. 세계에서 전기차가 세 대 새로 생산되면 그중 한 대에는 CATL 배터리가 장착된다. 닝더시는 "닝더의 리튬 배터리 산업은 무(無)에서 유(有)를 창출해 냈다"며 CATL을 추켜세웠다.

CATL의 최첨단 스마트공장에서는 부품 두께, 코팅 품질을 AI와 클라우드 컴퓨팅으로 실시간 감지한다. 그 덕에 제조 결함률은 셀 10억 개당 결함 1개 수준까지 크게 낮아졌다.(※12V 배터리에는 셀 6개가 들어간다.) 배터리 공장이 잘나가자 소재·부품 기업도 닝더시에 몰리기 시작했다. 정부에서도 인정을 받았다. 2022년 중국 공업정보화부는 산업 및 공급망 생태계 발전을 위한 시범사업 대상지로 12개 도시를 선정했는데 닝더가 꼽혔다. 리튬 배터리, 스테인리스강, 신에너지 자동차, 구리 소재 등 4대 산업을 잘 키워냈다면서. 사실상 CATL이 이룬 쾌거다.

2023년 중국기계공업연합회(CMIF)는 닝더시에 중국 유일의 '중국 신에너지 배터리 수도' 칭호를 부여했다. CATL의 주요 고객사인 상하이자동차도 연간 24만 대 생산능력을 갖춘 공장을 이곳에 지으면서 전기차 관련 전방사업과 후방사업을 모두 아우르는 가치사슬이 완성됐다.

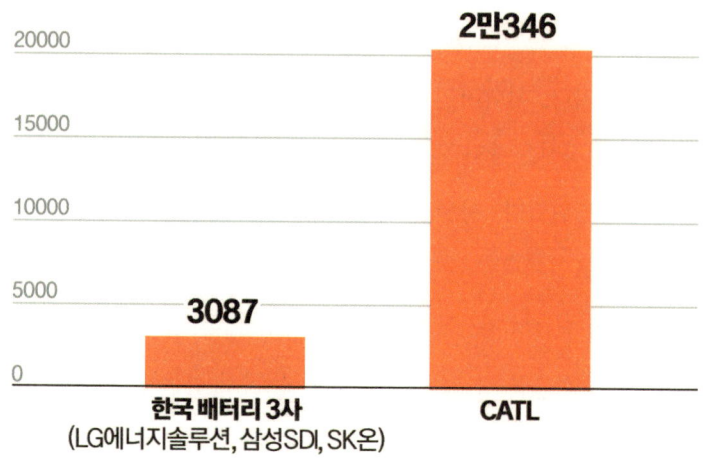

CATL, 한국 배터리 3사 다 합쳐도 R&D 인력 7배 ↑

단위: 명, 2024년 기준

자료: SNE리서치

The JoongAng

삼성전자 현금 113조 원, CATL은?

CATL은 원자재 채굴부터 배터리 제조까지 모든 공정의 수직계열화를 이뤘다. 전 과정을 계열사·자회사를 통해 직접 통제하니 수익성이 극대화된다. 중국 내수시장과 동남아 등 해외 생산기지까지 수직계열화를 하니 규모의 경제가 실현됐다. 대규모 생산+통합 운영의 결과는? 원가 절감과 이익률 상승이었다.

CATL은 한국·일본 대비 10~20% 싼 가격에 제품을 내놓았다. 차량 업체들은 자연히 CATL을 1차 공급사로 선택하게 됐다. 동시에 CATL은 규모의 경제를 통해 자체 비용을 아꼈다. 많이 팔고 적게 돈을 쓰니 현금이 쌓일 수밖에.

실제 수치를 보면 수직계열화의 열매가 보인다. 2021~2024년 CATL은 1415억 위안(약 28조3000억 원)의 순이익을 거뒀다. 2024년 기준 CATL의 직원 1인당 매출은 274만 위안(약 5억4800만 원)을 기록했다.

CATL이 70조 원 이상의 현금 보유고를 거머쥘 수 있었던 것도 수직계열화 덕이다. 시나파이낸스에 따르면 2025년 상반기 CATL의 현금 및 현금성자산은 3505억 위안(약 70조 원)에 달해 중국 5000여 개 상장기업 중 5위였다. 상위권 기업이 대부분 금융, 보험업체인 점을 고려하면 제조업체 중 단연 돋보인다.(※2024년말 삼성전자는 단기금융상품을 포함한 현금성 자산이 113조 원이었다.) 시나 파이낸스는 "CATL이 기술, 시장점유율, 산업 사슬 영향력 등에서 선두를 달리고 있다"고 평가했다.

배터리 생태계의 비결은 또 있었다. CATL은 산업 표준을 주도했다. 예컨대 중국 전기차 니오(NIO)와 손잡고 배터리 교환 기술 표준을 선점하거나 신흥국 현지 기업과 기술·설비를 공유해 'CATL 표준'이 곧 업계 표준이 됐다.

또한 사용 후 배터리 회수·재활용까지 하는 배터리 전주기(全週期) 시스템을 만들었다. 디지털 추적 기술로 폐배터리를 회수해 리튬·니켈·코발트 등 원자재를 다시 거둬들였다. 배터리를 팔고 끝내는 경쟁사와는 보법이 달랐다.

선전에 홍콩까지…이중 상장 봐준 이유 있었네

닝더를 '중국의 배터리 수도'로 만든 CATL은 이제 무대를 해외로 넓히고 있다. 2022년 독일 튀링겐 공장을 완공하면서 이미 유럽 내 연간 14GWh(기가와트시)의 배터리 생산능력을 확보했다. CATL의 유럽 시장 점유율은 2019년 0.6%에 불과했지만, 2023년 35%로 크게 늘었다. 가격 경쟁력과 생산 규모에서 우위를 점하며 벤츠·BMW·폭스바겐 등 유럽 주요 완성차 업체와의 계약을 잇따라 따낸 결과다. "세계 1위 기업들과 협력해야만 우리가 세계 1위가 될 수 있다"고 했던 쩡위췬 회장의 지론을 따른 것이다.

더 무서운 건 거침없는 확장세다. 헝가리 데브레첸 지역에 짓고 있는 공장은 2025년 하반기 부분 가동을 시작해 2028년 완전 가동에 들어가는데, 생산능력은 100GWh에 달한다. 국내 배터리 3사의 전체 생산량(46GWh)을 두 배 이상 웃돈다.

수십조 원이 드는 CATL의 공격적인 초대형 투자 뒤에는 중국 정부의 전폭적인 지원이 있었다. 미국 전략국제문제연구소(CSIS) 등에 따르면 중국은 매년 전기차와 배터리 산업에 40조~50조 원의 보조금을 투입하고 있다. CATL은 2024년의 경우, 2조~3조 원대 보조금을 챙긴 것으로 전해진다.

중국 정부는 CATL이 투자금을 신속히 확보하도록 이중 상장까지 허용했다. 이미 선전 증시에 상장한 CATL은 2025년 5월 홍콩 증시에도 상장하며 헝가리 공장 투자금 11조 원 중 6조 원을 조달했다. 통상 배터리·반도체 등 전략 산업은 최대한 국외 자본 유입을 막고자 이중 상장을 제한하는 것이 일반적이지만, 중국 정부가 CATL의 글로벌 생산 확장을 전폭 지원해준 것이다.

CATL이 해외에서 노리는 건 공장 증설만이 아니다. 배터리 핵심 소재인 니켈을 구하기 위한 목적도 있다. 니켈 함량이 높을수록 전기차의 주행거리가 크게 향상되기 때문에 CATL 입장에서는 핵심 원자재다.

2025년 6월 인도네시아에서는 니켈 채굴부터 배터리셀 생산까지 연결되는 60억 달러(약 8조4000억 원) 규모 배터리 생태계 구축에 착수했다. 인도네시아는 배터리 핵심 광물인 니켈 매장량과 채굴량에서 세계 1위 국가다. 회사는 47억 달러(약 6조5800억 원)를 투자해 니켈 채굴에서 제련·가공, 전구체(여기에 리튬을 더해 고온에서 가공하면 양극재가 됨) 및 양극재 생산 등을 하는 제조 단지도 구축할 계획이다.

CATL은 연구개발(R&D)까지 강력하다. 초반에야 가성비 제품으로 밀어붙일 수는 있지만, 업계 1위가 되면 그것만 갖곤 부족하다. 쩡 회장은 근시안적인 가격 경쟁을 경계했다. 그는 "기업이 가격 경쟁에만 뛰어들면 R&D 투자가 부족해진다"고 일갈했다.

2022~2024년 CATL의 누적 연구개발비는 524억7300만 위안(약 10조 4946억 원)을 기록했다. R&D 성과는 특허로 나타났다. 2024년 말까지 CATL이 보유한 특허 수는 4만3354개다. 에너지 전문 시장조사 업체 SNE리서치의 리포트에 따르면 2024년 기준 CATL의 R&D 인력은 2만346명으로, 한국 업체 3곳(LG에너지솔루션·삼성SDI·SK온) 평균(3087명)의 7배였다. CATL은 인력의 15% 이상을 R&D에 배치했다.

4년간의 화이트리스트, 한국 기업 날개 꺾었다

CATL이 폭풍 성장할 때 중국 정부는 외국 회사를 밀어내고, 자국 회사에 보호의 울타리를 쳐주었다.

2015년 중국은 중국 배터리 기업들을 위해 핵심 규제를 도입했다. 전기차 제조사들은 차량이 소비자 보조금 대상이 되려면 지정된 공급업체 중 한 곳에서 생산한 배터리를 사용해야 했다. 이른바 '화이트리스트'. 여기에 오른 57개 기업은 모두 중국 기업이었다. 정부가 선정한 현지 배터리 제조사의 제품을 사용한 전기차에 보조금을 우선 배분한다는 내용이었다. LG화학, 삼성SDI, 일본 파나소닉 등은 화이트리스트에서 제외됐다.

중국 이코노믹 옵서버에 따르면, 외국 공급업체를 이용해 오던 중국 전기차 제조사들은 배터리 제조사를 CATL로 급히 전환했다. 보조금을 받은 중국 전기차와 그러지 못한 외국 자동차는 가격 차이가 컸다. 2017년 출시한 BYD의 EV 600 모델은 보조금 적용 이후 가격이 26만~36만 위안(약 5200만~7200만 원)이었던 데 비해 비슷한 기종인 테슬라 모델X의 출시 가격은 100만 위안(약 2억 원)이 넘었다. 이 규정은 4년간 지속됐다. 2019년 6월 중국 공업정보화부가 화이트리스트 제도를 공식 폐지했지만, 후폭풍은 여전했다. 화이트리스트를 등에 업고 중국 배터리 기업들이 훌쩍 성장했기 때문이다.

한국에 영영 기회 없나?

그렇다면 한국은 기회가 없는 것일까. BBC는 "중국이 배터리 생태계 구축에서 이미 훨씬 앞서 있다"면서 "중국을 따라잡기란 쉬운 일이 아니다"고 평가했다. 다만 "다른 국가가 고체(전고체와 반고체) 배터리 등 차세대 배터리 기술에서 앞서 나간다면 중국과 경쟁할 기회를 얻을 수 있다"고 짚었다. 고체 배터리는 기존 액체 기반 셀의 공급망이 꼭 필요한 것은 아니기 때문에 한국 등에는 기회다.

오철 상명대 글로벌경영학과 교수는 "전기차 배터리에서는 중국의 가격 경쟁력을 따라잡기 어렵지만, 에너지저장장치(ESS) 수요가 커지면서 새로운 돌파구가 열리고 있다"며 "전고체 배터리는 한국이 중국보다 특허와 기술 모두 앞서 있는 만큼 반전을 모색할 수 있다"고 말했다. ESS는 대규모 전력을 안전하게 저장하는 것이 핵심인 만큼 화재나 폭발 위험성이 낮은 전고체 배터리 기술이 선호된다.

이보람 대외경제정책연구원 전문연구원은 "공급망을 쥔 쪽은 중국이지만 국내 배터리 업계에는 여전히 미국 시장이라는 기회가 있다"며 "한국 배터리 3사는 이미 미국 현지 생산 체제를 갖췄기에 미국의 중국 견제 흐름 속에서 중국의 배터리 공세를 일정 부분 상쇄할 수 있다"고 말했다.

일본 TDK의 인연, 미중 갈등도 넘었다

CATL 성장에서 빼놓을 수 없는 기업이 하나 있으니, 바로 일본 TDK다. 1935년 설립된 TDK는 세계적인 전자부품 회사다. 전자산업의 쌀로 불리는 적층세라믹캐패시터(MLCC), 2차전지, 센서 등에서 세계적인 경쟁력을 갖고 있다.

CATL의 설립자 쩡위췬은 TDK의 홍콩 자회사 직원이었다. 상하이 교통(交通)대 조선공학과 출신인 그는 졸업 후 잠깐 국유기업에서 일하다 1989년 선전(深圳)에 있는 TDK로 옮겼다. 공학도인 그는 기술 흐름에 민감했다. 중국 무선통신 발전에 주목한 그는 1999년 선배 2명과 함께 배터리 관련 스타트업을 창업하게 된다. 회사 이름은 ATL.

치열한 시장, 쉽지 않았다. 쩡위췬은 오로지 기술, 품질로 승부했다. 실험에 실험을 거듭한 끝에 당시 배터리의 가장 큰 문제였던 납찌꺼기 돌출 문제를 해결했다. 개발할 수 없는 원천 기술은 과감히 미국에서 사 오기도 했다.

성공했다. ATL은 2003년 애플 iPod의 배터리 공급사로 선정됐다. 배터리 수요가 폭발적으로 늘어나면서 ATL도 같이 성장했다. 일본 TDK가 이를 주목했다. TDK는 2005년 자사 출신 엔지니어들이 설립한 회사를 1억 달러에 100% 매입해 자회사로 편입시켰다. TDK는 자사가 보유하고 있는 원천 기술을 ATL에 제공하고, 그 대신 중국 배터리 시장에서의 위상을 강화했다.

쩡위췬도 TDK의 기술이 필요했다. 윈-윈이다. 이렇게 ATL은 애플 아이폰과 삼성 갤럭시에도 배터리를 공급하는 등 시장을 주도하는 기업이 된다. 2010년대 들어 배터리 시장의 무게중심은 휴대전화에서 자동차로 옮겨가고 있었다. 여기서 쩡위췬은 2차 창업에 나선다. 그가 2011년 다시 창업해 설립한 회사가 바로 CATL이다. ATL 앞에 '동시대'라는 뜻을 가진 'Contemporary'의 'C'를 넣었다. ATL과 CATL의 연관성을 시사한다.

그 뒤로도 TDK와의 인연은 계속됐다. TDK가 CATL에 지분 15%를 투자한 것. CATL은 TDK의 원천 기술을 활용할 수 있었고, TDK는 CATL을 통해 중국 자동차 배터리 시장을 공략할 수 있었다.

미·중 경제 갈등의 시대, CATL은 일본 TDK를 통해 미국 시장을 공략한다. TDK가 미국에 배터리 공장을 설립하고, 이 공장에서 CATL의 기술을 적용해 배터리를 생산하는 방식이다. CATL은 기술 라이선스를 제공하고, 그 대가를 챙긴다. 일본 TDK는 CATL의 등에 타고 영리하게 질주하고 있다.

죽은 덩샤오핑이
산 트럼프를 잡았다?

죽은 덩샤오핑이 산 트럼프를 잡았다. 2025년에 벌어지고 있는 일이다. 무슨 일이냐고?

중국 최초의 경제특구 선전(深圳)의 1980년대로 가보자. 선전 클러스터의 설계자는 중국 개혁·개방의 선구자 덩샤오핑이었다. 덩샤오핑 집권기, 1980년 중국 최초의 경제특구로 지정된 선전에는 자본과 기업이 넘쳐났다. 시장 경제 메커니즘이 도입된 선전은 자본의 맛을 제대로 봤다. 덩은 "선전 경제특구는 정확한 결정이었다"라는 휘호를 남겼다.

15년 뒤인 1995년 선전 룽강(龍崗) 지역에 둥지를 튼 업체가 있었다. 중국 1위 전기차 기업 BYD다. BYD 한 곳이 중국에서 팔리는 '신에너지 자동차'의 32%를 차지한다.

트럼프 대통령이 견고한 무역장벽을 세워도 BYD와 중국 자동차 굴기는 끄떡없다. BYD의 연 매출이 처음으로 테슬라를 넘어섰다. 테슬라보다 수직계열화가 더 잘 돼 있다는 평가도 받는다. 남의 손을 빌리지 않고 자동차를 만들어 남보다 잘 팔았다는 뜻이다. 이게 어떻게 가능할까. 탄탄한 산업 클러스터와 여기서 나오는 자체 공급망이 있기 때문이다.

중국이 믿는 뒷배는 원재료인 리튬부터 완성차까지 만들 수 있는 수직계열화된 '공급망'이다. 이게 있었기 때문에 중국 전기차는 패스트 팔로어(fast follower)에서 퍼스트 무버(first mover)가 됐다.

BYD의 공급망, 그리고 이를 뒷받침하는 클러스터는 선전 경제특구 46년 역사 속에 빛을 발하고 있다. 덩샤오핑이 2026년의 미중 구도를 봤다면, "그거 봐, 선전 특구 건설은 정확한 결정이었다고 한 내 말이 옳았지?"라고 했을 것이다.

죽은 덩샤오핑이 산 트럼프를 이겼다는 것이 그런 뜻이다. 『삼국지』에서 제갈량이 조자룡에게 주었던 비단 주머니처럼 덩샤오핑이

1984년, 경제특구 선전을 방문해 "특구 건설은 정확한 결정"이었다고 글을 쓰는 덩샤오핑. 사진_중앙포토

후손들에게 물려준 비단 주머니, 중국 선전의 '전기차 공급망'을 들여다보자.

부품 하나하나의 이윤은 낮아도, 전체 이윤이 높은 비결

BYD의 요람인 선전 룽강 클러스터에는 150개가 넘는 산업 공급망이 갖춰져 있다. 신발부터 최첨단 플라잉카까지, 없는 것이 없다. 필요한 물자가 1시간 내로 조달되는 시스템도 갖췄다. 특히 룽강지구에서는 구 차원에서 룽강구 데이터 유한회사를 세워 지역 내에서 인공지능 기반 업무가 원활히 이루어지게 돕고 있다.

이곳에서 BYD는 수직계열화에 목숨을 걸었다. 수직계열화란 전기차를 만들 때 배터리 등 부품을 완성차 기업이 내부에서 직접 개발·생산해 탑재하는 것을 뜻한다. BYD는 가격을 좌우하는 핵심 부품(전체의 40%)인 배터리부터 차량용 반도체, 전기모터 등 대부분 품목을 자체 조달한다. 사람으로 치면 골고루 잘하는 '육각형 인재'를 꿈꾼 셈이다.

왕촨푸 창업자는 이야기한다. "우린 모든 작업을 직접 하니 이윤을 높일 수 있다. 제품 각각의 이윤은 작아도, 회사 전체의 이윤은 작지 않다."

BYD가 얼마나 수직계열화가 잘 됐는지를 보여주는 단적인 사례가 있다. BYD에서 범퍼를 만들어 바로 자동차 조립장으로 가져가는데 차에 조립하기까지 아직 범퍼가 따뜻한 상태였다고 한다. 갓 구운 빵도 아닌데! 포장과 운송 비용이 많이 드는 다른 업체들과는 천지

차이다.

수직 통합 전략을 세운 BYD는 이익의 지배자다. 같은 생산 조건에서 BYD의 원가는 15~20% 저렴하고, 생산 속도는 3분의 1 정도 빠르다고 추정된다. 다른 기업들이 외부에서 부품을 사면 5일이 걸린다면, BYD는 당일 오후 2시 30분 전에 주문하면 다음 날 바로 생산에 투입할 수 있다고 한다.

수직계열화를 하면 장점이 명백하다. 첫째, BYD가 생산 공정을 직접 제어하기 때문에 부품 공급 일정에 차질 없다. 이렇게 되면 효율성이 높아지고 비용 관리도 잘 된다.

둘째, 외부 공급 업체 때문에 오는 불확실성도 줄어든다. 특히 코로나19처럼 글로벌 공급망이 중단되는 상황에서는 절대적인 강점이다. 결국 수직계열화를 잘한 업체가 업계의 선두주자가 되는 구조다. BYD의 수직계열화 비율은 70~80%, 테슬라는 60~70%, 현대차는 40~50%로 추정된다.

이게 가능한 이유는? BYD는 처음에는 자동차 회사가 아니었기 때문이다. 창립자 왕촨푸는 직원 20명과 BYD를 설립했다. 정식 설립일은 1995년 2월 10일로, 충전식 니켈-카드뮴(NiCd) 배터리 생산을 목표로 한 '선전 BYD 배터리 유한회사'로 시작됐다. 그렇게 휴대전화, 휴대용 전자제품용 충전 배터리를 만들다가 2003년에야 BYD가 진촨자동차를 인수하며 자동차 분야에 진출했다. 창립 10년 만인 2005년에 첫 번째 자동차를 출시했다.

구체적으로 보자. BYD는 자회사 273개가 있다. ①자동차·자동차 부품 ②배터리 ③반도체 부문이 대표적이다.

중국 허난성 정저우의 BYD 공장. 사진_BYD

BYD는 배터리 관리 시스템(BMS), 차량용 반도체·구동 모터·소프트웨어 등을 자체 제조하고 있다. 배터리 부문 자회사의 대표작은 '블레이드 배터리'다. 모양이 칼날(blade)처럼 길고 평평해서 이름이 그렇게 붙여졌다. 같은 부피에 더 많은 배터리를 탑재할 수 있었다. 이제 블레이드 배터리는 테슬라의 '모델 Y', 벤츠 'CLA'에도 탑재됐다. 배터리 사업부를 2019년 자회사로 분사한 것도 외부 고객 확보를 위해서였다. 리튬인산철 기술은 기존 리튬이온 배터리에 비해 안정성이 뛰어나고 수명이 길었다. 전기차에서 최대 난제였던 배터리 안전성과 내구성을 해결했다. BYD는 배터리 소재인 원자재 광물 확보에 적극적이다. 티베트에 있는 리튬 회사 지분 인수 등을 추진했다.

BYD반도체는 ▶연구개발 ▶칩셋 설계 ▶웨이퍼 제조 등이 가능하다. BYD반도체는 2021년 분사와 동시에 유수의 반도체 기업인 ARM, SK하이닉스 등으로부터 투자를 유치했다. 자동차를 운반하는 물류 선박(PCTC)도 BYD가 직접 운영한다.

BYD의 반격은 이제 시작이다. BYD 그룹의 매출은 1995년 3억 달러에서 2023년 830억 달러(약 121조7859억 원)로 급증했다.

2024년 BYD(1070억 달러)는 테슬라(977억 달러)보다 더 많은 매출을 올렸다. 특히 전기차 판매량은 압도적이었다. SNE리서치에 따르면 2024년 BYD의 글로벌 전기차 판매량은 전년보다 43.4% 증가한 413만7000대였다. 같은 기간 역성장한 테슬라(178만9000대)보다 두 배 이상 많이 팔았다.

신입들 벌벌 떨자, 고급 차에 일부러 기스 낸 왕촨푸

"마음껏 해체해보세요."

신입 엔지니어들이 고급 세단을 감히 해체하지 못하는 걸 본 왕촨푸가 열쇠로 차량에 일부러 흠집을 내고는 한 말이다.(『왕촨푸, 혁신의 지혜』)

왕촨푸. 사진_중앙포토

왕촨푸는 엔지니어들에게 세계 유명 브랜드 자동차를 해부해보도록 했다. 이건희 전 삼성 회장이 제품을 뜯어보도록 했던 일화를 떠올리게 한다.

BYD는 해마다 수천만 위안을 들여 세계 최신 차량들을 상하이 자유무역 지역 보세 구역에 들여온다. 신입사원들에게 이 차를 해부하고 보고서를 작성하게 시킨다. 보고서가 완성되면 그 비싼 차들이 폐차 처리된다. 너무 비싼 차를 해체한다는 부담감을 덜어주려 왕촨푸가 차에 기스를 낸 것이다. 이렇게 자동차를 철저히 뜯고 재조립하면서 특허소송에도 휘말리지 않게끔 틈새 기술을 찾게 했다고 한다. 이러다 보니 BYD는 표절자, 추종자라는 비난도 받았다. 그래도 비난을 견뎌가며 BYD는 자동차 업계의 복병으로 성장했다.

BYD는 처음에 생산설비를 들일 때도 일본의 전체 생산설비를 분리해서 보조 기계·강철판 제작·조립·용접·테스트·포장 등으로 작업장을 나눴다. 그렇게 해서 감가상각비와 인건비의 합계를 1위안으로 만들었다. 일본의 경우는 인건비 때문에 5~6위안이었다.

모방을 통해 기술을 흡수한 뒤에는 자체 생산에 몰입한다. 그래서 BYD 부품의 70% 이상은 사내 사업부에서 생산된다. 언제나 직원의 10% 이상은 연구개발 인력인 BYD. 전체 직원 90만명 중 10만명이 연구개발 인력이다. 한국 대학 연구소 인력은 11만5000명으로 중국 단일 기업이 한국 전체 연구기관에 맞먹는 인력을 보유한 셈이다.

BYD는 4조 원을 들여 새로운 초대형 R&D센터를 건설 중이다. 선전(深圳)시는 2024년 BYD가 제출한 R&D센터 건설 계획안을 승인했다. 선전시 룽강(龍崗)구의 65만㎡ 부지에 R&D센터를 새로 짓는다.

전체 건축 면적은 330만m²다. 투자비용은 200억 위안(약 4조 원)이다. 나노광학실험실, 고분자재료실험실 등 50개의 첨단 기술 실험실이 입주한다. 자동차공학연구원, 제품기획 및 자동차신기술연구원, 기초과학연구원 등 11개의 연구원이 들어선다. R&D 센터에는 6만명의 R&D 인력이 근무할 예정인데 절반 이상은 석사 및 박사 학위가 있다. BYD의 누적 R&D 투자액은 1500억 위안(약 30조 원)을 넘어선다.

선전을 BYD 마을로…"최고의 사립학교 세워라"

선전시는 베이징, 상하이, 인접한 광저우와 함께 중국 4대 도시에 속한다. 선전시에 활동하는 기업만 400만개이니 기업의 천국이다. BYD 외에도 바이오·의약·인공지능 등 분야에서 기업들이 빠르게 성장 중이다. 선전의 2024년 공업생산액은 5조4064억4500만 위안(약 1080조 원)으로 2023년 대비 9.8% 증가했다. 선전시 전체 인구는 1779만 명으로 경기도보다 많다.

이곳에서 왕촨푸는 직원들조차 클러스터에 편입시켰다. 2001년 선전에 주택단지인 야디 마을(村)을 건설했다. 비야디(BYD)의 야디에서 따온 것이다. 단지 내에는 헬스장, 야외수영장, 슈퍼마켓 등이 있다. 2003년에는 선전에서 가장 훌륭한 선전 중학교와 손잡고 야디학교와 야디유치원을 세웠다. 선전에는 혁신 인재를 키우는 학교들도 즐비하다. 룽강구 전체에는 교수진 3만7100명이 가르치는 57만1900명의 대학생이 있다.

한국 · 독일이 중국 못 벗어나는 이유

직시하자. 중국은 이제 전기차에 관해서는 자타가 공인하는 퍼스트 무버다. 중국의 공급망이 워낙 짱짱하다 보니 독일차, 한국 현대차도 중국을 패싱할 수 없게 됐다. 폭스바겐이 독일에서는 설립 87년 만에 처음으로 독일 내 자동차 및 부품 공장 2곳을 폐쇄했다.

그런데 중국에서는 오히려 투자를 늘리고 있다. 독일 폭스바겐은 안후이성 허페이에서는 VCTC(폭스바겐 중국 기술 회사)를 운영하며 중국 시장을 겨냥한 전기차를 개발 중이다. VCTC는 중국 시장을 공략하기 위해 폭스바겐그룹이 10억 유로(약 1조6928억 원)를 투자해 만든 곳으로 2024년 초부터 운영을 시작했다. 2024년 4월에는 VCTC에 25억 유로(약 4조2321억 원)를 추가 투자하기로 했다.

왜 이런 일이 벌어질까. 중국은 전기차 핵심 부품인 배터리 공급망에서 큰 영향력을 행사하고 있기 때문이다. 핵심 광물을 바탕으로, 배터리 가공 및 생산에 이르는 전 과정을 장악했다. 독일 업체들은 중국 내수에서 BYD에 밀리고 수익성이 악화했으면서도 몸을 빼기 어렵다. 우리의 문제이기도 하다. 한때 중국에서 현대차는 잘나갔다. 베이징 거리의 택시에 현대차 마크가 보여 뿌듯했던 시절도 있었다. 사드 사태 이전인 2016년 현대차 중국 판매는 114만 대였으나, 이후 2020년 44만 대, 2024년에는 12만 대까지 급감했다.

그렇다고 현대차그룹이 손을 놓은 건 아니다. 현대차는 2027년 준공 목표로 경기도 안성시에 대규모 배터리 R&D 센터 설립을 추진 중이다. 배터리 설계부터 시험 생산, 성능 검증까지 가능한 시설이

들어설 예정이다. 김경유 선임연구위원은 "중국이 선전 클러스터에서 전기차 생산 외에도 자율주행, 로봇 택시 등으로 계속 영역을 확장할 수 있는 비즈니스환경을 조성한다는 점에 주목할 때다"라면서 "한국의 경우도 규제 특구를 미래차 산업 클러스터로 활용해볼 수 있다"고 짚었다.

로봇 기업이
베이징에 간 이유

세계 최대 규모의 로봇 박람회 WRC(World Robot Conference)가 열린 2025년 8월, 베이징 이좡 경제기술개발구 일대는 새벽부터 공안(公安·중국 경찰)의 교통 통제로 분주했다. 로봇 업계 관계자와 산업 전문가뿐 아니라 자녀의 손을 잡고 나들이하듯 나온 시민까지 모여들었다. 10년째 매년 열리는 행사지만 유독 열기가 뜨거웠던 이유는 중국 정부가 2025년을 '휴머노이드 상용화 원년'으로 선언했기 때문이다.

박람회가 열린 국제컨벤션센터에서 차로 15분 거리의 로봇 산업단지. 취재진의 눈에 옆 건물 정문에 번듯이 걸린 현판이 들어왔다. 현판에는 대학 이름이 가득했다. 베이징대, 허베이공업대, 화중과기대… 취재진은 이렇게 유수 대학들과 협업하는 베이징휴머노이드로봇혁신센터의 쉐밍(薛明) 마케팅 총괄을 만났다.

베이징 이좡(亦庄) 경제기술개발구에 위치한 베이징휴머노이드로봇혁신센터 건물 앞 현판. 사진_어환희 기자

"베이징대와는 감정·인지 상호작용이 가능한 로봇을 같이 개발하고 있어요. 화중과기대는 산업 현장에 투입하는 로봇, 허베이공대는 요양·복지 분야에서 활용 가능한 로봇을 개발하는 데 협력하고 있죠."

기자는 현판에 베이징 말고 다른 지역 대학까지 있다는 점이 이채로웠다. 이 점을 묻자 쉐밍 총괄은 "대학의 특색에 따라 협업 분야가 다르다"면서 이같이 답했다.

"대학은 실험실 내에 연구 성과가 쌓여 있어요. 저희 센터는 기술을 실제 휴머노이드 로봇과 결합해 논문의 성과를 상용화합니다. 그런데 베이징은 뛰어난 대학들이 집중돼 있어요. 그러니 당연히 베이징이 로봇 산업에서 핵심 지역이죠."

선전에 본사 둔 유비테크는 왜 베이징을 택했나

특히 센터는 중국 로봇 산업을 이끄는 14년 차 터줏대감 유비테크와의 인연이 깊다. 유비테크는 센터 지분을 보유한 데 이어 2025년 3월에는 공동으로 172cm 전신형 휴머노이드 '톈궁싱저(天工行者)'를 개발했다. 두 조직은 지속적으로 기술 개발에 협업하고 있다.

"유비테크 본사는 선전에 있죠? 왜 선전이 아닌 베이징 센터와 협업하나요?"(기자)

"잠깐 이쪽으로 와 보시겠어요?(쉐밍 총괄)"

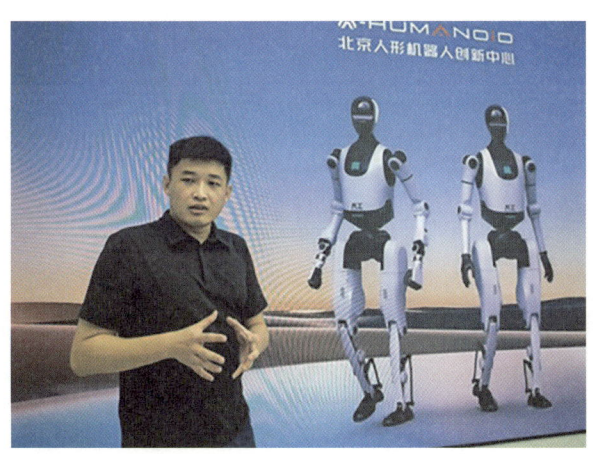

2025년 8월 중앙일보와 인터뷰 중인 베이징휴머노이드로봇혁신센터의 쉐밍(薛明) 마케팅 총괄. 사진_어환희 기자

세계 최초 피지컬AI 플랫폼, '혜사개물' 뭐길래

2층 인터뷰실 유리창 너머로 유비테크 간판이 걸린 건물이 눈에 들어왔다. 그는 "유비테크의 본사는 선전에 있지만, 휴머노이드 본부는 베이징에 있다"고 말했다. "우리 센터와 협력하는 것은 그들의 사업 모델이자 전략이다"며 "베이징은 두뇌(소프트웨어·알고리즘) 개발에 최적화됐기 때문"이라고 설명했다.

유비테크가 끌릴 만하다. 베이징은 AI, 자율주행 등에서 이미 탄탄한 연구 기반 클러스터를 구축했다. 베이징대·칭화대를 비롯해 명문 공과대와 연구기관 덕택이다. 중관춘(中關村)을 중심으로 형성된 ICT 생태계는 중국에서 가장 역사가 길고 강력하다. 당연히 휴머노이드 산업에서도 중심지 역할을 한다.

중관춘 생태계는 혁신센터와도 잘 어울린다. 센터의 주요 목적은 휴머노이드 개발에 필요한 소프트웨어와 데이터를 기업들에 공유하는 것. 플랫폼을 공개해 기업들이 공동 활용하도록 하자는 취지다. 베이징대·칭화대 등의 기초 연구 역량이 혁신센터를 통해 비로소 산업으로 이어진다. 대학이 아이디어를 내고 알고리즘을 개발하면 혁신센터는 이를 기업들이 실제 산업 현장에 적용할 수 있는 형태로 '번역'하는 역할을 하는 셈이다.

센터는 2025년 3월 세계 최초의 체현지능(피지컬 AI) 플랫폼 '혜사개물(慧思開物, '지혜로운 사고로 만물을 연다'는 뜻)'을 공개하며 본격적인 생태계 구축에 나서기도 했다. 이 플랫폼은 로봇팔·바퀴형 로봇·휴머노이드 등 다양한 기종을 하나의 소프트웨어로 제어할 수 있도록 설계됐다. 공개된 설계를 바탕으로 기업들은 중복 개발 없이 공통 기술을 활용할 수 있다. 기업 입장에서는 개발 시간과 돈을 절약할 수 있어서 좋고, 개발자 입장에서도 데이터가 쌓이니 좋다.

자율성 보장된 국가급 클러스터… 휴머노이드 허브의 탄생

2023년 중국 공업정보화부가 '휴머노이드 로봇 혁신 및 개발 가이드라인'을 내놓은 뒤 여러 도시에서 휴머노이드 혁신센터가 잇따라 생겼다. 이 중 베이징 센터는 가장 먼저 설립됐다. 유비테크에서 5년간 근무했던 쉐밍 총괄은 2023년 11월 센터 설립 초창기에 합류했다.

센터는 설립 1년도 채 되지 않아 국가급 기관으로 격상됐고, 중앙 및 지방정부의 전폭적인 지원을 받고 있다. 하지만 정체성은 독립된 법인이다. 쉐밍 총괄은 "센터의 지분은 유비테크 · 샤오미 등 민간 자본이 60% 이상, 국영 자본이 40% 미만을 차지한다"면서 "사업 분야부터 프로젝트 결정 등이 내부에서 자율적이고 독립적으로 돌아간다"고 말했다. 이러한 자율성과 독립성은 대학(학계)뿐 아니라 기업(산업계) · 연구기관 등 다양한 조직과 목적에 맞게 효율적인 협업을 할 수 있는 기반이다.

센터가 거둔 주요 성과 중 하나는 2025년 4월 세계 최초 휴머노이드 마라톤 대회에서 1등을 차지한 로봇 '톈궁(天工) 울트라'다. 키 1.8m, 몸무게 55kg인 톈궁은 21km 코스를 2시간 40분 만에 통과했다. 출전 로봇 중 1위였다. 쉐밍 총괄은 "스마트 플랫폼을 바탕으로 한 환경 감지(소프트웨어)와 충격을 효율적으로 흡수할 수 있는 다리

중국의 대학 중심 10대 생태계

베이징
칭화대·베이징대 등 35개 대학
종합 과학기술 및 벤처 자본 핵심지

상하이
상하이교통대, 푸단대
금융자본 중심지

허페이
중국과학기술대
양자·AI의 발원지

항저우
저장대
디지털 경제 혁신 거점

선전
하얼빈공업대, 선전과기대
산업 주도형 생태계

광둥-홍콩-마카오
화난이공대
스마트 제조 집적지

난징
난징대
소프트웨어 개발 중심지

우한
우한대, 화중과기대
중서부 대표 혁신 허브

시안
시안전자대, 시베이공업대
항공우주 테크 중심

청두
전자과기대, 쓰촨대
저공경제 중심지

자료: 중국정보통신연구원, 후룬 연구소 등 종합

The JoongAng

구조(하드웨어) 덕분"이라고 짚었다. "소프트웨어나 하드웨어 중 하나에 집중하는 일반 기업과 달리 우리 센터는 하나의 완성된 로봇을 위한 전체적인 기술에 집중한다"며 "이를 위해 로봇용 데이터 플랫폼을 구축하고, 여러 기업과 협업을 한다"고 설명했다.

탄탄한 창업 생태계 뒤에는 대학이

지역별 생태계를 떠받치는 공통 축은 젊은 인재를 길러내는 대학이다. 우선 중국 100대 명문대 중에서 베이징(26곳)과 상하이(14곳)가 전체의 40%를 차지한다. 이러니 베이징과 상하이에 인재가 우선적으로 몰린다.

중국 대학들은 지역 산업의 '초기 엔진' 역할을 맡고 있다. 각 대학은 교내에 창업보육센터·기술이전사무소(TTO)를 운영하며 연구실에서 나온 기술이 곧장 기업화로 이어지도록 구조를 짰다. 칭화대와 중국과기대처럼 자체 펀드·동문 펀드를 함께 운용하는 곳도 많아 '연구 – 자본 – 산업'이 동시에 움직이는 3중 구조가 자리 잡았다. 이 때문에 반도체 공정 기술이 연구실에서 스핀오프 창업으로 직결되거나, AI 알고리즘을 개발한 교수·학생팀이 바로 창업에 뛰어드는 사례가 잇따른다.

선전의 경우, 자체 명문대도 있지만 베이징대, 칭화대, 하얼빈공업대 등 중국 명문대의 분교(캠퍼스)를 유치했을 정도로 인재 흡입에 적극적이었다. 선전은 평균 연령이 32.5~33세(2021년 기준)일 정도로 청년 도시다. 35세 이하 비중이 69%나 된다. 이들은 아이디어를 머릿속에만 두지 않는다. 일단 만들고, 빨리 실패하고, 다시 시도한다. 이는 선전 혁신 생태계의 핵심 자산이다.

한·중경영연구원 원장인 최성진 한양대 경영대 교수는 "베이징 중관춘, 선전 이노X처럼 중국의 창업 생태계는 도시 중심에 뿌리를 두고 있다"며 "반면에 한국은 청년창업 사관학교가 대부분 외곽에 위치해 접근성이 떨어지는 데다, 과거 공무원 연수원을 개조한 경우가 많다"고 지적했다. 이어 "대학-기업-투자자가 30분 안에 연결되는 '혁신 밀착형 생태계'를 한국도 서둘러 구축해야 한다"고 당부했다.

선전이 '로봇 밸리'가
된 것은 우연이었을까

광둥(廣東)성 선전(深圳)은 중국 산업 발전의 역사를 그대로 보여주는 도시다. 개혁개방 초기였던 1980년대에는 의류·신발·완구 등 노동집약적 산업이 싹텄다. 1990년대에는 백색가전과 컴퓨터(PC)가, 2000년대에는 텐센트를 중심으로 한 인터넷 서비스가 꽃을 피웠다. 2010년대 이후 중국 산업의 주류로 부상한 배터리와 전기차가 날개를 폈던 곳 역시 선전이었다.

그렇다면 2020년대 선전의 산업은 어떤 모습일까.

2025년 12월 19일 방문한 선전시 난산(南山)구의 선전만 혁신과학기술센터. 휴머노이드 기업 엔진AI가 개발한 PM01이 고난도 동작을 선보이고 있었다. 세계 최초로 공중제비에 성공한 로봇답게, PM01은 격투기 자세에서 원투 펀치와 어퍼컷, 높이차기와 돌려차기를 현란하게 이어갔다. 몸은 미세하게 떨렸지만 균형을 잃지 않았다. 무릎을 굽혀 구르는 동작도 자연스러웠다. 기자가 등에 달린 손잡이를 강하게 끌어당기자 로봇은 뒷걸음치며 스스로 균형을 회복했다.

가격은 18만8000위안(약 3760만 원). 시판 중인 이 모델은 오픈소스 기반의 인공지능(AI)으로 작동한다. 개발자들은 여기에 새로운 동작을 추가해 2차, 3차 혁신을 이어갈 수 있다. 엔진 AI 관계자는 "피지컬 AI 덕분에 로봇이 넘어지지 않고 스스로 균형을 잡는다"고 설명했다.

시연실 한편에는 창업자 자오퉁양(趙同陽) CEO를 발로 차 넘어뜨려 '터미네이터'라는 별명을 얻은 로봇 T800이 서 있었다. 키 173㎝, 무게 75㎏, 자체 개발한 29개의 관절 모듈을 장착했다. 최대 토크는 450N·m(뉴턴미터)로, 자동차 휠 너트를 조일 때 필요한 힘의 3~4배 수준이다.

같은 날, 선전 난팡(南方)과기대 캠퍼스와 붙어 있는 산업용 로봇 기업 유비테크를 찾았다. 로봇이 스스로 배터리를 교체하여 유명해진 휴머노이드 워커(Walker) S1의 시연이 인상적이었다. 직원이 탁자에 놓인 사과, 테니스공, 귤, 퍼즐 중에 사과를 고르라고 로봇에게 지시한 뒤 갑자기 사과의 위치를 퍼즐 위로 옮겼다. 워커S1은 뻗었던 팔을 멈추고 잠시 생각한 뒤 정확히 사과를 집어 들었다. "명령 후에 물체 위치를 갑자기 옮겨도 정확한 판단을 내릴 수 있다. AI의 대형 언어모델(LLM) 덕분"이라는 설명이 뒤따랐다. AI 기술이 로봇을 통해 물리적으로 구현되는 장면이었다.

2025년 2월 경찰 업무에 투입된 PM01 로봇. 사진_선전시 홈페이지

7만 개 기업 모인 '스마트 클러스터'

작은 어촌에서 출발한 선전은 이제 기술 혁신의 중심지로 변모했다. 특히 로봇 분야에서 선전은 '로봇 밸리(Robot Valley)'라 불린다. 과장이 아니다. 2024년 기준 선전 시정부에 따르면 이곳에는 7만4000개 이상의 로봇 관련 기업이 있다. 부품 조달부터 완제품 생산까지 한 지역에서 이루어지는 산업 생태계를 구축했다.

선전의 핵심 경쟁력은 완성도 높은 산업 생태계다. 난산(南山)구 '로봇 밸리'에는 세계적 수준의 인재, 연구개발 기관, 공급망이 15분 거리 안에 밀집해 있다. 유비테크와 DJI 등 주요 기업도 다 이곳에 있다. 중국매체 CGTN은 "바로 옆에 있는 업체들과 일하니 생산 시간이 50% 줄어들고 혁신가들과 매일 협업하니 R&D에 속도가 붙는다"고 보도했다. 선전에서는 "아침에 설계를 확정하면 저녁에 시제품을 받아볼 수 있다"는 '선전 스피드'가 일상이다.

난산구 외에도 선전에는 9개의 기초 행정구가 더 있다. 화웨이와 BYD가 자리한 '중국 공업의 1번지' 룽강(龍崗)구, 폭스콘과 메이퇀 등의 공장이 있는 룽화(龍華)구, 금융 중심지 푸톈(福田)구, 제조업체 가 많은 바오안(寶安)구, 국가급 연구센터가 밀집한 광밍(光明)구 등 이 거대 산업 단지를 형성하고 있다. 운동화부터 컬러TV, 스마트폰, 전기차에 이르기까지 다양한 제품이 선전 시내에서 생산된다.

이들이 만들어낸 것이 바로 '1시간 공급망(1小時供應鏈)'이다. 1시간 내에 모든 부품을 조달할 수 있는 '선전 공급망'을 갖추고 있다는 얘 기다. 화웨이의 역할이 컸다. 1990년대에 이곳에 둥지를 튼 화웨이 는 반경 30km 내에 2000여 개의 관련 부품 회사를 두고 있다. 스마 트폰과 통신장비 등에 필요한 부품의 약 80%를 선전에서 조달한다. 회로기판은 선난뎬루(深南電路)에서, LED 화면은 아이비선(艾比森)에 서, 스마트 디스플레이는 캉관(康冠)과기에서 공급받는 식이다. 모두 화웨이 인근에 공장을 두고 있는 기업들이다. 완벽에 가까운 '스마트 클러스터'가 형성된 것이다. 그 덕분에 BYD가 세계 최대 전기차 업 체로 성장할 수 있었고, 엔진AI가 고성능 '쿵후 로봇'을 개발할 수 있 었다. 선전은 축적된 제조 역량을 AI 시대 로봇 산업으로 확장하고 있다.

부품의 80%, 1시간 안에 시내에서 조달

이러한 산업 생태계의 배경에는 정부가 있다. 정부가 클러스터를 설 계하고, 기업이 이에 호응하면서 클러스터가 형성된다.

「차이나데일리」에 따르면 선전시는 2025~2027년 로봇 산업 발전 계획을 통해 산업 규모를 1000억 위안(약 20조 원)으로 확대하고 1200 개 기업을 육성할 방침이다. 지원은 실질적이고 꼼꼼하게 이뤄진다. AI와 지능형 로봇을 핵심 전략 산업으로 지정하고, 산업단지 입주 기업에 임대료 보조금과 인재 생활 보조금 등을 지원한다.

선전은 2025년을 '로봇 친화 도시'로 정하고 로봇이 거리에서 자유롭게 이동하며 훈련할 수 있는 전용 구역을 조성했다. 실험실에 머물던 로봇이 거리와 공장, 일상 공간으로 확장되고 있다.

2025년 2월에는 PM01 로봇이 경찰 업무에 시범 투입됐다. 중국어와 광둥어 음성 명령을 인식하며, 미아 찾기와 길 안내, 위험 상황 감지 등의 임무를 수행하고 본부에 실시간으로 정보를 전달한다. 일부 가전 매장에서는 고객 안내 역할도 맡고 있다. 엔진AI는 2026년까지 가사지원과 노인·아동 돌봄 기능을 추가할 계획이다. 유비테크의 산업용 휴머노이드는 BYD, 지커, 폭스콘 공장에서 실제로 가동중이다.

친샤오쥔(秦曉軍) 유비테크 해외마케팅 팀장은 "1단계(2023~2024년)에서는 전기차 공장에서 자재 운반과 분류, 품질 검사 훈련을 진행했다"며 "2단계(2025~2027년)에는 가전 제조 등 상용화 범위를 확대하고, 3단계(2028~2030년)에는 가정 보급을 통해 인류의 생활을 더욱 편리하게 만든다는 비전을 실현할 것"이라고 밝혔다.

정부가 움직이니, 민간 자금도 로봇 분야에 몰린다. 엔진AI는 2년 만에 8차례 투자 유치에 성공했다. 2025년 7월 기준 10억 위안(약 2000억 원)을 유치했다. 소매와 물류의 강자 징둥창업투자, 배터리 기업 CATL 산하의 CATL캐피털은 물론 삼성도 투자에 참여했다.

선전의 휴머노이드 산업은 '보여주기' 단계를 넘어섰다. 백서인 한양대 교수는 "선전의 로봇 클러스터는 휴머노이드 분야에서도 '딥시크 모멘트'를 앞당길 수 있다"며 "특히 구독형 로봇 서비스(RaaS) 등 로봇 대중화를 촉발하는 비즈니스 모델은 한국이 벤치마킹할 필요가 있다"고 강조했다.

끝없이 진화해온 선전의 축적된 역량. 촘촘히 연결된 '선전 공급망'은 AI시대의 '로봇 밸리'를 세상에 선보이고 있다. '쿵후 로봇'의 현란한 뒤돌려차기 동작은 선전 클러스터의 유연성을 보여준다.

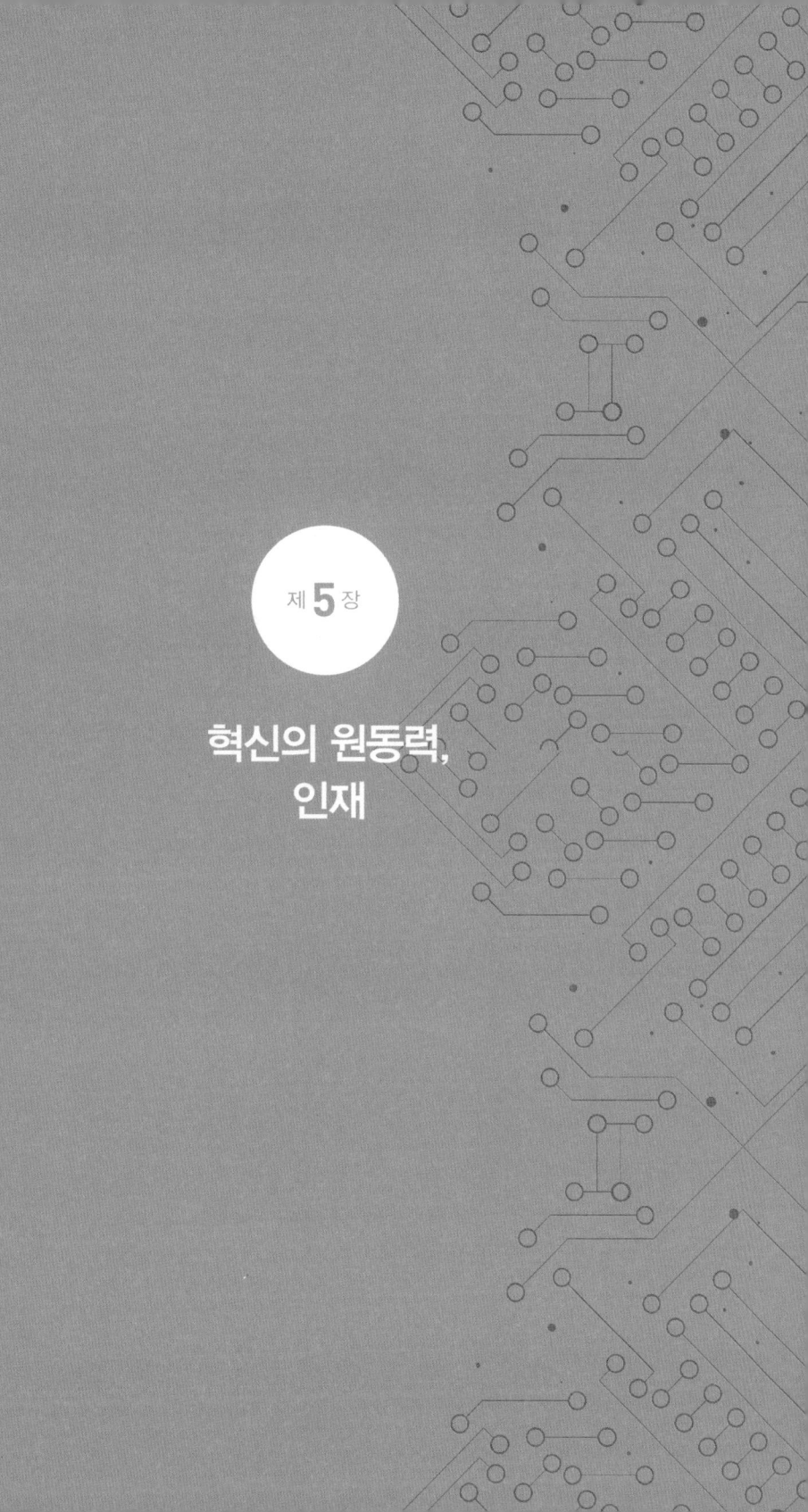

제 **5** 장

**혁신의 원동력,
인재**

베이징대학 혁신창업센터 류더잉 원장과의 인터뷰.

"요즘 베이징대에도 창업 열기가 대단하지요?"(기자)

"아뇨, 차분합니다. 창업 열기는 오히려 식었습니다."(류 원장)

차분하다고? 그럴 수가…. 예상 외의 답변에 당황할 수밖에 없었다.

류 원장은 설명을 이어갔다.

"한때 '취업 안 되면 창업하라'는 말이 나온 적이 있었습니다.

창업 열풍이 불었죠. 그때는 사업 모델(BM)만 있으면

투자금을 모을 수 있었습니다. 너도나도 스타트업을 차렸죠.

그러나 지금은 다릅니다. 연구 성과를 기반으로 입증된

과학기술이 있어야 창업할 수 있는 시대입니다.

기술 없는 창업은 생각할 수 없게 됐습니다.

그러니 분위기가 차분해진 거죠."

'손오공AI'는
초등학교 1학년부터 시작한다

중국 우주정거장 '톈궁(天宮)'에는 3명의 우주인이 6개월마다 바뀌며 머무른다. 지금은 천둥(陳冬)·천중루이(陳中瑞)·왕제(王杰) 등이 나가 있다.

2025년 8월 15일, 이들은 우주정거장 뚜껑(문)을 열고 밖으로 나가 '야외' 연구 활동을 진행했다. 6시간 50분 동안 이어진 이 날 유영은 세계 우주항공 역사에 작은 기록을 하나 남기게 된다. 사상 처음으로 인공지능(AI)을 우주 유영의 길잡이로 한 것. 이 출항(出航)에는 '우쿵(悟空)AI'가 쓰였다. 서유기 주인공인 손오공(孫悟空)의 이름을 따서 명명한 생성형 AI 모델이다.

우주인들은 바쁘다. 점검해야 할 사항이 수백 가지다. '우쿵AI'는 우주인이 해야 할 업무 항목을 차례로 제시하고, 순서와 문제 해결

방법을 건의했다. 말로 묻고, 말로 답했다. 팀장인 천둥은 "손오공 AI(우쿵AI) 덕택에 업무의 사각지대를 완벽하게 없앴다"고 했다.

우쿵AI는 저장(浙江)대의 과학기술연구소인 즈장(之江)실험실과 중국 우주인 연구훈련센터가 공동으로 만든 모델. 중국 기술진이 개발한 개방형 언어 모델을 기반으로 한 우주항공 버티컬 AI(특정 산업 · 업무에 맞춤형으로 설계된 인공지능)다. 우쿵AI는 세계 각 우주항공센터 · 연구소 · 대학 등에 흩어져 있는 관련 정보를 학습해 최적의 현장 솔루션을 제시하도록 설계됐다. 지상과 우주정거장 간 커뮤니케이션을 돕기도 한다. 출항이 거듭될수록 '우쿵AI'는 또 다른 현장 학습 정보를 추가하며 진화한다. 우주에 진출한 중국 AI의 경쟁력은 어디에서 비롯된 것일까? 취재진은 그 비결을 초등학교 1학년 교실에서 찾았다.

신화서점에서 불티나는 'AI 학습기'

중국 어느 도시를 가도 신화(新華)서점은 꼭 있다. 가장 큰 국유 서점이다. 산둥(山東)성 웨이하이(威海) 시내 중심가의 신화서점 문을 여니 처음 눈에 들어온 건 책이 아닌 'AI 학습기기'였다. 유명 AI 회사인 아이플라이텍이 제작한 'AI+교육' 솔루션이다. 초등학생 몇몇이 매장 모니터에 매달려 게임 식으로 공부를 하고 있었다.

초등학교에서 고등학교까지, 거의 전 과목을 담고 있는 기계였다. 수학의 경우 학습 단계별로 각 학생의 취약점을 찾아 알아서 보강해 준다. 2차 방정식을 잘 모르는 학생은 이해될 때까지 AI가 알아서 난

중국 웨이하이 신화서점의 AI 학습기 매장. 관리인 쑨샤오만이 기능을 설명하고 있다. 사진_한우덕 기자

도를 조절해 가면서 가르쳐주는 식이다.

매장 관리인 쑨샤오만(孫曉曼)의 설명이다. AI 학습기는 개인 맞춤식 교육을 제공한다. 문제 풀기, 영문 독해, 작문, 고전 이해하기 등 과목도 다양하다. 학교에서 내준 문제를 풀면, 문제 풀이가 된 종이를 스캐닝해 채점하고, 틀렸으면 왜 틀렸는지를 설명해 준다. 한국이 도입하려다 국회 입법과정에서 막힌 'AI 교과서'와 같은 기능이다.

모니터가 포함된 AI 학습 솔루션은 7000위안(약 140만 원)~1만 2000위안(약 240만 원). 2025년 여름 방학 때에만 웨이하이에서 300대가 팔렸다.

텐센트, 알리바바, 화웨이 등 대형 IT기업은 경쟁적으로 'AI+교육' 플랫폼을 내놓고 있다. 돈되는 시장이기 때문이다. 정부도 업계를 간섭하지 않는다. 한국이 AI 교재를 교과서로 쓸지 말지를 두고 논란을 벌인 사이, 중국 AI는 초등학생의 일상 학습에 깊숙하게 파고들고 있었다.

영어 · 수학 학원 없어도 코딩학원은 반드시 있다

코딩학원 '베타(貝塔)스쿨'. 6개의 교실에서 수업이 진행되고 있었다. 칠판에는 각종 수식이 쓰여 있고, 컴퓨터를 앞에 둔 학생들은 키보드를 두드려 가며 강의에 귀를 기울이고 있었다.

"학생이 1000명입니다. 초등학교 1학년부터 고등학교 3학년까지 다양합니다. 방학 내내 교실이 꽉 찼습니다."

저우자성(周佳聲) 원장의 설명이다. 이공계 대학 입시에 AI 붐까지 일면서 코딩 교육을 받으려는 학생들이 늘고 있단다. 웨이하이에만 20여 개 코딩학원이 성업 중이다. "영어, 수학 학원은 없어도 코딩학원은 반드시 있다"는 말까지 나온다. 중국 전역에서는 퉁청퉁메이(童程童美), 코딩캣(編程猫), 허타오(核桃)코딩 등 학원이 성업 중이다.

코딩은 컴퓨터 명령 언어다. 그걸 알면 디지털 기기의 작동 논리를 파악할 수 있고, 정보화 시대의 기술 맥락을 이해할 수 있다. 그

베타학원에서 학생들이 코딩 공부에 열중하고 있다. 웨이하이 코딩학원에는 게임을 하다가 자연스럽게 코딩에 도전하는 학생도 있고, 부모의 권유로 오는 학생도 많다. 사진_한우덕 기자

래서 코딩은 AI의 기초다.

코딩을 접하는 연령대는 점점 낮아지는 추세다. 중국 교육컨설팅 회사인 에듀인사이트가 코딩학원 학생 1000명을 대상으로 실시한 조사에 따르면 조사 대상의 64%가 초등학생이었다. 4~5세 유치원생들도 18.6%나 됐다.

중학교 과정으로 올라오면 코딩 교육은 진학과 직결된다. 정보올림피아드 등에서 성적이 좋으면 고등학교 과정의 커촹반(科創班 · 상위 학생으로 구성된 이과분야 우수반) 배정 시험에서 가산점을 받는다. 웨이하이의 한 고등학교는 성(省)급 정보올림피아드 1등상은 40점, 2등상은 15점의 가산 혜택을 준다(만점 450점). 명문대로 가는 티켓이다. 매년 전국 단위로 치러지는 올림피아드에서 금메달(50명)을 따면 칭화대 · 베이징대 등 일류 대학 입학으로 연결되는 '바오쑹(保送)' 혜택을 노릴 수도 있다. 코딩학원에 중 · 고등 학생들이 몰려드는 가장 큰 이유다. 꾸준히 코딩을 배운 학생들은 중2쯤 되면 파이선(Python · 텍스트 코딩 언어)을 자유자재로 구사하게 된다. 고2가 되면 어지간한 프로그램은 스스로 만드는 경지에 오른다.

중국 초 · 중 · 고, 2025년 9월부터 AI 교육 의무화

중국의 모든 초 · 중 · 고교는 2025년 가을학기부터 하나도 빠짐없이 AI 교육을 시행하고 있다. 초등학교 1학년부터 고등학교 2학년까지 필수 과목으로 정해졌다. 교육부가 일선 학교에 '초 · 중 · 고등학교 인공지능 일반 지식 교육 지침(中小學人工知能通識指南)'을 내보낸 건

2025년 5월 12일. 초등학생은 매년 8시간 이상, 중학생은 18시간, 고등학생은 36시간 이상 AI 교육을 진행해야 한다.

웨이하이 퉁이루(統一路) 초등학교의 경우 AI 교육을 위해 IT 업체와 제휴하는 등 교육에 만반을 기했다. 학교 관계자는 "초등학교 1~2학년은 초기에는 AI가 어떻게 생활에 응용되는지를 학생 스스로 찾아보도록 하고, 블록 등을 활용한 놀이식 코딩(스크래치) 수업을 했다"고 말했다.

중국 쉬저우(徐州)의 샤오샹루(瀟湘路) 중학교에서는 '소동파를 따라 쉬저우(徐州)를 가다'라는 이색적인 AI 수업이 열렸다. 북송 때의 시인이면서 쉬저우 지사를 지낸 소동파는 군졸들과 함께 70일 밤낮

중국 인공지능(AI) 산업 개요

중국 생성형 AI 사용자 수
※2025년 6월 기준

5억1500만 명

중국 AI 기업 수
※2025년 9월 기준

5300 곳

인공지능(AI) 산업 규모

2024년	9000억 위안
2025년	1조 위안

자료: 중국인터넷네트워크정보센터, 중국정보통신연구원 종합

The JoongAng

제방을 쌓아 대홍수에도 도시가 물에 잠기는 걸 막았다. 925년이 지난 지금, 학생들은 AI 데이터를 이용해 대운하 복원 계획을 시뮬레이션했다. '소동파 시대에 AI가 있었다면 어땠을까'를 상상하는 과정이었다.

그런데 사실은 코딩 교육이 갑자기 등장한 것은 아니다. 중국에서는 2003년부터 주요 도시의 초·중·고등학교에서 코딩을 배우기 시작했다. 2017년 '차세대 인공지능 발전 계획'도 코딩과 AI 교육을 강화하는 계기였다. 2025년 교육부 정책은 범위를 당초 초등학교 3학년에서 초등 1~2학년까지 확대하고, 교육 방향을 AI 쪽으로 보강했을 뿐이다.

일선에서 쓰이는 중국의 인공지능(AI) 교과서는 여러 버전이 있다. 그중에서 칭화대 AI의 핵심 멤버인 야오치즈 원장이 편집하고 칭화대 AI 핵심 연구조직인 야오반 교수진이 쓴 교과서가 인기다. 검색·머신러닝·신경망 등 AI의 8가지 개념을 다룬다.

또 『인공지능 기초』라는 교과서는 AI 기업인 센스타임과 화둥사범대가 협력해 썼다. 화둥사범대 천위쿤(陳玉琨)교수와 센스타임 설립자 탕샤오어우(湯曉鷗)가 공동 작업해 2018년 4월 출간된 중국 최초의 고등학생용 AI 교과서다. 우리로 치면 네이버·카카오 창립자가 서울대·카이스트 교수와 손잡고 만든 셈이다. 이 책에는 이미지·음성·영상 인식, 딥러닝 등 AI 기술의 원리와 응용을 다룬다.

중국의 핵심 AI 산업 규모는 6000억 위안(약 120조 원)으로 추산된다. 이런 중요한 미래 산업을 키우는 일에 초등학생 고사리 손이라도 끌어오겠다는 중국 정부의 의지가 엿보인다.

'UFO 전투기' 중국의 흑기술 뒤에는
34세 '수학의 신'이

중국 베이징대의 스타는 웨이둥이(韋東奕) 수학과 교수다. 웨이 성을 가진 수학의 신이라며 '웨이선(韋神)'으로 국보급 대우를 받는다. 2008년과 2009년 국제수학올림피아드(IMO) 중국 대표로 출전했다. 2년 연속 만점으로 금메달을 휩쓸었다.

웨이 교수는 2010년 '바오쑹(保送)' 전형으로 베이징대 수리과학부에 입학했다. 가오카오(高考 · 대입고사) 면제 혜택을 받았다. 수학 · 물리 등 국제올림피아드 대회에 국가대표로 참가해 최고 점수를 받은 천재급 인재에게 주는 특별전형이다. 2014년 학부를 졸업한 뒤에는 미국 하버드대의 제안을 뿌리쳤다. 베이징대에서 3년 반 만에 박사학위를 땄다.

베이징대 홈페이지에는 웨이 교수의 조교 시절 일화가 있다. 당시 수학과 교수가 학생들에게 말했다. "내가 답을 모르면 웨이둥이 조교에게 물어라. 만일 그도 모른다면, 그건 문제가 잘못된 것이다."

웨이 교수는 나비에-스토크스 편미분방정식 연구의 세계적 권위자다. 액체와 기체 등 유체의 흐름을 계산하는 방법론이다. 이 연구는 미국과 중국의 패권 경쟁에서도 등장한다. 2025년 5월, 중국은 시험 비행 중인 UFO 모양의 6세대 전투기를 노출했다. 미국과 대만에 위협이 될만한 전투기였다. 당시 대만 연합보는 웨이 교수를 주목했다. 연합보는 "중국이 마치 신과 같은 연산으로 공기유체동력학과 항공동력학에서 역대급 난제를 풀어냈다"며 "전투기 노출은 '중국 기술로 최고 난제를 해결했다'는 자신감을 과시하려는 뜻도 있다"고 보도했다. 웨이 교수가 아니면 못 할 일이다.

웨이 교수는 필즈상을 받은 한국계 허준이 프린스턴대 교수와 여러 면에서 비교된다. 둘 다 수학자 집안에서 태어난 천재였다. 그러

국제수학올림피아드(IMO)에 두 차례 출전해 모두 만점을 기록한 웨이둥이 베이징대 수학과 교수가 강의를 하고 있다. 중국에서 '수학의 신'으로 추앙받는 웨이 교수는 중국의 첨단 6세대 전투기 개발에 핵심 역할을 하고 있는 것으로 전해진다. 사진_베이징대 홈페이지

나 둘은 서로 다른 대우를 받았다. 웨이 교수가 바오쑹 혜택을 받으며 대학으로 직행한 반면, 허 교수는 고교 1학년 때 자퇴해 검정고시로 서울대에 입학했다. 중국 같은 엘리트 패스트트랙이 없었던 탓이다. 그러기에 '사회주의 중국은 엘리트 교육을 하는데, 시장경제를 한다는 자본주의 국가인 한국의 교육은 오히려 획일적'이라는 얘기가 나온다.

중국은 미국과의 경쟁에서 인류 역사상 존재하지 않았던 '흑기술'로 우위에 서겠다는 전략을 세웠다. 흑기술(블랙테크)은 혁신적인 신기술을 부르는 중국식 이름이다. 흑기술의 핵심은 인재다. 엘리트 교육을 통해 웨이 교수와 같은 인재를 키우겠다는 뜻이다.

"월반 시행하라" 덩샤오핑의 인재 육성 특명

"나는 개인적으로 월반(跳級)을 찬성한다."

중국 개혁·개방의 총설계사 덩샤오핑이 수월성(秀越性·엘리트) 교육을 지지하며 한 말이다. 1977년 8월 8일 열린 교육업무좌담회에서다. 우수 학생들에게 '패스트 트랙'을 줘야 인재를 더 빨리 배출할 수 있다(『덩샤오핑 문선』 제2권)는 이유에서였다.

중국은 이때부터 바오쑹, 소년반, 자율전형, 커촹반(科創班·고교 내 우수반) 등 혁신 인재를 선발할 수 있는 메커니즘을 끊임없이 모색했다.

이후 50년간 중국은 국제 수학올림피아드(IMO)에서 25차례 1위를 차지하는 등 올림피아드 강국으로 거듭났다. 올림피아드 중국대표에 선발되면 가오카오(高考·대학 수학능력 시험)를 치르지 않아도 초

일류 대학에 입학할 수 있는 바오쑹 제도 덕이다. 2025년 9월 베이징대 신입생 가운데 200명, 칭화대 132명이 바오쑹 전형으로 선발됐다. 2015년부터 사교육을 조장한다는 이유로 국제올림피아드에 우승해도 대입에 활용할 수 없도록 한 한국과는 다르다.

국제 올림피아드 25차례 1위 석권한 중국의 '우공이산'

중국 전역에는 난이도 높은 올림피아드 준비 학생이 100만 명 이상이다. 한국 수능 응시자 55만명의 2배 꼴이다.

중국에서 올림피아드는 여러 차례 진행된다. 먼저 30여 개 지방 성(省)급 행정구역에서 통일된 문제와 채점 기준으로 한날한시 시험을 치른다. 여기서 좋은 성적을 거둔 학생은 전국적으로 통일된 중급 대회에 참가한다. 여기서 두각을 나타내야 성급 대표에 선발된다. 전국 결승전은 보통 7월 말이나 8월 초에 열린다. 성별로 평균 12명 정도가 참가한다. 전국 결승전 참가자는 350명 선이다. 코딩 문제가 나올 경우, 5시간 안에 코딩 문제 3개를 풀어야 한다. 평가는 컴퓨터가 해 객관성을 보장한다.

그렇게 치열한 경쟁 속에 선발된 학생들이 참가하는 국제 수학올림피아드(IMO)도 중국의 독무대다. 1959년 시작된 IMO에 중국은 1985년에 처음 참가해 32위에 그쳤다. 4년 뒤인 1989년 첫 우승을 차지한 뒤 2025년까지 25차례 1위를 차지했다. 1988년 처음 출전한 한국이 2차례 1위, 미국이 9차례 1위에 그친 것과 대조를 이루는 성적이다.

고등학교 때 수학올림피아드에 입상한 학생들은 대개 베이징대 튜링반 등에 진학한다. 2017년 베이징대의 프런티어 컴퓨터 연구센터에 개설된 튜링반은 튜링상 수상자인 존 홉크로프트 코넬대 교수를 영입해 만들었다.

중국의 전략 인재 키우기는 초장기 프로젝트다. 시작은 1998년 5월 장쩌민 당시 국가주석이 베이징대 개교 100주년 맞아 시작한 '985 공정'이다(98년 5월에 시작해 '985공정'으로 불린다). 중국의 주요 대학을 세계적인 대학으로 키우겠다는 것이 핵심. 이 프로젝트에 채택된 대학이 바로 '985대학'이다.

21세기 안에 일류 대학 100개를 만든다는 '211공정'은 1995년에 시작됐다. 39개 대학이 대상이다. 211대학을 세계 일류 대학으로 만들기 위한 신입생 선발 계획도 갖췄다. 2009년 중국 교육부가 착수한 '에베레스트 프로젝트' 즉, 주펑계획(珠峰計劃)도 있다. 중국 교육부, 중국공산당 중앙조직부, 재정부가 시작한 '기초학과 우수학생 양성 실험계획'의 코드명이다. 주펑은 세계 최고봉인 에베레스트를 중국어로 옮긴 말이다. 학문의 정상에 도달한다는 의미로 붙였다. 주펑계획은 중국 최고의 과학자 첸쉐썬의 물음에서 시작됐다.

"왜 중국의 대학은 걸출한 인재를 길러내지 못하는가?"

중국의 첫 원자탄·수소폭탄·인공위성을 말하는 양탄일성의 아버지로 불리는 공학자 첸쉐썬(錢學森, 1911~2009)은 2005년 원자바오 당시 총리를 만나 이렇게 물었다. 원 총리가 절치부심하는 심정으로 내놓은 답이 바로 주펑계획이다.

주펑계획은 진화했다. 2020년 기초학문을 강화하겠다며 이름을 강기계획(强基計劃)으로 바꿨다. 대입 특별전형의 하나로 과학·공학·인문학 등 기초학문 분야 우수 인재를 뽑아 양성하는 것이 목표다. 칭화대·베이징대 등 39개 명문대가 가오카오 성적을 포함해 우수 학생을 선발하며 장학금과 해외 연수, 석·박사 과정까지 연계시켜 지원한다. 체계적인 엘리트 선발 시스템이다. 강기계획은 2년의 교양과정, 1년의 수학 기초, 5~6년간의 학부부터 박사까지 연계하는 '2+1+X' 시스템으로 진행된다.

중국에서 올림피아드 참가는 혁신의 자양분이 된다는 인식이 강하다. 중국 명문대학의 컴퓨터공학과 학생 상당수가 정보올림피아드 참가 경험을 갖고 있다. 이들이 딥시크, 바이두의 어니봇 등 중국의 대형언어모델 자체 개발하는 데 중요한 역할을 했다. 중국 AI 발전과 혁신에 올림피아드가 기여했다고 보는 것이다. 대학 입시를 위한 선발 과정에 그친다기보다, 과학과 수학 발전을 위한 '우공이산'의 과정이라고 보는 점이 한국과 가장 큰 차별화 포인트다.

베이징대는 4위, 중국 유니콘 20% 키운 대학 톱 3는?

중국은 요즘 딥시크·유니트리·즈위안(智元)로봇 등 2~3년차 스타트업들이 존재감을 드러낸다. 대학가는 여느 때보다 창업 열풍이 거세게 일어날 터였다. 류더잉(劉德英) 베이징대 혁신창업센터(創新創業學院)원장에게 기자가 던진 첫 번째 질문도 그것이었다.

"요즘 베이징대에도 창업 열기가 대단하지요?"(기자)

"아뇨, 차분합니다. 창업 열기는 오히려 식었습니다."(류 원장)

당황한 취재진에 류 원장은 설명을 이어갔다.

"한때 '취업 안 되면 창업하라'는 말이 나온 적이 있었어요. 그때는 사업 모델(BM)만 있으면 투자금을 모을 수 있었습니다. 그러나 지금은 다릅니다. 연구 성과를 기반으로 입증된 과학기술이 있어야 창업할 수 있는 시대입니다. 기술 없는 창업은 생각할 수 없게 됐습니다.

그러니 분위기가 차분한 거지요."

실제 사례를 통해 들여다보자. 10년 전만 하더라도 중국의 유니콘 기업(기업 가치 10억 달러 이상)들은 비즈니스 모델에 의존한 사업체가 대부분이었다. 창업 시장은 모바일·인터넷 중심의 플랫폼 위주로 형성됐다. 그러나 점차 포화상태에 이르면서 성장동력이 약화했다.

공유 자전거회사 '오포(OFO)'가 대표 사례. 자전거 대여 서비스라는 플랫폼 사업 모델을 기반으로 베이징대 학생이 세웠던 이 회사는 공유 경제라는 하나의 산업을 키워냈을 정도로 혁신적이었다. 그러나 시장에 유사 업체들이 난립하면서 회사는 세가 기울었고, 재정난을 견디지 못해 파산했다. 진정한 혁신 없이 사업 모델에만 의존하는 창업은 혁신의 지속성이 떨어진다는 사실을 중국 사회 전체가 깨닫게 됐다.

중국은 몇 차례에 걸쳐 창업 붐이 일었다. 2014년 리커창(李克强)

2025년 7월 베이징대를 찾은 취재진. 방문 날짜, 시간대, 차량 번호 그리고 여권 번호까지 미리 제출한 뒤 캠퍼스로 진입할 수 있었다. 사진_어환희 기자

총리가 내세운 '대중창업, 만중혁신(大衆創業 萬衆創新)'이 기폭제였다. 핀둬둬·메이퇀 등 인터넷 서비스 플랫폼 회사가 대거 등장했다. 그러나 2020년 들어 인터넷 플랫폼 사업은 시들기 시작한다. 특히 2020년 10월 알리바바 CEO 마윈(馬雲)과 금융 당국의 갈등으로 인해 민영기업은 전반적으로 위축됐다.

이후 '중국 제조 2025'가 다시 창업에 불을 붙였다. 중국은 정책의 무게 중심을 전기차·신에너지(배터리)·인공지능(AI) 등 미래 산업으로 옮겼다. 하이테크 창업의 시대에는 BM(비즈니스 모델)만으로 돈을 끌어모을 수 없다. 기술이 바탕이 되어야 한다. 특히 이제는 창업의 양보다 질이 중요해졌다. 창업에는 아이템, 자금, 팀(인재)이 필요하다. 하지만 아무리 좋은 아이템이나 자금이 있어도, 결국 팀이 없으면 비즈니스로 이어지지 못한다. 그렇기에 과학 인재가 있는 대학이 이 시대에 창업의 중심이 됐다.

중국 유니콘 20% 배출한 대학 세 곳은 어디

그렇다면 대학은 창업을 위한 팀을 어떻게 만들까. 2019년 문을 연 2차전지·배터리 업체 '진위신넝(金羽新能)'은 베이징혁신창업센터가 배출한 대표 기업. 2022년 혁신 창업 대회에서 금상을 탔고, 이후 국가가 키우는 '소거인(小巨人)' 기업으로 지정됐다. 작지만 강한 기업(small giant)이다. 일단 지정되면 국가로부터 3년간 최대 600만 위안(약 12억 원)의 재정 지원을 받고, 보조금·연구개발준비금·세제 감면 등 혜택을 받는다.

창업자 황두빈(黃杜斌) 박사는 원래 응용지질학을 전공했다. 신(新)에너지 분야에 관심을 갖고 논문을 탐독하던 중 베이징대 소재학과 교수의 연구에 관심을 갖게 됐다. 박사 과정을 해당 교수의 실험실로 지원했고, 연구 성과를 바탕으로 회사를 차리게 됐다. 지도 교수는 연구를, 학생은 사업화를 맡아 협업으로 회사를 차린 사례다.

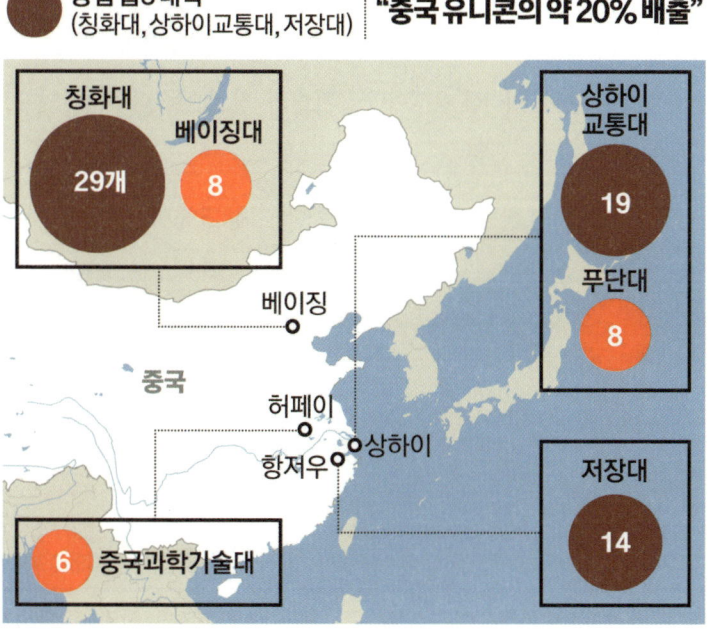

2025년 중국 주요 대학의 유니콘 기업 배출 현황

● 창업 톱3 대학
(칭화대, 상하이교통대, 저장대)
"중국 유니콘의 약 20% 배출"

칭화대 29개
베이징대 8
상하이교통대 19
푸단대 8
중국과학기술대 6
저장대 14

베이징
허페이
항저우
상하이
중국

자료: 중국 후룬연구소

칭화대의 'X랩(X-Lab)' 저장대의 'ITP(Intensive Training Program)', 푸단대의 '푸단과기원창업센터', 상하이교통대의 '다링하오(大零號)인큐베이터' 등은 창업 지원 센터를 운영하고 있다. 중국 후룬(胡潤)연구소의 '2025 유니콘 리스트'에 따르면, 가장 많은 유니콘 기업을 배출한 주요 대학 톱3은 칭화대, 상하이교통대, 저장대다. 세 학교가 배출한 기업은 중국 내 유니콘 기업의 20%를 차지한다.

과학기술이 창업으로 이어지는 3단계

과학기술 인재만 있다고 모두 '대박 창업'으로 이어지진 않는다. 중국 주요 대학의 창업센터는 원석을 다듬어 보석으로 만들기 위한 노력이 한창이다. 크게 보면 3단계로 양성 프로그램이 운영된다.

① 둥나오(動腦, 머리를 움직여라): 기술과 경영, 둘 다 아는 인재로 길러라

딥시크 CEO 량원펑(梁文鋒)을 배출한 저장대에서는 1999년부터 ITP반을 운영하고 있다. ITP반은 저장대 주커전(竺可楨) 칼리지에서 제공하는 창업 지원 프로그램이다. 전자정보공학을 전공한 량원펑도 이 프로그램 출신. 매년 경영학과가 아닌 2학년 학생을 대상으로 50여 명 정도 선발한다. 창업과 기업 경영을 위한 특별 교육이 실시된다.

ITP반은 '미래 CEO반'이라는 별명답게 굵직한 기업인을 배출했다. 량원펑뿐 아니라 항저우 '6소룡' 중 하나인 매니코어 설립자 황샤오황(黃曉煌), 테무의 모회사인 핀둬둬 설립자 황정(黃崢), 중국 최고의

AI 데이터 서비스 회사인 MR테크의 팡이(方毅) 등이 모두 이 과정을 밟았다.

저장대 주커전 칼리지는 저장대 입학생 중 상위 1%를 선발한 내부 엘리트 인재 양성소다. 저장대 전 총장이자 중국 현대 기상학·지리학 창시자 주커전(竺可楨)의 이름을 따서 2000년 설립됐다. 80개 전공에서 학생들을 뽑는 엘리트 과정으로 발전했다.

선발 과정은 필기시험과 전공 면접을 통해 수학·과학 등 기초 학문 역량을 검증하고, 달리기·윗몸일으키기 등 체력 테스트까지 더해져 전인적 역량을 평가한다. 단순히 공부만 잘하는 학생이 아니라 연구 몰입과 장기적 성장을 견뎌낼 체력과 정신력을 함께 본다.

합격생들은 하버드·MIT 등 세계 명문대와의 교환 프로그램, 글로벌 기업 인턴십 같은 기회를 먼저 배정받는다. 모든 학생에게 전담 교수진이 멘토로 붙어 맞춤형 연구 주제를 함께 설계하고, 학부생임에도 최첨단 실험실 프로젝트에 조기 참여할 수 있다.

중국 대학에서는 'AI+X' 특별반 과정도 운영된다. 비(非) AI 학과 학생들에게 AI 지식을 가르친다. 행정학과 학생도, 교육학 전공 학생도 AI를 공부한다. 창장(長江) 삼각주를 포함해 중국 중부 해안 지역을 일컫는 화둥(華東) 지역 5대 명문인 저장대·푸단대·난징(南京)대·상하이교통대·중국과기대 등이 이런 특별반을 개설해 상호 학점을 인정한다. 산업 수요에 맞춰 학사 운영을 정하는 중국 대학의 자율성이 녹아들어 있다.

② 둥서우(動手, 손을 움직여라): 시행착오, 대학에서 겪어라

머릿속 창업 아이디어를 현실로 꺼내는 작업에도 대학이 관여한다. 칭화대가 2013년부터 운영하는 창업 공간 X랩이 대표적이다. 칭화대 경영학과 주도로 16개 학과가 참여하는 이 공간은 실험실·강의실 등이 모여 있다. 학생들이 기술 개발 아이디어를 내면 교수진, 기업인 등 학교 안팎에서 멘토가 달라붙어 초기 투자 또는 제품화를 지원한다.

베이징대 혁신창업센터에서는 창업 초창기에 필요한 기반을 제공하는 데 초점을 맞춘다. 재학생을 대상으로 법인 등록 시 필요한 공간인 이른바 '창업 주유소'(창업가에게 '기름'을 부어 넣어주고 응원한다는 의미도 담음)를 제공하고, 첫 해에는 관리비도 지원한다.

③ 둥투이(動腿, 발을 움직여라): 학교 밖으로 나가라!

창업에서 가장 중요한 것은 자금. 대학이 여는 '창업 대회'는 자금줄인 투자자들을 만날 수 있다는 점에서 창업 지망생들의 등용문이다. 베이징대 재학생과 5년 이내 졸업생 132개 팀은 우한 창업대회에 참가해 이 중 5개 팀이 우한시에 회사를 설립하는 성과를 냈다. 바이오산업이 발달한 스자좡(石家莊), 제조업이 발달한 취안저우(泉州) 등 지방정부는 양질의 창업으로 경제가 활성화되니 좋고, 대학은 창업 기반을 얻는다.

학생들은 대회를 통해 투자받고, 투자가들은 대박 프로젝트를 발굴한다. 대학이 양성하면 그다음은 정부가 개입한다. 기업의 홀로서기를 돕는다. 대표적인 게 '전정특신(專精特新)' 선정이다. 전정특신 기업은 중국 정부에서 키우는 강소·중견기업이다. 전문화·정밀화·특색화·혁신화라는 네 가지 특성에서 한 글자씩 따서 이름 지었다.

'전정특신' 기업으로 선정되면 지방 및 중앙 정부의 지원을 받는다. 2023년 말 기준 전정특신 중소기업은 13만5000개, 이 가운데 중앙정부의 인증을 받은 '스몰 자이언트'는 1만2950개다. '진위신넝(金羽新能)'이 그중 하나였다. 대학 창업센터는 전정특신 기업을 많이 육성하는 데 집중하고 있다.

정부도 투자 펀드를 운영한다. 중국 정부는 2025년 200조 원(약 1조 위안) 규모의 창업펀드를 신설해 운용할 방침을 밝혔다. 일명 '국가 창업 투자 인도(引導) 기금'이다. 중국 정부는 AI·양자·바이오·수소 배터리 등 첨단 영역의 창업 초기 시드 단계에서 투자한다. 이를 두고 CCTV는 '창업 영역의 항모급 펀드'라고 지칭했다.

일회성 창업 공모전에 그치거나, 대학별·부처별·지자체별로 흩어진 지원 속에 각개전투를 치러야 하는 한국 현실과 달리, 중국은 대학·정부·민간이 긴 호흡으로 인재를 키우고 기업을 육성하는 생태계를 만들고 있다. 똘똘한 과학기술 기업을 키운다. 그 중심에는 대학이 있다.

미국에서 돌아온
반도체 천재

쑨난(孫楠) 미국 텍사스대(오스틴) 교수. '반도체 천재'로 불리는 집적 회로 설계 분야의 대표적 학자다. 중국 칭화대를 졸업하고 미국으로 유학, 하버드대에서 박사 학위를 받았다. 34세였던 2020년, 그는 2개 선택지를 앞에 두고 고민한다.

미국에 남을까, 아니면 중국으로 돌아갈까. 후자를 택한다면 기회 비용은 너무 크다. 당시 텍사스대는 평균 연봉 15만 달러(약 2억 원). 26세에 임용된 뒤 종신교수라는 '안락함'까지 보장받았다. 베이징행 비행기를 탄다면, 포기해야 한다.

또 다른 선택지는 모교 칭화대다. 연봉은 100만 위안(약 2억 원) 정도, 여기에 우수 인재 기금까지 포함하면 미국보다 훨씬 많을 터였다. 모교가 간곡하게 나오니 마음이 동한다. 학교는 함께 연구할 팀도 꾸려준다고 했다.

미국이냐, 중국이냐. 고민 끝에 쑨난은 하이구이(海龜·해외 유학 후 귀국한 사람을 가리킴)를 택했다. 2020년 쑨난은 미국의 유혹을 뿌리치고 중국으로 돌아갔다. 2002~2006년 칭화대에서 공부한 그는 반도체 첨단기술을 익히려고 미국 유학을 택했다. 연구에 매달린 지 4년 만에 집적회로 칩 설계 분야에서 하버드대 박사학위를 땄다. 이후 텍사스대에서 테뉴어(종신교수직)도 받았다. 반도체 설계 분야 권위지인 JSSC 등에 10년간(2014~2024년) 논문을 가장 많이 낸 사람도 그였다.

2013~2020년 AMD·TI 등 기업에 자문하며 업계와도 긴밀히 소통했다. 미국에 남고 싶은 유혹도 적지 않았을 것이다. 칭화대 학내 신문에 실린 쑨 교수의 인터뷰 기사를 보면 귀국 당시 그의 생각을 읽을 수 있다.

"중국은 스마트폰, 가전제품 등을 가장 많이 수출하는 나라다. 그런데 정작 그 제품을 만들기 위해 다른 나라에서 역시 가장 많은 반

칭화대는 우수한 교수진을 소개하는 영상인 '나의 보물 선생님'에서 2024년 쑨난을 인터뷰했다. 그는 반도체가 "나노 단위로 이뤄지는 정교한 건축이나 다름없다"고 말했다. 사진_칭화대 홈페이지

도체를 수입해야 한다. 그게 안타까웠다."

당장 눈에 보이는 목표, 중국의 반도체 기술 자립에 인생을 걸기로 한 것이다. 학내 신문이라 그렇게 말했을 수도 있지만, 그의 진심은 충분히 느껴진다.

사실 쑨난이 조국에 진짜 바랐던 것은 마음껏 연구할 수 있는 환경이었다. 중국은 귀국 천재 쑨난에게 지원을 아끼지 않았다. 직속 팀을 꾸려 연구에 몰두할 수 있도록 했다. 2021년 1월 설립한 칩 설계 전문기업 '스모 마이크로일렉트릭스(土模微電子)'가 그 연구의 산물이다. 칭화대 동료와 제자들로 팀을 짜 만들었다. 스모는 설립 1년 만인 2022년에는 투자금 수억 위안 규모의 투자를 유치했다. 그 뒤로도 쑨난의 실력을 믿은 투자사들이 다섯 번이나 투자를 해주었다. 칭화대 출신 하이구이가 창업에 참여한 점도 신뢰 형성에 영향을 미쳤을 것이다.

쑨난은 2023년 아날로그-디지털 변환기의 전력 소비를 크게 줄이는 신기술을 선보였다. 그렇게 그의 팀은 고속철도·전기차·전력망 등에 쓰이는 최첨단 반도체 개발 50여 건에 성공했다. 이 덕에 중국은 일부 분야에서 '수입산 대체'라는 쾌거를 거뒀다. '핵심 기술은 국제적으로도 선도적'이라는 평가도 나왔다.

회사는 2025년 특허가 26개로 늘어났고 '중국 10대 유망 칩 설계 기업'으로 선정되는 등 겹경사를 이뤘다. 쑨난 교수는 2023년 반도체 설계 분야 국제 콘퍼런스 CICC 기술위원회의 위원장을 지냈다. 중국인으로는 최초였다. 2024년에는 미국전기전자공학회(IEEE) 펠로에 선정됐다. IEEE 회원 중 최상위 0.1% 이내만 선정되는 최고 기술자 등급이다.

활발한 후진 양성, 칩 자립의 학문 생태계

이러한 성공 뒤에는 그와 한 몸이 된 칭화대 연구실이 있다. 쑨난 교수의 이름을 걸고 운영되고 있다. 천재만 갈 수 있다는 칭화대 전자공학과 내에서도 선발된 인재들이다. '세계 일류의 반도체 칩을 만든다(做世界—流芯片)'는 목표로 뛴다. 박사후과정생 3명과 석박사 20여 명이 있다.

이미 쑨이 박사과정을 지도해 졸업한 사람만 20여 명이다. 일부는 기업에 들어갔고, 일부는 베이징대 · 조지아텍 · 애리조나주립대 등에서 후학을 양성하고 있다. 2025년 6월 기준으로 쑨난의 제자 27명 중 11명이 대학에서 제2, 제3의 쑨난을 육성하고 있다. 또한 제자 상당수는 애플 · 구글 · 인텔 · 브로드컴 · 페이스북 모회사인 메타 AI 등에 취직했다.

그가 지도한 학생 중에는 중국인도 있지만 인도계 등 외국인도 있다. 한국인 이름 셋도 눈에 띈다. 홈페이지와 링크드인에 따르면 쑨이 박사과정을 지도한 한국인 박사들은 졸업 후 인텔 · 애플 · AMD 등에서 일한 것으로 나타났다.

석사과정을 지도한 학생은 더 많다. 상당수는 퀄컴 · 오라클 · 옴니비전 등 기업으로 갔다. 그의 제자인 이경태 DGIST(대구경북과학기술원) 조교수는 "반도체 회로 설계 연구에서 10년 전에는 한 · 중 격차가 꽤 컸는데 최근에는 중국이 엄청나게 빨리 쫓아오는 것이 느껴진다"고 전했다. 쑨의 '최첨단 반도체 50개'는 제자들 덕에 500개가 될 날이 머지않았다.

쑨난 사례에서 보듯, 중국 천재들은 미국 등에서 공부한 뒤 다시 돌아와 후대를 키우고 중국의 과학기술 역량을 강화한다. 이공계 명문인 칭화대가 대표적이다. 해외 유학을 떠났던 칭화대 졸업생들도 60%는 다시 중국에 온다(글로벌타임스).

2002~2011년 졸업생 가운데 확인된 동문의 92.4%가 중국에 있고, 해외 유학생 60% 이상이 귀국했다. "칭화대 졸업생의 80%가 해외로 간 뒤 감감무소식"이라는 소문을 반박하려고 칭화대가 직접 조사한 결과다. 이를 증명하듯 '2024년 중국 하이구이 취업 조사 보고서'에 따르면 2024년 중국으로 돌아온 하이구이 숫자는 129만 명으로 역대 최대였다. 2018년보다 두 배 증가했다. 중국 데이터기업 등 비데이터에 따르면 2024년 최고 권위 과학자의 숫자 면에서 중국이 미국을 추월했다.

임무는 하나, 토종 인재를 키워라!

애플에서 고성능 저전력 CPU 설계를 담당한 왕환위 박사는 2024년 중국 화중과학기술대 집적회로학과 교수로 '금의환향'했다. 마이크로소프트(MS)·IBM 등에서 AI 연구원을 지낸 치궈쥔(齊國君) 전 플로리다대 교수는 중국 항저우 시후대 인공지능(AI)·머신러닝 연구소 '메이플'의 연구소장이 됐다. 임무는 하나. 딥시크 등 중국 AI 기업들의 산실인 항저우에서 인재를 많이 키우라는 것이다.

구글의 인공지능(AI) 연구기업 딥마인드에서 부사장을 지낸 우융후이(吳永揮)는 중국 틱톡의 모회사 바이트댄스에 발탁돼 AI 연구개발 부서 '시드'의 책임자로 임명됐다.

우는 중국에서 대학을 다녔지만, 미국 리버사이드 캘리포니아대에서 컴퓨터 전공으로 박사학위를 땄다. 그 뒤 2008년 구글에 입사해 17년간 머신러닝 분야를 이끌었다. 구글 AI 서비스인 '제미나이'가 나오는 데 그의 공이 컸다. 구글 스칼라스에 따르면 그의 연구는 5만회 이상 인용될 정도로 업계 인정을 받았다.

중국 칭화대에서 박사학위를 받은 마둥한·마둥신 쌍둥이 자매는 청년들이 선망하는 '셀럽' 하이구이다. 이들은 미국과 캐나다에서 박사후연구원 과정을 마치고 최근 중국 대학에 임용됐다. 2012년 칭화대가 최고 학생 5명에게 주는 특별장학금을 받았다.

중국의 각종 인재 유치 인센티브

- 칭화대: 우수인재에 연봉 2억원, 정착금 7억원, 연구비 40억원
- 베이징대, 시후대: 인공지능(AI), 컴퓨터 등 첨단분야 인재 연봉 2억~4억원
- 실적 좋으면 70세 이상으로 정년연장
- 주택, 의료, 자녀 교육 등 복지혜택
- 교수의 배우자 직장 취업지원 대학도

자료: 각사

The JoongAng

언니 마둥한이 오전 6시~새벽 1시 공부하는 '빡센' 학업 일정표가
화제였다. 일명 '세계 최고의 학습계획표'다.

매일 오전 6시 기상해 새벽 1시에 잔다. 최대 17시간 학습시간을
확보하는 스케줄이다. 저녁에는 학습 외에도 CNN 시청과 실험, 동
아리 활동까지 알차게 한다. 특히 줄넘기 등 운동을 절대 빼놓지 않
는다. 학생회 최초의 여성 회장을 지냈고, 탁구부·배구부·배드민턴
부 주장도 역임한 마둥한이기에 가능하다. 엄청난 스케줄을 소화해
낸 마둥한은 초고해상도 현미경과 관련해 미국 퍼듀대에서 박사후
과정을 밟았다. 네이처 메소드 등 유명 학술지에 논문을 게재했고,
다롄공대 교수로 임용됐다. 발명 특허도 2건 출원했다.

동생 마둥신은 새로운 고성능 LED 조명을 주제로 2018~2022년
캐나다 토론토대에서 박사후 연구를 수행했다. 그가 토론토대에서
개발한 페로브스카이트 필름은 페로브스카이트 LED의 효율성·수
명에서 세계기록을 세웠다. 현재는 칭화대 부교수 겸 박사과정생 지
도교수로 재직 중이다. 언니 마둥한은 "제 동생은 5년간 연구하면서
3000쪽이 넘는 과학 연구 메모가 담긴 노트 14권을 작성했다"면서
"동생의 활약으로 100여 종의 신소재가 합성됐다"고 소개했다.

마 씨 자매 사례처럼 해외 유학파들은 선진 과학기술을 중국 학계
에 이식시킨다. 그래서 중국에서는 '굳이 해외로 유학을 가지 않아
도 최고 수준의 학문을 습득할 수 있다'는 얘기가 나온다. 중국판 챗
GPT인 딥시크의 량원펑, 최고 AI 기업 즈푸의 설립자 탕제 등은 유
학 경험 없이도 중국 대학에서 배워서 독보적인 AI 기술을 선보였다.

한국 이공계와 기초과학계도 중국발 인재 블랙홀에서 자유롭지

못하다.

차세대 반도체·배터리 기술인 탄소나노튜브(CNT)의 권위자인 이영희 성균관대 HCR 석좌교수는 중국 후베이 공업대에 임용됐다. 이론물리학자 이기명 고등과학원 부원장이 정년퇴임 후 베이징 수리과학응용연구원(BIMSA) 교수로 옮겼다. 두 교수 모두 한국의 '국가석학'에 선정됐지만 결국 중국행을 택해 국내에 경종을 울렸다. 송명근 전 건국대 교수는 닝샤 인촨시 제1인민병원과 닝샤의대 교수로 임용됐다. 그는 중국 내에서 심장센터를 운영한다.

국가석학 1호가 한국 떠나 중국으로 간 이유

김우재 중국 하얼빈공대 교수는 학내 유일한 한국인 교수다. 포항공대를 나온 그는 캐나다에서 초파리를 통한 인간 질병 모델 등을 연구하다가 2020년 중국으로 적을 옮겼다. 중국의 과학 인재 유치 프로그램인 '만인계획(萬人計劃)' 막바지에 중국행을 택한 것이다. 그에게 중국의 이공계 중시 분위기에 대해 솔직한 이야기를 들어봤다.

하얼빈공대에서 제시한 조건은 미국보다 좋았다고 한다. 미국은 초기 연구비를 100만 달러(약 14억 원) 준다. 캐나다는 7억 원으로 절반 정도였다. 그런데 김우재 교수가 중국 하얼빈공대로 올 때 받은 돈이 미국의 1.5배였다. 미국보다 더 많이 주지 않으면, 국제적인 경력이 있는 교수는 중국에 굳이 오지 않기 때문이다. 중국 내에서도 많이 주는 곳은 미국의 2~3배라고 한다. 결론적으로 중국이 제시하는 연봉은 한국보다 무조건 많다. 한국 K대학의 이공계 교수는 정교수인데도 김우재 교수보다 연봉이 적었다. 서울대 생물학과가 초기 연구비를 2억~3억 원 주는 것으로 알려져 있다. 이러니 연구자들이 한국 대신 중국·홍콩 등으로 간다.

김 교수는 캐나다의 연구비·인프라가 부족해 중국으로 옮긴 건데 만족한다고 전했다. 하얼빈공대는 중국의 9대 명문대에 속한다. 단점이 있다면 인공위성 등에 강한 대학이라 미국이 이 대학을 최근 제재 대상에 포함시켰다는 점이다. 그래서 하얼빈공대 교수·학생들은 미국 입국이 금지됐다. 다만 그는 "입국 금지 조치는 트럼프 시대의 한시적 조치일 것으로 전망하고 있다"고 설명했다.

중국의 인재 유치 열풍은 뜨겁다. 재중과기협회 회원이 모인 단체 대화방은 200여 명에 달한다. 중국 대학에 임용된 한국인 교수가 적지 않다. 중국행을 쉬쉬하는 분위기상 조용히 가서 활동할 뿐이다. 과학기술자는 연구비가 있는 곳으로 가기 마련이다. 예전에는 그게 미국이었는데 트럼프 시대 이후 연구비, 교수 자리가 줄며 중국이 종착점이 됐다. 유럽·캐나다도 돈이 없다. 한국인 중에 공대·자연대 교수하다가 테뉴어를 못 받았거나 은퇴하는 연구자들이 중국으로 간다. 선전·상하이·베이징 물리학과나 공대 교수 중에 한국인이 많다. 중국은 세계 정상급이라는 것이 확인되면 돈을 안 아낀다는 것이 김 교수의 말이다.

한국은 왜 이공계가 무너질까. 간단한 논리다. 이공계를 나와 직장 잡을 때 연봉·대우가 한국이 제일 박하다. 중국은 과학기술자 연봉이 의사의 1.5~2배다. 미국은 의사·엔지니어 연봉 둘 다 높다. 그런데 한국은 명문대 공대를 나와도 미국 엔지니어가 받는 연봉의 3분의 1 정도다. 그러니까 한국 이공계 인재들이 미국으로 유학 가고, 일단 가면 안 돌아온다. 관건은 커리어 시작 단계의 과학기술자 연봉이다. 한·중·미를 비교하면 한국이 압도적으로 낮으니까 이공계를 기피한다. 김 교수는 한국이 과학기술자 처우를 획기적으로 바꾸지 않으면 많은 대책이 공허한 구호에 그칠 것이라고 조언했다.

한국 연구자들, 중국 갈 수밖에 없는 이유

중국 인재 유치 전략은 전폭적이고 꼼꼼하다. 우선 중국 대학들이 고액 연봉을 준다. 미국에서 연구 중인 중국인 과학자들이 중국으로 되돌아오게 하기 위해 중국 대학들이 고액 연봉 등을 제시하고 있다.

한중과학기술협력센터 보고서에 따르면 칭화대는 우수 인재에게는 최고 2억 원 연봉, 정착금 7억 원, 연구비 40억 원을 준다. 베이징대와 시후대는 AI·컴퓨터 등 첨단 분야 특수 인재에게 연봉 2억~4억 원을 준다. 한국인 교수의 경우 중국에서 일할 때 통상 1억~5억 원 수준에서 연봉이 결정된다고 한다.

육아 조건도 무시 못 한다. 칭화대의 경우에는 박사후과정생 모집 요강에서 "자녀가 있다면 칭화대 부속 학교에 들어갈 수 있다"는 조건이 있다. 아이들을 명문교에 보내고 싶은 부모 입장에서는 꽤 솔깃하다.

근로 조건도 양호하다. 특별 초빙 교수의 경우 강의 없이 연구만 해도 된다. 1년 중 일정 기간만 근무할 수도 있다. 여기에 실적만 좋으면 70세 이상까지도 정년연장이 된다. 한중과학기술협력센터 보고서에 따르면 교수의 배우자 직장까지 신경 써서 취업 지원을 해주는 대학도 있다고 한다.

그렇다면 어떤 인재를 선호할까. 한중과학기술협력센터 보고서에 따르면 1순위는 UC버클리 · 프린스턴 등 소속 기관의 위상이 세계 최상위권 대학 또는 글로벌 100대 연구소 출신이다. 2순위는 QS 세계대학 순위 100위권, 또는 미국 국립 연구소, 아마존, 마이크로소프트 등 빅테크 기업에서 일해본 경험을 갖춘 인재다. 학력은 박사 학위 이상이어야 하며 중국이 전략적으로 중점을 두는 AI · 바이오 · 양자기술 · 신소재 등을 전공한 인재여야 한다. 인재들은 논문 · 특허 · 기술이전 실적 등으로 자신을 입증해야 한다.

프린스턴을 박차고 나온 천재, 중국판 칼텍 시후대 세웠다

'인재 양성' 하면, 항저우 시후(西湖)대를 빼놓을 수 없다. 항저우에 있는 호수 이름을 딴 시후대는 미국 캘리포니아공과대 수준의 연구 중심 대학을 목표로 2018년 세워졌다. 이공계 · 생명과학 등 연구소 4개를 뒀다. 대학 창립자는 암 연구자이자 생물물리학자인 스이궁(施一公) 전 칭화대 생명과학원 원장이다.

그는 하이구이다. 1989년 칭화대에서 생물학 · 수학을 전공했다. 학교에서 늘 1등이던 그는 남들보다 졸업도 빨랐다. 학문적으로 앞선 미국에서 공부하고 싶었다. 계기가 된 사건이 있었다. 1987년 아버지의 교통사고 직후 아버지를 데려온 기사에게 병원 측은 500위안

(약 10만 원)의 보증금을 요구했다. 돈을 구하느라 4시간을 허비한 사이, 아버지는 숨졌다. 충격을 받은 스이궁은 미국행을 택했다.

그는 존스홉킨스대에서 분자 생물학으로 박사학위를 받았다. 포유류 등을 통해 세포자멸 경로를 연구했고 100편 이상의 논문을 썼다. 그의 연구는 특허가 됐고, 항암제 개발에 활용됐다. 하버드·프린스턴·존스홉킨스 등 대학 12곳에서 러브콜을 받았다. 최종 선택은 프린스턴대. 아인슈타인도 22년 프린스턴에 있었다는 것이 이유였다.

그랬던 그가 프린스턴을 떠나 중국으로 영구 귀국하면서 프린스턴대에 편지를 썼다. "중국에 돌아가면 제가 프린스턴에 남는 것보다 프린스턴과 칭화대 모두에 더 큰 기여를 할 것"이라고 썼다. 스이궁이 돌아왔던 2008년, 바로 그해 중국은 '천인(千人)계획'을 시작했다. 천인계획은 과학자나 창업 인재를 해외에서 중국으로 끌어들이는 정책이다. 2017년 스이궁은 중국이 제정한 '미래과학대상' 수상자로 선정돼 100만 달러(약 11억3000만 원)의 상금을 받았다. 미래과학대상은 중국이 중국계 과학자들의 연구를 장려하기 위해 만든 상으로 상금 규모가 노벨상과 맞먹는다. 시후대에는 30개국에서 온 학생과 교수가 2099명 있다. 향후 박사 3000명, 학부생 2000명, 포스닥 700명, 교수진 400명을 둘 예정이다. 스이궁은 시후대 자금모집위원회 회장을 겸임하면서 연구진이 돈에 신경 안 쓰도록 자금을 끌어모으는 역할을 도맡았다. 연구비 걱정 없는 환경에서 시후대는 학교 전체가 거대한 연구실이 됐다. 시후대와 저장대 연구팀이 2023년 종이접기 원리를 응용한 모듈형 로봇팔을 개발했다. 시후대 연구진이 광음극 양자 재료인 스트론튬 티탄산염을 사용해 기존보다 10배 강력한 에너지를 가진 전자를 발견하기도 했다.

트럼프가 쏘아 올린 작은 공?

정리하면 이렇다. 해외유학파 중국인이 돌아와 중국 대학에서 후진양성을 한다. 그리고 누구는 인재를 기르고, 누구는 기업을 세운다. 해외에서 공부해도 결국 돌아와 중국에 기여한다. 글로벌타임스에 따르면 2020~2024년 중국의 첨단과학기술 인재 수는 1만8805명에서 3만2511명으로 급증했다. 세계 점유율도 17%에서 28%로 올랐다. 처음으로 미국(3만1700명)을 넘어선 것이다.

칭화대 전자공학과 홈페이지를 보니 쑨난 교수를 포함해 '2025 IEEE 펠로'로 선정된 사람은 칭화대에서만 8명. 100% 중국 토종인 인쇼우이 칭화대 교수가 눈에 띈다. 인 교수가 세운 회사(칭웨이 인텔리전트 컴퍼니)는 고효율 AI 칩을 양산하는데 이 회사 기술을 적용한 칩은 2000만 개(누적 기준)다.

요즘 트럼프 변수가 맞물리면서 미국에서는 인재들이 줄줄 샌다. 트럼프가 유학생 비자 조건을 강화하는 등 미국 대학에서 사실상 내쫓다시피 하면서다. 미국 유학생의 대다수인 중국인들은 자의 반 타의 반으로 귀국하고, 중국은 이들을 '줍줍'한다. 미·중 기술 경쟁 성패를 좌우하는 건 우수 인재임을 아는 시진핑 입장에서는 나쁠 게 없다. 이런 분위기 속에 미국은 STEM 인재 부족에 시달리게 될 것이라는 연구도 나왔다. 2025년 조지 메이슨대는 "STEM 인재 부족은 미국에 향후 10년간 2400억 달러(약 353조 원)~4800억 달러(약 706조 원)의 경제적 손실을 안길 것"이라는 보고서를 냈다. 보고서 제목은 '브레인 프리즈(Brain Freeze)'다.

"한국, 인재 안 뺏기려면 4가지 보장하라"

중국의 인재 블랙홀 앞에서 한국도 자칫 '브레인 프리즈'가 될 수 있다. 백서인 한양대 ERICA 글로벌통상문화학부 교수는 한국 대학이 ▶연봉 및 인센티브 ▶연구환경(행정 잡무, 시수) ▶연구 인프라 ▶주거안정 등 4가지를 개선하자고 조언했다. 이공계 연구자들이 프로젝트 자금을 따오느라 정작 연구를 하지 못하는 손실을 줄이기 위해 국가적 프로젝트를 통한 일자리 창출도 수반되어야 한다는 당부도 나왔다. 이종식 KAIST 과학기술정책대학원 교수는 "국가 주도의 유효한 과학기술정책을 파격적–선별적으로 밀고 나가자"고 조언했다. 또 "한국 과학자 중에서 반드시 내부에 붙잡아두어야 하거나 외부에 개방해서는 안 되는 지식이나 전문가를 특별히 관리하는 편이 낫다"고 조언했다.

제 **6** 장

기술 패권의 지정학과
한국의 과제

BYD의 해외 진출에는 뚜렷한 원칙이 있다.

우선 '글로벌 사우스(Global South)' 전략이다.

남미 · 아시아 · 아프리카 등 120개국을 타깃으로 삼고 있다.

이 가운데서도 '인구 메리트'에 주목한다.

BYD가 진출했거나 할 예정인 브라질(2억1281만 명), 태국(7161만 명),

인도네시아(2억8572만 명) 등은 인구 대국이다.

세 나라의 인구를 합치면 유럽연합(EU) 전체 인구보다

약 1억1000만 명 더 많다. 그러나 전기차 판매는 아직 저조하다.

특히 중남미 최대 인구를 보유한 브라질 공략에 속도를 내고 있다.

브라질 전기차협회에 따르면, 브라질에서 판매되는 전기차 10대 중

7대는 BYD 차량이다.

"그까짓 도로명, BYD로 바꿔!"

"고마우니까, 그까짓 길 이름 하나 못 바꾸겠나"

중국 자동차업체 BYD가 브라질에 공장을 짓자 나온 얘기다. 미국과 중국의 '바통 터치'였다. 미국 포드자동차가 브라질 카마사리 산업단지에서 철수한 것은 2021년이다. 자동차로 먹고살던 지역 주민들은 직격탄을 맞았다. 그런데 이제 중국 자동차 회사가 그 자리로 들어온단다. 지역 사회는 들떴다. BYD에 고맙다는 이유로, 이 지역 도로명인 '헨리 포드 애비뉴'를 'BYD 애비뉴'로 개칭하는 법안이 발의돼 통과됐다고 AP통신은 전했다.

브라질 입장에서나, 중국에나 천금 같은 기회였다. BYD는 루이스 이나시우 룰라 다시우바 대통령에게 약속했다. "옛 포드 공장 부지였던 이곳을 중국을 제외한 최대 규모의 BYD 생산 허브로 만들겠다"고 말이다.

그리고 BYD는 약속을 지켰다. 2025년 7월 7일. BYD는 중남미 최대 규모(약 15만6800m²)의 브라질 카마사리 공장에서 전기차를 출시했다. 브라질 현지에서 생산된 첫 전기차였다. 착공부터 차량 출시까지 15개월 만에 일사천리로 끝났다. 여기 쏟아부은 돈은 55억 헤알(약 1조3636억 원)이었다. 현장에서 왕촨푸 BYD 회장은 1400만 번째 친환경 차량인 '송 프로(Pro)'를 룰라 대통령에게 증정했다.

출시 당일, 현지에서는 '스마트 시스템'이 적용된 공장 자동화 시연이 주목받았다. 가장 수요가 많은 차량 모델을 우선 생산하게끔 업무가 자동 할당됐다. 차량은 조립에서 배송까지 실시간 추적이 가능했다. 여느 공장과 달리 내부 소음 70dB 이하로 조용하기까지 하다.

중국 BYD는 편도 비행으로 30시간 걸리는 브라질에 대규모 전기차 공장을 짓고 차를 양산했다. BYD 브라질 카마사리 공장에선 1단계 연간 15만 대 생산으로 가동을 시작하며 2단계에서는 30만 대까지 확장할 예정이다. 사진_X

그런데 BYD가 세운 브라질 공장은 회사 글로벌 전략에서는 '빙산의 일각'일 뿐이다. BYD 인도네시아와 헝가리 등 해외법인이 줄줄이 가동 준비에 분주하다. 편도 비행 30시간인 지구 반대편 브라질도 BYD에는 그리 멀지 않다.

BYD의 해외 장악 전략에는 이유가 있다. '글로벌 가치사슬(GVC)'을 선점하기 위해서다. GVC는 말 그대로 설계·생산·유통 등 전 과정을 '글로벌하게' 사슬처럼 꿰는 것이다. BYD가 추구하는 GVC는 중국의 해외 진출 전략을 고스란히 반영했다. 특히 트럼프발 '관세 파고'를 넘으려는 중국의 노림수도 여기에 담겨 있다. BYD의 해외 루트는 어디까지 뻗칠까, 그리고 이와 맞물린 중국의 경제·외교 노림수는 무엇일까.

BYD 루트 보면 중국의 전략 보인다

BYD는 해외 진출 시 뚜렷한 원칙이 있다. 우선 '글로벌 사우스(Global South·남반구의 신흥국 및 개발도상국)' 전략이다. 남미·아시아·아프리카 120개국이 이른바 글로벌 사우스*다. 주로 GS 국가를 타깃으로 삼겠다는 전략이다.

독일 메르카토르 중국연구소는 "BYD가 기존 자동차 업체와 경쟁이 덜 치열한 신흥시장을 집중적으로 공략했다"고 짚었다. 이 중에서도 BYD는 '인구 메리트'에 주목했다. BYD가 진출했거나 할 예정

---

* 한국·일본·싱가포르와 유럽·북미 60개국은 '글로벌 노스'다.

인 브라질(2억1281만 명), 태국(7161만 명), 인도네시아(2억8572만 명) 모두 인구가 많은 편인데 전기차 판매는 아직 저조하다. 메르카토르 연구소는 "이 세 나라는 충전 인프라가 부족해 전기차 판매량이 전체 승용차 판매량의 극히 일부다"면서 "세 나라 인구를 합치면 유럽연합(EU) 전체보다 1억1000만 명 더 많다"고 분석했다.

특히 중남미 최대 인구를 보유한 브라질에 전기차가 급속히 보급되고 있다고 AP통신이 전했다. 브라질 전기차협회에 따르면, 2024년 브라질 전기차 판매량은 전년 대비 85% 급증했다. 브라질에서 판매되는 전기차 10대 중 7대는 BYD 차량이다. BYD가 진출하는 국가들은 대개 중국에 우호적인 국가다. 실제 BYD는 캄보디아·슬로베니아 등 친중 국가를 검토 중이다.

글로벌 밸류체인으로 '관세 파고' 넘는다

BYD의 글로벌 밸류체인(GVC)은 더욱 조밀해지고 있다. 제품 기획 등은 중국이 하고, 조립·출시는 현지에서 한다. 이렇게 하면 생산비는 줄고 효율은 올라간다. 현지 소비자 니즈에 맞는 제품을 '맞춤 공급'한다는 계산도 깔렸다.

BYD가 진출을 타진하면 해당 국가는 보조금을 제시하면서 유치에 열을 올린다. 마다할 중국이 아니다. BYD는 해당국에서 제시한 인센티브를 활용해 시장 점유율을 늘린다.

정치적 반발을 줄이기 위한 장치도 잊지 않는다. "이 공장은 당신 나라 것"이라는 인식을 심어주며 상대를 안심시킨다. BYD 오토 브라질의 수석 부사장인 알렉산드르 발디는 "브라질인에 의해, 브라질인을 위해 만들어진 브라질 기업이라고 자부한다"고 말했다. 중국과 브라질 연구진이 협력해 하이브리드 엔진을 개발했다는 내용도 있다.

GVC 전략은 관세 장벽 우회 효과까지 덤이다. 유럽연합(EU)이 중국산 전기차에 대해 최고 45.3% 관세를 부과하겠다고 밝히자, BYD는 현지 생산 확대로 정면 돌파하기로 했다. 헝가리, 튀르키예에 이어 유럽 내 3번째 공장 설립을 추진하는 것도 이 때문이다. 유력한 후보지는 슬로베니아다.

창청 자동차도 브라질 생산 개시, 룰라도 지켜봤다

2025년 8월 15일, 중국 창청모터스의 브라질 공장이 공식 준공되어 생산에 들어갔다. 룰라 브라질 대통령을 비롯한 정부 관계자들이 현장에 모여 이 순간을 지켜봤다. 브라질 정부가 창청모터스를 높이 평가하고 인정하고 있음을 보여준 장면이다.

창청모터스의 브라질 공장은 상파울루주 이라세마폴리스에 있다. 이곳은 과거 다임러(Daimler) 자동차 소유였지만 이제는 창청모터스에 인수되어 스마트 생산기지로 탈바꿈했다. BYD가 포드 공장을 인수한 것과 판박이다. 창청의 공장은 120만m² 규모를 자랑하며 연간 5만 대의 차량 생산 능력을 갖췄다. 창청모터스는 이제 하이브리드, 순수 전기차, 수소차를 아우르는 라인업을 브라질에서 선보일 예정이다.

창청모터스는 1997년 중동 픽업트럭 수출을 시작으로 세계화

의 길에 들어섰다. 20여 년이 지난 지금, 창청모터스는 연구개발
(R&D)·생산·공급망·판매·서비스를 총괄하는 생태계를 구축했다.
창청은 7개국 10개 지역에 R&D 시설을 갖췄으며 태국 등에 완성차
공장을 건설해 해외 생산 능력을 40만 대 이상으로 확대했다. 창청모
터스는 1400개 판매 채널을 통해 170개 국가 및 지역에 수출하고 있
으며, 누적 판매량은 200만 대를 돌파했다. 브라질 신에너지 자동차
시장의 70~80%를 중국이 차지한 것도 이런 맥락에서다.

"BYD, 현지 업체 패싱 우려" 경고도

그렇다고 모든 국가가 BYD의 진출을 곱게 보는 건 아니다. BYD의
가치사슬이 매우 수직적이고 촘촘해 상대국에 큰 이득이 안 될 수 있
기 때문이다. BYD 특정 모델의 경우 공급업체의 80% 이상이 중국
업체다. 그중 50%는 BYD 자회사다. 건설 현장에는 중국인 인부들이
가득하다. BYD가 진출해도 현지 업체를 패싱할 수 있다는 뜻이다.
그래서 독일 메르카토르 연구소는 "BYD 부품의 대부분이 중국에서
수입된다면, 유럽에서 BYD가 성공해도 유럽 자동차 업계와 근로자
들에게 부정적인 영향을 줄 수 있다"고 지적했다.

원점으로 돌아가 보자. 왜 중국은 이렇게 글로벌 진출에 목을 맬
까. "중국에서만 팔아도 14억 명이 살 텐데 왜 굳이 해외까지 노리
지?"란 의문을 가질 수 있다. 그런데 실상은 간단치 않다. 중국 내수
만으로는 한계다. 그래서 중국은 과잉생산된 제품들을 해외시장에
서 소화하려고 한다. 그래야 중국 기업이 살고, 중국 경제가 산다.

BYD 해외 거점 현황

※예정 상황 포함(캄보디아, 슬로베니아 등 검토중)

2016년
전기버스 생산중
2026년
전기차 공장 가동예정

2024년
전기차 공장 가동시작
연산 1단계 **5만대**→
2단계 **15만대** 목표

2013년
연 1500대
(전기버스)

헝가리

우즈베키
스탄

튀르키예

태국

미국

인도
네시아

브라질

2026년 1월
전기차 공장
가동예정

2026년
전기차 공장
가동예정

2024년
전기차 공장 가동시작
연산 1단계 **15만대**→
2단계 **30만대** 목표

2025년
전기차 공장 가동시작
연산 1단계 **15만대**→
2단계 **30만대** 목표

자료: BYD, 외신종합

The JoongAng

가격은 더 이상 주요 고려 요소가 아니다. 물량을 밀어내는 것이 목적이다.

중국 기업 입장에서는 생존과 직결된 세계시장이 소중하다. 이때 해외에서 활개 칠 수 있게 해주는 것이 바로 중국 정부의 외교전략이다. 일대일로(一帶一路: 중국-중앙아시아-유럽을 연결하는 육상·해상 실크로드), SCO(상하이협력기구), 중국-아프리카 회의 등은 화려한 파티가 아니다. 기업을 위해 시진핑 주석이 뛰는 것이다.

SCO의 경우, 현재 9개 정회원국(중국·러시아·인도·파키스탄·카자흐스탄·키르기스스탄·타지키스탄·우즈베키스탄·이란)과 30여 개 대화 파트너국, 6개 초청 기구로 이루어져 있다. 세계 인구의 42%, GDP의 25%를 차지한다. BYD가 진출한 우즈베키스탄도 SCO 멤버.

20년 이상 공들인 아프리카는 이제 추수 단계다. 미국이 뒤늦게 영향력 확대에 나섰지만, 중국의 선점 효과가 더 크다. 2023년에만 중국은 아프리카 금속·광산 프로젝트에 79억 달러(약 11조5000억 원)를 투자했다. BYD는 아프리카의 6개 리튬 광산 인수를 협상 중인데 확보만 되면 2700만 대 분량의 전기차 배터리 원료를 공급받을 수 있다.

중국어 서툰 아프리카 대표가 상 받은 까닭

아프리카와의 관계를 위해 중국 정부는 수년간 대학과의 공동 연구 등을 확대 지원했다. 아프리카 정부는 자국민을 상대로 한 중국어 교육, 프로젝트 데이터베이스 구축 등 정부 거버넌스와 교육·치안 등에서 다년간 협력해왔다. 몇몇 통계만 봐도 협력 결과물이 나오고 있다.

황규득 한국외대 아프리카학부 교수에 따르면 2000년 이후 중국이 양성한 아프리카 관료 수만 10만 명이 넘는다. 2006~2022년 에티오피아에 제공된 중국 대출 총액은 130억 달러(약 20조 원) 이상이다. 황 교수는 성균중국연구소 학술대회에서 "중국은 말리, 수단, 콩고민주공화국에서 유엔 평화유지 활동에 참여했고, 아프리카 관료 및 경찰력 훈련 프로그램을 후원했다"고 짚었다.

20여 년 전 중국어 말하기 대회 대학생 부문에 참가했던 취재진은 의아한 장면을 목격했다. 아프리카 어느 나라 대표가 '우정상'과 유사한 상을 받았던 것이다. 그는 중국행 비행기 티켓도 부상으로 받았다. 그런데 그 학생은 '입 구(口)' 자를 쓸 때 기본 획순도 지키지 않았다. 발음은 강한 악센트 때문인지 좀처럼 알아듣기 힘들었다. 대회가 끝나고 곱씹어보니, 필자가 너무 순진했단 생각이 들었다. 아프리카 학생은 자국으로 돌아가 중국과 끈을 놓지 않을 게 분명해 보였다. 중국 입장에서 보면, 중국을 어렸을 때부터 접하고 중국이 키운 '장학생'들은 자연스럽게 관료가 되고 요직에 앉는 수순이다. 그는 중국통으로 성장해 훗날 정부 고위 관리가 될 수도 있다. '중국-아프리카'의 가교가 될 사람을 위한 가성비 높은 '투자'였다. 수년간에 걸쳐 인재를 키우는 중국 특유의 접근법이다.

기업에 꽃길 깔아주는 중국 외교정책

중국 정부는 기업에 꽃길을 깔아주는 역할을 한다. 트럼프발 관세전쟁은 중국 입장에서는 오히려 아군을 만들 기회다. 최근 중국은 아프리카 53개 수교국에 대해 무관세 정책을 편다고 발표했다. 미국과는 완전히 상반되는 접근이다.

중국 기업의 해외 진출은 현재진행형이다. '2025년 상반기 중국 일대일로 투자 보고서'에 따르면 중국의 2025년 상반기 일대일로 신규 투자·건설계약이 역대 최대 규모로 급증했다. 2025년 1~6월 중국 기업이 일대일로 참여국과 맺은 신규 투자 및 건설계약 거래는 176건이었다. 금액으로는 1240억 달러(약 173조 원)였다. 이를 두고 FT는 "중국의 해외시장 확장과 일대일로 회원국의 참여 확대는 상대국에 혹독한 관세를 부과하는 트럼프의 접근 방식과 극명한 대조를 보였다"고 꼬집었다.

BYD뿐만이 아니다. 중국 시장에서 체력을 쌓은 하이테크 기업들이 해외시장에 발을 들이밀고 있다. 오래전부터 글로벌 전략을 추진한 화웨이는 상대적으로 진출하기 쉬운 파키스탄·브라질 등 신흥시장을 집중적으로 공략하는 선이후난(先易後難, 처음에는 쉬운 곳, 나중에는 어려운 곳) 전략을 폈다. 스마트폰과 가전에서 출발한 샤오미의 경우, 2027년 전기차 부문에서 본격적인 해외 진출을 목표로 독일 뮌헨에 유럽 R&D 및 디자인 센터를 설립해 유럽 시장 공략을 준비하고 있다.

전기차 배터리업체 CATL은 기업공개로 확보한 자금의 90%를 유럽 시장 확장에 쏟아부었다. 헝가리에 73억 유로(약 11조5459억 원)를 투자한 초대형 배터리 공장이 대표적이다. 스페인에는 리튬인산철(LFP) 배터리 합작공장을 지어 2026년 말부터 생산을 시작할 전망이다. 중국 태양광 모듈 제조사 진코솔라가 독일 증시 상장을 추진하는 등 가격 경쟁에 시달리던 중국 태양광업체들이 국내를 벗어나 해외 진출에 박차를 가하는 모양새다.

한 가지 분명한 점은 중국 기업이 해외로 뻗어가는 동안, 미국 등 경쟁업체들은 위기에 처했다는 점이다. 미국이 관세 장벽을 쌓는 사이, 중국은 해외 진출을 가속화하는 '아이러니'는 당분간 계속될 전망이다.

여기서 끝이 아니다. 종착역은 위안화 패권. 중국은 기업의 해외 진출을 통해 궁극적으로는 달러가 오랫동안 지배해온 '기축통화 패권'의 자리까지 넘보고 있다. 중국 교통은행은 2025년 12월 개최된 원·위안 직거래 시장 및 위안화 시장 확대 협력방안 콘퍼런스에서 "중국 기업의 해외 진출 가속화가 위안화 국제화의 동력이 되고 있다"고 짚었다. 세계에서 통용되는 달러. 그 달러를 이기기 위한 위안화 확대의 추진력이 바로 기업들이라는 것이다. 중국 기업이 공장을 설립하고 생산·운영하며 시장을 개척함에 따라 역외 위안화 시장 성장이 가속화된다는 논리다.

"한국도 공급망 다변화가 살 길"

그렇다면 한국은 경제 관계를 어떻게 풀어가야 할까. 이현태 서울대 국제학대학원 교수는 원광대 한중관계 연구원이 개최한 심포지엄에서 "공급망 다변화를 통한 경제 무기화 취약성 감소가 병행되어야 한다"고 짚었다. 과거 요소수 대란이 보여주듯, 특정 분야에서 중국 의존도가 지나치게 높으면 중국의 일방적 조치가 한국 경제에 심각한 타격을 줄 수 있기 때문이다. 이 교수는 "우리 정부 차원에서 핵심 전략 품목(희토류, 화학 원료, 의약품 등)의 중국 의존도를 점검하고, 동남아·인도 등으로 공급선을 다변화하는 정책이 필요하다"고 강조했다. 중국과의 경제 관계를 단절하자는 것이 아니라, 취약성을 줄여 보다 대등한 관계를 구축하기 위함이다. 중국이 글로벌 전략에서 동남아, 중남미 등 여러 나라와 고루 협력하듯, 한국도 중국의 필승전략을 닮아보자는 취지다. 그는 "경제 무기화에 덜 취약하다면, 한국은 중국과의 관계에서 더 자신감 있는 입장을 취할 수 있다"고 덧붙였다.

중국 꼬리표 세탁소 국가는 싱가포르?

미국을 비롯한 서방의 제재, 그리고 관세 폭탄. 중국은 그래도 해외 진출을 멈출 수 없다. 그런 중국에는 '중국 꼬리표'를 떼줄 세탁소 국가들이 필요하다. 싱가포르 등 제3국 몇몇 나라가 중국의 세탁소로 활용된다. 영국 파이낸셜타임스(FT)는 '서방 시장을 향한 중국의 새로운 뒷문들(back doors)'이라는 기사에서 이를 다뤘다.

중국이 우회로로 활용하는 국가는 싱가포르와 베트남이다. 유럽연합(EU) 회원국 중에는 아일랜드, 헝가리가 주로 꼽힌다. 북중미에서는 멕시코다. 이 국가들의 공통점은? 미국과 동맹 측면에서 상대적으로 결속력이 약한 편이라는 점이다. 미국, 중국 모두와 안정적 관계도 유지하고 있다. 결정적으로 무관세나 저관세다. 아일랜드와 헝가리의 경우는 EU 회원국인데 27개 EU 회원국 사이에서는 무관세다. 그렇기 때문에 중국에서 수입한 제품에 대한 관세는 한번 부과되면 다른 EU 회원국으로 옮겨갈 경우 면제다.

중국 기업의 법인 설립과 등기 이전이 가장 활발한 곳은 싱가포르다. 온라인 패스트 패션 기업 쉬인은 2012년 중국 난징에서 시작됐지만 2021년 본사를 싱가포르로 이전했다. 중국에 기반을 둔 미국 증시 상장 기술기업인 조이도 2021년 싱가포르에 법인을 설립한 뒤 글로벌 기업이 됐다. 이것을 두고 언론에서는 '싱가포르 세탁'이라고 한다.

이를 두고 김선재 제주대 조교수는 성균중국연구원 연례 국제학술회의에서 "싱가포르와 베트남은 중국과의 관계에서 경제적 실리는 취하되 안보적 종속은 거부하는 정교한 '헤징 전략'을 구사하고 있다"고 소개했다. 이들 국가는 경제적으로는 일대일로 등을 적극적으로 활용한다. 그러나 안보적으로는 중국의 영향력 확대에 신중한 태도를 유지한다. 한국도 참고해야 할 대목이다.

기술 빼앗는
중국의 '바둑 전략'

중국 내륙 도시 허난(河南)성 정저우(鄭州). '개혁개방 이후의 경제 성장에서 소외돼 낙후됐다'는 지적을 받는 도시다. 이 오명을 일거에 뒤집은 게 바로 시내에 자리 잡은 '아이폰 시티'다. 전 세계에서 팔리는 애플 아이폰의 절반 이상이 생산되는 곳. 축구장 약 780개 규모의 넓이(5.6km²)에 25만~30만 명의 직원이 일하고 있다. 그곳에서 일하고, 자고, 먹고, 쇼핑하고, 자녀 교육까지 해결한다.

공장 주변에는 디스플레이·카메라·배터리 등 200개 부품 회사가 포진해 있다. 아이폰 시티는 그 자체가 보세구이기도 하다. 해외 부품은 무관세로 들어와 창고에 쌓인다. 모든 부품은 전화 1통이면 1시간 안에 배송받을 수 있는 시스템을 갖췄다. 완벽한 공급망 덕택에 2024년 한 해 이곳에서 생산된 아이폰이 1억2000만 대를 넘는다. 정밀도가 높은 고급 사양 모델의 경우 전 세계 판매량의 80%가 이곳에서 생산된다. 애플로서는 고맙고, 소중한 존재다.

이곳에 공장이 들어선 것은 2010년이었다. 당시 정저우 시(市)정부는 6억 달러(약 8835억 원)를 들여 공장을 지어주었다. 아이폰 제조회사인 대만 폭스콘에 운영자금 2억5000만 달러(약 3681억 원)를 빌려주기도 했다. 파격적인 지원에 힘입어 거친 옥수수밭은 착공 1년여 만에 첨단 공장으로 바뀌었다.

그다음부터는 애플 몫이었다. 최근 국내에서도 출판된 책 『애플 인 차이나』는 애플이 아이폰 시티를 조성하는 과정을 이렇게 설명한다.

당시만 해도 중국의 스마트폰 제조 기술은 전무하다시피했다. 애플이 사실상 모두 가르쳐주었다. 필요 설비를 깔아주고, 직원들에게 설비 작동에 필요한 지식을 교육했다. 없는 부품은 해외에서 조달해

폭스콘의 정저우 공장에서 일하는 중국 근로자들. 사진_중앙포토

왔다. 아예 '우리가 100% 사줄 테니 정저우로 공장을 옮겨라'며 외국 기업을 설득하기도 했다. '아이폰 시티'는 그렇게 조성됐다.

애플은 정저우 이외에도 선전(深圳) · 타이위안(太原) · 청두(成都) · 쿤산(崑山) · 옌타이(烟台) 등에서 아이폰 등 디지털 기기를 생산한다. 중국 전역에 스마트 디지털 생태계가 형성되고 있다는 얘기다. 기술도 주고, 공급망도 만들어준다. '애플이 중국에 ICT 생태계 형성의 가장 큰 공헌자'라는 말은 그래서 나온다.

앞서 살펴본 BYD나 창청자동차 사례가 중국 기업의 해외 진출이라면, 애플의 사례는 외국 기업의 중국 진출 사례다. 브라질이 중국 기업을 극진히 모셔왔듯, 애플의 경우는 중국이 미국 기업을 극진히 모셔와 아이폰 시티를 건설한 사례다. 둘 모두, 해외 기업과 중국이 어떤 방식으로든 운명공동체가 된 사례라고 할 만하다.

애플은 생산 다각화를 한다고 하지만, 여전히 아이폰의 90%는 중국에서 생산된다. 공급망을 절대적으로 중국에 의존한다는 얘기다. 관계가 좋을 때, 서로 의존도가 높다는 건 협력의 공간이 넓다는 걸 뜻한다. 그러나 관계가 안 좋아진다면? 그 의존성은 상대를 위협하는 비수가 될 수도 있다.

결국 일은 터졌다. 코로나19가 기승을 부리던 2022년 11월, 정저우의 '아이폰 시티'에서 괴담이 흘러나오기 시작했다. 감염으로 직원들이 죽어 나간다는 루머가 돌았다. 직원들은 동요했다. 폐쇄된 공간에는 공포가 감돌았다. 이곳에서 탈출해야 한다는 생각만으로 직원들은 바리케이드를 넘었고, 담장을 허물었다. 폭동이 시작된 것이다.

애플은 다급했다. 세계에서 몰려오는 수요(당시 아이폰14)를 맞추기 위해선 공장 라인을 멈출 수 없었다. 경찰의 지원을 받아 가까스로 조업을 이어갔다. 그런데도 정저우 공장의 생산 차질은 한 달여 동안 지속됐다. 2022년 4분기 매출은 2021년 같은 기간보다 13.3% 줄었다. 애플 분규 소식이 나올 때마다 주가는 하루 2~3%씩 빠지기도 했다. 정저우의 폭동이 뉴욕 증시에 영향을 미치는 현상, 이른바 '나비 효과'다.

이 사건은 생산을 한 나라에 의존하는 것이 얼마나 위험한 것인지를 적나라하게 보여주었다. 애플의 취약한 공급망이 고스란히 드러난 것이다. 미국 언론에서 '애플이 중국 함정에 빠졌다'는 얘기가 나오기도 했다.

역풍은 정치에서도 불었다. 시진핑 체제 등장 이후 중국 정치는 공산당 권위주의 성향이 짙어졌다. 국제 협력 분위기는 퇴조했고, 중국몽(中國夢)의 기치 아래 민족주의가 득세하기 시작했다. 민영기업·외국기업에 대한 당의 통제도 강화됐다. 알리바바 마윈은 당의 역린을 건드렸다가 쫓겨나야 했다.

시진핑 주석은 기업에 '국가의 이익에 복무해야 한다'는 존재 이유를 하나 더 달았다. 애플도 예외가 아니었다. 중국의 이익에 부합해야 한다는 압력을 받게 된다. 뉴욕타임스(NYT) 앱 삭제 사건은 그중 하나다.

중국 당국은 2016년 아이폰 앱스토어에서 NYT 앱을 삭제하라고 요구했다. NYT가 껄끄러운 내용을 보도하기 때문이다. 말도 안 되는 압력이었지만, 애플은 어쩔 수 없었다. 중국 비즈니스를 지키기 위해서는 받아들여야 했다. 한 번 들어주면 요구는 더 커진다. 이번에는 중국 앱스토어에서 모든 VPN 앱을 삭제하라고 강요했다. 유저들이 VPN을 통해 NYT를 볼 수 있다는 이유였다. 역시 어쩔 수 없었다. 애플은 674개의 VPN을 한꺼번에 삭제했다.

중국은 애플의 데이터센터 설립을 요구했다. 거부할 수 없었다. 결국 구이저우(貴州)에 데이터센터를 지었다. 중국에 코 꿴 꼴이다. 중국에 '아부'도 해야 했다. 2016년 애플은 향후 5년 동안 중국에 2750억 달러(약 405조 원)를 투자하겠다고 약속했다. 심지어 '중국제조 2025'를 열심히 지원하겠다는 말도 했다.

애플이 중국과의 디커플링을 전혀 시도하지 않은 건 아니다. 폭스콘은 2016년 인도에서 제품을 생산하기 시작했다. 그러나 한계가 있었다. 인도 공장은 많은 경우 부품을 중국으로부터 가져와야 했다. "인도산 아이폰은 사실상 중국에서 조립돼 분해된 후 인도로 보내져 다시 조립되는 꼴"(『애플 인 차이나』)이라는 조롱 섞인 말이 돌기도 했다.

인도에도 중국과 비슷한 생태계를 구축하겠다는 것이 애플의 꿈이다. 그러나 인도는 중국과 달랐다. 정부의 지원도 없었고, 완결된 공급망도 존재하지 않았다. 2016년 설립 후 2023년까지 7년 동안 인도 공장 생산 능력은 1500만 대로 늘었다. 이는 중국의 초기 생산 7년(2006~2013년)치의 10%에 불과했다.

중국은 있으나, 인도에는 없는 3가지

애플이 인도를 고려해본 데는 이유가 있었다. 우선 인건비가 무진장 쌌다. 인도 노동자의 월 평균 임금은 230달러로 중국(약 1175달러)의 5분의 1 수준이다. 폭스콘의 경우에도 인도 공장 인건비는 중국 공장의 3분의 1 수준이다. 인도 인구는 이미 중국을 추월했다. 중산층도 두껍다. 지정학적 리스크도 낮다. 인도에서 생산해서, 인도에 팔고, 또 제3국으로 수출하면 된다. 애플이 중국 대안으로 인도를 고른 이유다.

이론적으로 맞다. 그러나 현실은 달랐다. 중국에는 있는데, 인도에는 없는 것이 3가지 있었다.

첫째, 국가다. 중국은 국가가 나서 애플을 도왔다. 애플의 노동자 착취는 엄밀히 말하면 중국 정부가 묵인 또는 방조한 결과다. '중국은 탄압하고, 애플은 돈 버는 구조'였다. 그러나 인도는 강력한 중앙 권력이 없었다. 공장을 지을 때 중국에서는 지방정부가 팔 걷어붙이고 나서 도와주는데, 인도 지방정부는 오히려 방해한다. 공사가 제대로 될 리 없다.

둘째, 생태계다. 애플은 2000년대 초부터 꾸준히 중국에 아이폰 생태계를 구축해왔다. 설비를 깔아주고, 기술을 가르쳐주고, 세계 주요 부품 업체를 중국 공장 주변으로 모았다. 이제는 중국 기업이 생태계의 중심을 차지하고 있다. 서로 간에 경쟁으로 혁신이 일어나고, 공급망은 탄탄해졌다.

그러나 인도는 생태계라는 것이 없다. 소재-부품-완성차로 이어지는 공급망 중간중간 구멍이 생겼다. 애플은 어쩔 수 없이 중국에서 부품을 가져와야 한다. 중국 부품을 인도로 가져와 조립하는 꼴이다. 부품 업체 간 경쟁이 없으니 혁신은 기대하기 힘들다.

셋째, 숙련된 노동자다. 필요하다면 로봇의 힘을 빌릴 수도 있다. 아이폰 생산을 위해서는 하루 10시간 조립라인에 앉아 일할 수 있는 노동자가 필요하다. 인도 노동자는 고분고분하지 않다. 근면하지도 않다. 게다가 노조의 힘도 강력하다. 공장 자동화율은 중국이 오히려 인도보다 뛰어나다. 세계 절반 이상의 로봇이 중국 공장에서 일하고 있다. 그러나 인도 공장은 여전히 사람의 손에 의존해야 한다. 전반적인 노동 생산성이 낮고, 로봇 기술 수준도 낮으니 업무 효율이 떨어질 수밖에 없다.

브라질에서도 생산을 시도해봤다. 부품 공급 거리만 더 멀어졌을 뿐이다. 미국에서도 마찬가지였다. 중국에서 부품을 가져와야 생산이 가능했다. 중국 이외의 나라에서 생산하는 건 그만큼 어려운 일이었다. 팀 쿡 CEO는 '결국 중국'이라는 냉혹한 현실에 직면해야 했다. 그가 중국에 가서 젊은 소비자들과 스킨십을 늘리고, 공무원들과 만나 투자 MOU를 남발하는 이유다.

그러나 상황은 낙관적이지 않다. 보다 근본적인 위협이 애플을 옥죄어오고 있기 때문이다. 바로 중국 로컬 스마트폰의 추격이다.

중국 로컬의 추격

추격자는 많다. 샤오미, 오포, 비보. 폭스콘에서 기술을 배운 엔지니어와 종업원들은 시간이 지나면서 중국 로컬 회사로 퍼져 나갔고, 이들은 애플을 위협하는 호랑이로 컸다. 여러 경쟁자 중에서도 가장 무서운 존재는 화웨이다. 화웨이는 싸구려 가성비 영역이 아닌, 애플의 아성인 고급시장을 공략하고 있기 때문이다.

애플이 '아이폰X(10)' 시리즈의 플래그십 고급형 모델인 XS와 보급형 모델 XR 판매에 나선 건 2018년이었다. 바로 그때 화웨이는 '메이트20' 시리즈를 내놓았다. 이 시리즈의 최고급 모델인 '메이트20 프로'는 XS에 필적할 만한 사양을 갖추고 있었다. 오히려 더 낫다는 시장 평가도 나왔다. 그러나 화웨이는 '메이트20 프로'의 가격을 아이폰의 보급형 모델인 XR에 맞췄다. 같은 사양의 제품을 더 싼 가격에 내놓은 것이다.

결과는 뻔했다. 화웨이의 시장점유율은 2019년 상반기 20%에서 하반기에는 27%로, 2020년 초에는 29%로 뛰어올랐다. 프리미엄급 시장(600~800달러)에서 화웨이 점유율은 2018년 초 10% 남짓에서 1년 만에 48%로 급등했다. 아이폰 점유율은 82%에서 37%로 내려앉아야 했다. 시장을 고스란히 화웨이에 내준 셈이다.

애플을 구한 것은 트럼프다. 2019년 5월부터 시작된 트럼프 행정부의 규제로 화웨이는 반도체 등 부품 조달에 애를 먹었고, 애플은 그 틈을 타 시장을 회복할 수 있었다. 그러나 오래가지 못했다. 반도체 자체 공급망을 확보한 화웨이가 2023년 8월 다시 고급형 스마트폰(메이트 60 프로)을 내놓으면서 애플은 또다시 쫓기는 처지가 됐다.

돌아온 화웨이는 더 강해졌다. 대만 TSMC가 아닌 상하이의 SMIC 공장으로부터 7나노 반도체를 공급받을 수 있었다. 미국 제재를 뚫고 자체 스마트폰을 생산했다는 얘기다. 이는 '애플, 너의 시간도 얼마 남지 않았어'라는 말과 같다.

중국 정부는 2023년 9월 '공무원들은 출근할 때 아이폰은 갖고 오지 마'라는 지시를 내렸다. 애플을 쓰지 말라는 것과 다르지 않다. 중국이 국가 차원에서 애플 견제에 들어갔다는 얘기도 된다. '공무원 아이폰 사용 금지'는 툭 던진 잽이다. '애플 제국'을 흔들 핵 펀치는 여전히 감춰두고 있다. 언제 그 펀치를 날릴지, 그건 '판별자' 중국만이 알고 있다. 책『애플 인 차이나』는 이를 두고 '애플이 중국에 포획됐다'고 썼다.

중국에 사로잡힌 테슬라

중국에 포획된 또 다른 첨단기술 회사가 바로 테슬라다. 테슬라는 지금 세계 생산의 절반 이상을 상하이 기가팩토리에 의존하고 있다. 이곳 제품은 중국뿐만 아니라 유럽·아시아·호주 등으로 수출된다. 중국이 맘먹고 상하이 공장을 멈춰 세운다면 글로벌 공급망은 절단 날 판이다. '애플 포획' 논리는 테슬라에도 그대로 적용된다.

우선 지방정부가 화끈하게 밀어주었다. 테슬라가 상하이에 전기차 공장인 '기가 팩토리'를 설립한 것은 2019년이다. 당시 상하이 시정부는 기가 팩토리 유치를 위해 자동차 업계의 외국인 합작 비율 50:50을 깨고, 100% 독자 기업을 허용해주었다. 테슬라를 통해 상하이에 선진 전기차 생태계를 구축하겠다는 논리로 중앙정부를 설득했다. 당시 상하이 당서기가 바로 지금 총리 리창(李强)이다. 물론 이 모든 건 테슬라의 기술이 있었기에 가능했던 얘기다.

테슬라가 공장 기공식을 가진 건 그해 1월이었다. 착공 10개월 만에 공장 건설을 마치고, 그해 12월 30일 생산을 시작했다. 꼭 1년 만에 첨단 공장 하나를 뚝딱 만든 셈이다. 상하이 시정부의 지원이 있었기에 가능했던 얘기다. 일론 머스크는 '차이나 스피드'에 감동했다.

상하이 기가 팩토리는 연 110만 대의 설비를 갖추고 있다. 95% 이상의 자동화율을 가진 것으로 알려진다. 30초당 한 대를 생산할 만큼 효율적이다. 전 세계 판매량의 절반 이상을 상하이 공장에서 만들 수 있는 이유다. 애플만큼은 아니라지만 테슬라 역시 지나치게 높게 공급망을 중국에 의존하고 있다.

테슬라 역시 탈(脫)중국을 꿈꾼다. 테슬라는 2022년 3월 독일 베를린에 공장(기가 베를린)을 짓고 유럽 시장에 차를 공급하기 시작했다. 연산 40만 대 규모. 그러나 기가 상하이에 비하면 모든 분야에서 열세다. 공장 짓는 데만 2년 반 걸렸다. 이웃 주민의 반발로 공장 확장도 막힌 상황이다. 물 부족도 심하다. 중국이라면 상하이 시정부가 무슨 수를 써서라도 해결해 줬을 일이다.

원래 테슬라는 멕시코 몬테레이에 기가 멕시코를 짓고 차세대 저가 모델을 생산할 계획이었다. 그러나 공장 건설은 2024년 7월 이후 중단 상태다. 그러니 테슬라도 중국을 포기할 수 없다. 중국에 몸을 굽혀야 한다. 테슬라는 자율주행 데이터를 공유해 달라는 중국 측 요구를 들어줘야 했다. 애플의 팀 쿡이 그렇듯, 필요하면 아부도 해야 한다. 일론 머스크가 기회가 있을 때마다 친(親)중국 발언을 하는 이유다.

더 심각한 것은 로컬 기업의 추격이다. BYD · 샤오펑 등 중국 전기차가 약진하면서 테슬라의 시장 입지는 흔들린다. 테슬라가 중국 전기차 시장 점유율 1위 자리를 BYD에 내준 건 2022년. BYD는 2025

중국의 기술 개발 전략 흐름

	시기	주요 특징 및 성과	대외 기술/산업 협력
자력갱생	**1949~ 1978년**	대약진 운동	초기 소련 기술 흡수
		양탄일성(핵무기, 인공위성)	서방 기술 전무
가공무역	**1978~ 1990년 초**	노동력을 활용한 외자 유치 모색	나이키·아디다스·폭스콘 등 하청 공장 설립
		원자재·부품 수입 후 가공 수출	
시장-기술 교환 전략 (以市場換技術)	**1990년 중반~ 2005년**	시장을 활용한 외자 유치 전략	폭스바겐·GM·현대차 등 기술 집약형 합작 공장 설립
		외국 기업, 중국 내수시장 진출 활발	
자주창신 (自主創新)	**2006~ 2014년**	독자 기술/ 브랜드 추구	지멘스·가와사키 등 고속철 기술 흡수
		전략적 신흥 산업 육성	삼성반도체 공장 유치
중국제조 2025	**2015년 ~현재**	인터넷, 스마트 기업 육성	테슬라 기가 팩토리 설립
		하이테크 제조업 지원	반도체·AI·로봇 등 하이테크 분야 제조 생태계 형성
신(新)자력 갱생	**현재~**	신질생산력, 쌍순환 전략	엔비디아 등 반도체 수입 제한
		미국의 제재 돌파 방안 마련	화웨이·캠브리콘·SMIC 등 자국 기업 지원

자료: 외신종합

The JoongAng

년 중국 시장 점유율(하이브리드 포함) 25%를 차지하며 질주하고 있다. 테슬라는 5% 수준에서 기고 있는 모습이다.

테슬라는 BYD의 가성비에 당했다. BYD는 배터리부터 차량용 반도체까지 모든 부품을 직접 만든다. 완벽한 자체 공급망 덕분에 미친 가성비가 가능하다. 전기차에 관한 한 중국은 이제 테슬라 없이도 혼자 갈 수 있는 상황이다. 테슬라를 향한 중국의 간절한 구애는 서서히 옛 추억이 되어가고 있다. 애플이 화웨이에 당한 것과 다르지 않다.

중국 함정에 빠진 서방 기업들은 많다. 독일의 폭스바겐(VW) 그룹의 경우 전 세계 판매의 30~40%가 중국에서 나온다. 그러나 중국 로컬 전기차와의 경쟁에서 밀리면서 지금 회사 전체가 흔들릴 위기다. VW는 중국에 자동차 기술을 가르쳐준 '선생님'이지만 이제는 중국에서 배워야 할 처지다. VW는 안후이성 허페이에 7억 달러를 투자해 전기차 회사인 샤오펑과 함께 전기차 생산 프로젝트를 가동하고 있다. 독일 본토 공장은 폐쇄하면서도 중국에는 수억 달러를 투자해야 하는 상황이다.

일본 가와사키는 중국에 고속철도 기술을 전수해주고는 거의 빈손으로 나와야 했다. 미국 보잉과 유럽 에어버스는 지정학적 이익을 고려해 비행기를 주문하는 중국에 놀아날 수밖에 없는 처지다. 매년 450대를 사들이는 황금 시장을 무시할 수 없기 때문이다. 판매 공산품의 60%를 중국 수입에 의존하고 있는 월마트는 트럼프 정부를 상대로 '관세 인하 로비'라도 벌여야 할 판이다.

엔비디아는 한 때 중국 시장 덕을 톡톡히 봤지만, 그 사이 중국은 자국 AI 칩의 성능 향상에 힘입어 탈(脫)엔비디아를 꿈꾸고 있다. 화웨이 · 캠브리콘 등 자국 AI 칩 성능이 이미 엔비디아를 얼추 따라왔기 때문이다. 중국은 자국 산업에 필요한 기술이 아니면 언제든 '노(No)'라고 말한다. 판별자 중국이 '필요 없다'고 판단하는 순간, 수출길은 끊길 수 있다.

로직은 같다. 중국은 배울 기술을 가진 기업이라면 레드 카펫을 깔아놓고 투자를 유치한다. 선생님으로 모시며 치열하게 모방하고 개발한다. 서방 기업이 들어와 자국 종업원을 심하게 착취하고 있는데도 사회주의 나라 중국은 보고만 있다. 도광양회 전법이다. 힘을 기르며 기다린다. 그러다가 해당 기술의 자립화가 달성됐다고 판단되면 바로 안면몰수다. 심하면 퇴출이다. 선생님으로 모실지, 퇴출할지를 결정하는 건 판별자 중국의 몫이다.

중국은 수십 년 전부터 미국과의 기술 전쟁을 준비해왔다. 포석을 깔고, 주변을 에워싸고, 상대의 허점을 노리며 기다린다. 승리를 확신할 때 여지없이 일격을 가한다. 애플과 테슬라의 사례는 그걸 보여주고 있다. 중국은 바둑을 두듯 서방 기업을 다룬다.

대만 반도체 기업 고사시킨 중국,
다음 순서는 한국?

"젠슨 황은 중국에 무기 파는 상인(arm dealer)이다."

－스티브 배넌 전 백악관 수석전략가

"중국에 미국 인공지능(AI) 반도체를 안 팔면, 화웨이만 큰다."

－젠슨 황 엔비디아 CEO

"중국의 AI 칩 접근 차단은 미국 안보에 필수적이다."

－공화·민주당 상원의원 6인

"미국 기업이 돈 벌어 나라가 부자 되는 것이 안보의 필수다."

－젠슨 황 엔비디아 CEO

가히 '총성 없는 전쟁' 수준의 설전이다. 트럼프 정부 출범 이후 미국 정가와 기술 업계는 '대중(對中) 반도체 제재의 효과'를 놓고 격렬

한 논쟁을 벌였다.

결론은 젠슨 황의 승리. 2025년 12월 트럼프 대통령은 엔비디아 AI 가속용 그래픽처리장치(GPU)의 중국 수출을 허용한다고 밝혔다. 2025년 4월 트럼프 정부는 엔비디아 저사양 칩(H20)의 중국 수출마저 막았는데, 이번 결정으로 오히려 더 고성능 칩(H200)을 중국에 팔 수 있게 됐다. 다만 미국 정부의 보안 심사와 중국 당국의 '사용 금지' 조치를 넘어서야 한다.

그런데, AI 칩 수출을 놓고 격렬하게 대립하는 양쪽 진영의 의견이 일치하는 지점이 있다. 바로 '화웨이는 위험하다'는 인식이다. 쟁점을 요약하면 이렇다.

'미국은 괜히 중국을 제재해 중국의 '자립 본능'만 키웠나? 아니면 그간 수출을 막았기에 기술 격차가 이만큼이라도 유지된 것일까?'

미국이 중국의 첨단 AI 칩에 대한 수출 통제를 강화한 것은 'AI는 첨단 국방 능력을 높이며, 국가 안보와 직결된다'는 인식에서 시작했다. 대표적인 인사는 전 구글 회장이었던 에릭 슈밋. 그는 "AI 혁명은 저평가되어 있으며, 자유 진영의 대표인 미국은 AI 경쟁에서 중국에 이겨야만 한다"고 주장한다.

AI의 발전 속도를 늦추려면 어떻게 해야 할까? AI를 훈련·구동하는 근원인 '컴퓨팅'을 제재해야 한다. 공부를 못 하게 하려면 사람을 체포할 것까지는 없고, 그 방의 전깃불을 끄면 되는 이치다.

미국은 중국의 군사·정보기관이 첨단 컴퓨팅 능력을 확보하지 못하도록, 중국에 고성능 AI 칩 판매를 제한하기 시작했다. 미국의 동맹국인 네덜란드·일본·한국에 '첨단 반도체 장비와 고대역폭메모

반도체 분야별 주요 중국 기업

	기술 노드	주요기업	특징
파운드리	7nm	SMIC, 화훙	• 국가적 지원통해 반도체 제조능력 향상 • 노광장비 제약으로 인해 성능 개선 및 양산 수율개선 한계
설계	세계선두 수준	화웨이, 캠브리콘, 엔플레임, 바이두 등	AI인프라 미국의존도 축소 및 자립추진
EDA (반도체 칩설계 자동화)	14nm 이상	화웨이	핀펫, GAAFET* 설계 및 검증불가
메모리	16nm	CXMT, YMTC	단기간 내 고성장, HBM(고대역폭메모리) 국산화추진
장비	14nm 이하	나우라, AMEC, ACMR 등	전 공정별로 대표기업 육성, 노광장비 자체개발 노력
재료	분야별 상이	NSIG, 야커, 징루이 등	저부가 영역중심

*는 게이트가 채널의 4면을 둘러싸 전류 제어를 강화하는 구조. 핀펫보다 성능·전력 효율 개선

대외경제정책연구원 자료 참고

The JoongAng

리(HBM)를 중국에 팔지 말라'고 했다. '핵심 병목(Choke Points)' 봉쇄 전략이다.

'제재의 딜레마'는 여기서 시작한다. 중국은 화웨이를 중심으로 칩 설계 자립, SMIC를 중심으로 칩 제조 자립, 나우라·AMEC를 중심으로 첨단 장비 자립에 나섰다.

젠슨 황 CEO는 "미국 제재가 화웨이의 기술 고도화를 부추겼다"고 주장한다. 미국이 가만 놔뒀으면 중국이 편리한 엔비디아 칩에 안주했을 텐데, 제재하는 바람에 혁신하게 됐다는 것이다. 'AI 경쟁력'을 낮추려고 그 핵심 도구인 'AI 반도체'를 막았더니, 도구 만드는 실력까지 늘게 됐다는 것.

'성능 부족한' 화웨이 칩의 '인해전술'

"미국이 화웨이의 성과를 과장한다. 화웨이 어센드 칩 성능은 미국보다 한 세대 뒤처져 있다."─런정페이 화웨이 회장, 2025년 6월 중국 매체 인터뷰

어센드는 엔비디아 GPU에 도전하는 화웨이의 AI 가속기다. 젠슨 황도 '무섭다, 대단하다'는 화웨이 칩의 성능을, 정작 회장이 한발 물러서 평가를 낮춘 셈이다.

화웨이 어센드 칩이 중국 내에 본격 보급되기 시작한 것은 미국의 AI 칩 수출 제재가 강화된 2024년 무렵이다. 중국 AI 기업 딥시크는 어센드 최신 모델(910C)을 써보니, AI 훈련용으로는 적합하지 않으나 AI 추론에서는 엔비디아 H100(2022년 출시) 대비 60% 정도 수준의 성

능을 낸다고 봤다. '2년 전 엔비디아 칩의 60% 수준, 특정 용도에서만' 정도로 평가한 것이다.

그러나 런정페이 회장의 또 다른 설명에도 주목할 필요가 있다.

"우리는 집단 연산으로 단일 칩을 보완해 실용적인 수준에 도달할 수 있다."

이 발언이 있고 나서 한 달 뒤인 2025년 7월, 화웨이는 클라우드매트릭스384(CM384) 실물을 세계 인공지능 콘퍼런스(WAIC) 2025에서 공개했다.

CM384는 어센드 910C 칩 384개와 CPU 192개를 통합한 대형 AI 시스템이다. 즉시 비교 대상이 된 제품은 엔비디아 NVL72다. 엔비디아 제품은 블랙웰 GPU 72개와 CPU 36개를 연결했다. 화웨이가 공개한 사양에 따르면 CM384의 연산 성능은 NVL72의 2배에 가까우며, 총 메모리 용량은 3.6배, 대역폭은 2.1배에 달한다. AI 칩을 엔비디아보다 5배 이상 연결한 결과다.

하지만 화웨이 CM384에는 치명적 약점이 있다. '전기 먹는 하마' 수준이라는 것. 반도체 컨설팅업체 세미아날러시스는 "CM384는 엔비디아 NVL72보다 4.1배 전력을 소모하며, 연산 1회당 전력 효율은 2.5배 열세다"라고 분석했다. 이것으로 AI를 구동했다가는, 곧바로 전기료 폭탄으로 파산할 터다.

그러나 화웨이는 중국 기업이다. 중국은 서방보다 에너지 비용이 저렴하고, 막대한 국가 보조금이 있다. 연비가 심하게 나쁜 스포츠카도, 기름값이 0에 수렴하는 산유국에서라면 출퇴근 차량으로 적합할 수 있다. 게다가 중국 정부가 마음먹고 밀어주는 화웨이 제품이라면, 전기료 폭탄은 문제가 아닐 수 있다.

"트럼프 정부가 H200 수출을 허용한 것은, 화웨이 CM384 때문이다."

미국 정부가 엔비디아 H200의 중국 수출을 허용한 다음 날, 블룸버그는 이렇게 보도했다. "화웨이 CM384 성능을 분석한 트럼프 행정부가, 중국의 기술 추격 속도가 이렇게 빠르다면 수출 통제의 실익이 없다고 판단했다"는 것이다.

'무딘 칼로 김밥 써는' SMIC, 그래도 썬다

이제 미국을 비롯한 전 세계는 중국 파운드리 SMIC에 주목한다. 반도체 설계 능력과 제조 능력은 별개이며, 화웨이가 아무리 설계를 잘해도 대량 공급은 결국 파운드리 역량에 달렸기 때문이다.

엔비디아 칩의 제조 짝꿍이 TSMC라면, 화웨이 칩의 짝꿍은 SMIC다. 과거에는 TSMC였으나, 미국의 제재로 2020년 TSMC는 화웨이와 공식 거래를 끊었다.

화웨이·SMIC의 고민은 네덜란드 ASML이 중국에 극자외선(EUV) 노광장비를 팔지 않는다는 것. 미세 회로를 새기는 데 필수 장비인 EUV 없이 첨단 칩을 만들자니 수율이 낮다. 미국 워싱턴 싱크탱크 등은 SMIC의 어센드 수율을 20~30%로 추정한다. 무딘 칼로 김밥을 썰다 보니 죄다 터져서, 5줄 썰어야 손님에게 팔 1줄이 나온다는 것이다.

칩을 괜찮게 설계했고(어센드 910C), 괜찮게 이어 붙였는데(CM384),

중국 우시에서 열린 중국 최대 반도체 장비전시회 '제13회 반도체설비 연례회의' 사이캐리어 부스. 사진_심서현 기자

정작 칩을 많이 만들어낼 수 없으니 속이 탄다. 화웨이에서 분사한 사이캐리어(SiCarrier)는 물론, 중국의 굵직한 반도체 장비업체들이 죄다 'EUV 자립'에 도전하는 이유다.

크리스토퍼 푸케 ASML CEO는 한 인터뷰에서 "EUV 수출 금지 때문에 중국 반도체 기술은 서방보다 10~15년 뒤처질 것"이라고 단언했다.

그러나 반론은 있다. 이번에도 젠슨 황 엔비디아 CEO다. 그는 "중국이 AI 반도체를 제조할 수 없다는 건 말도 안 되는 소리다. 중국이 할 수 있는 단 한 가지가 있다면 그게 바로 제조"라고 이야기했다.

중국 SMIC가 화웨이의 첨단 칩을 낮은 수율로나마 지속적으로 생산한다면, 수율은 나아질 수 있다는 것이다. 게다가 '996'(오전 9시부터 오후 9시까지, 6일 출근)의 나라요, '제조'라면 누구에게도 뒤지지 않는 중국이다.

딥시크와 화웨이, 정말 '한마음'일까?

중국 정부는 '제재로 인한 결핍'을 메우려고 초강수를 썼다. 대만 국가과학위원회 산하 싱크탱크인 과학기술·민주주의·사회연구센터(DSET)는 이를 '유사 IDM(Pseudo-IDM) 전략'이라고 분석했다. IDM은 설계와 제조를 모두 하는 종합반도체 기업으로, 삼성전자와 인텔 등이 있다. 중국은 국가가 나서서 반도체 설계·제조·후공정 기업을 모두 주관하며 IDM 역할을 한다는 것이다.

방식은 '국가 챔피언 기업'을 지정해 보조금을 줘가며 키우는 것. 이때부터 기업의 성패는 시장 경쟁이 아닌 정치적 선택에 의해 결정된다. 중국의 반도체 챔피언은 물론 화웨이다. 중국 당국은 엔비디아 H20이 중국에 수출되던 시기에도, 자국 공기업에 '엔비디아 칩 쓰지 말고 화웨이 칩을 쓰라'고 권고했다. 화웨이를 주축으로 한 중국 자체 AI 생태계 구축을 위해서다.

그러나 시장 왜곡은 너무도 당연히, 비효율과 불만을 낳기 마련이다.

"중국 AI 스타트업과 이야기해 보면, 다들 성능 좋고 사용하기 쉬운 미국 엔비디아·AMD를 쓰고 싶어합니다. 수출 제재와 정부 눈치 때문에 화웨이 칩을 써야 해서 불만이 많죠." -국내 AI 개발사 임원

"엔비디아 소프트웨어 CUDA 생태계를 대체하겠다며 화웨이는 CANN을 자체 개발하고 있지만, CANN의 부족한 성능과 낮은 호환

성 때문에 AI 개발자들이 사용을 꺼린다."

—독일 메르카토르 중국연구소, 2025년 7월 보고서

딥시크, 문샷 같은 중국 AI 모델 개발사들의 실력은 세계적으로 주목받고 있다. 이들은 AI 개발에 엔비디아 GPU를 쓰고 싶은데 수출 제재와 정부 눈치에 속이 탄다. 당장 최상의 AI 칩을 사용해 오픈 AI · 구글에 맞서야 하는데, 아직 성능이 부족한 화웨이 칩을 쓰는 것이 불만이라는 얘기다.

알리바바, 텐센트, 바이트댄스 같은 중국 AI · 인터넷 업체도 마찬가지다. 로이터통신에 따르면, 중국 당국은 이들 기업 대표를 불러 'H200 구매 허용 여부'를 논의했다. 이들이 이미 엔비디아에 구매 요청을 넣었다는 보도도 나온다.

중국의 '반도체 대표' 화웨이를 위해서라면 엔비디아 칩의 수입을 막아야겠지만, 딥시크 · 알리바바 등 AI 기업을 위해서라면 일부 허용할 가능성도 있다. 'AI 경쟁력'과 'AI 반도체 경쟁력'을 둘러싼 고민이 중국 내부에서도 벌어지는 셈이다.

그래서 한국은?

질문은 다시 한국으로 돌아온다. 중국의 AI 반도체 · 인프라 자립 노력에서 AI 메모리를 빼놓을 수 없기 때문이다.

블룸버그와 번스타인 등은 중국의 2025년 AI 칩 생산량이 미국 생산량의 1~4%, 2026년에는 1~2%에 불과하다고 추정하면서, "중국 내 첨단 파운드리 및 HBM 생산 능력이 극히 제한돼 있기 때문"이라고 분석했다. 첨단 파운드리의 EUV와 HBM을 미치도록 갖고 싶은 중국. 그 마음은 절실할 터.

현재 한국은 전 세계 HBM 시장의 79%를 점유하며(카운터포인트리서치) 압도적인 우위다. 그러나 중국 CXMT는 2026년까지 HBM3(4세대)를, 2027년에는 HBM3E(6세대)를 대량 양산해 한국과의 격차를 4년에서 3년으로 좁힌다는 목표가 있다. CXMT는 이를 위해 2026년 초 기업공개(IPO)로 자금을 조달할 계획이다.

중국은 대만 반도체를 어떻게 위협했나

한국은 DSET가 분석한 '중국의 대만 반도체 기업 고사(枯死) 사례'에 주목할 필요가 있다. 한국에 시사하는 바가 크기 때문이다. 중국의 방식은 아래와 같다.

첫째, 지방정부가 막대한 보조금을 지급해 챔피언 기업을 유치한다.

둘째, 외국 기업과 합작해 부족한 기술을 채운다.

셋째, 대규모 정부 자금을 투입해 생산 능력을 급격히 늘린다.

넷째, 보조금을 등에 업은 가격 덤핑으로 해외 경쟁사를 몰아낸다.

다섯째, 인접한 산업으로 목표를 옮긴다.

이 전략에 따라 중국 안후이성 허페이시 정부는 이렇게 움직였다.

① 2007년 연간 예산의 3분의 1을 투입해 디스플레이 패널 기업 BOE를 관내 유치했다.

② 디스플레이 구동칩(DDIC) 생산을 위해 2015년 대만 PSMC와 기술 제휴해 '넥스칩'을 설립했다.

③ 넥스칩은 정부 보조금에 힘입어 생산 증대와 저가 경쟁에 나섰다.

④ 2024년 PSMC는 넥스칩에 밀려 중국 DDIC 시장 철수를 발표한다.

안후이성 허페이시가 디스플레이 다음으로 착수한 산업은 바로 메모리 반도체. 2016년 설립한 CXMT다.

대만 DSET는 경고했다. "대만이 처음 당했다. 그리고 앞으로 중국 반도체 전략은 미국 진영 반도체 공급망을 위협할 것이다."

DSET는 '중국 외 반도체 국가'들이 어떻게 대응해야 할지도 적었다. ▶자국 반도체 스타트업이 충분한 자금을 확보하도록 투자 여건을 조성하고 ▶필수 소재·장비의 대중(對中) 수출 제재가 강화되도록 국제적으로 협력하며 ▶미국의 제조 생태계 복원 노력의 핵심 파트너로 자리매김하라는 것이다. 한국이 염두에 둬야 할 포인트다.

한국 반도체 위협하는 치명적 존재, CXMT 주이밍은 누구?

중국 CXMT야말로 우리 반도체 회사를 위협하는, 한국의 밥그릇을 빼앗으려 호시탐탐 노리는 '치명적 존재'다. CXMT의 회장, 주이밍(朱一明)은 누구인가.

2021년 4월 중국 칭화대에 '기가 디바이스 기초과학 육성기금(兆易創新基礎科學建設基金)'이라는 이름의 장학재단이 설립됐다. 기초과학

주이밍. 사진_칭화대 홈페이지

분야 연구를 위한 자금 지원 프로젝트다. 설립자는 이 학교 물리학과 출신 주이밍. 세계 수준의 플래시 메모리 설계회사인 '기가 디바이스 (兆易創新)' 회장이다.

그런데 특이한 게 하나 있다. 주 회장은 기가 디바이스뿐만 아니라 CXMT의 회장 자리도 겸직하고 있다. 두 회사를 꽉 잡고 있는 셈이다.

두 회사는 어떤 관계일까. 그 둘의 관계에 CXMT의 탄생 비밀이 숨겨져 있다. 칭화대 물리학과를 졸업한 주이밍은 미국으로 유학을 가 뉴욕주립대에서 박사학위를 받았다. 공부를 마치고 잠시 미국에서 직장 생활을 하던 그는 2005년 귀국, 베이징에서 기가 디바이스를 창업한다.

그게 시작이었다. 주이밍은 학교에서 배운 과학기술 지식, 미국에서의 회사 경험 등을 바탕으로 플래시 메모리 설계에 도전했다. 반도체 불모지 중국에 메모리 산업을 차분하게 일궈갔다. 경영에서도 탁월했다. 2016년 창업 10여 년 만에 상하이 증시 IPO에 성공하기도 했다. 중국 부호 리스트 50에 오르기도 했다.

여기서 끝이 아니었다. 상장으로 돈을 마련한 주 회장은 끊임없이 D램 시장 진출을 노렸다. 그 무렵 발표된 것이 '중국 제조 2025'였다. 반도체 분야에 대한 대대적인 국가 지원이 시작됐다. 주 회장의 D램 열망과 중국 정부의 반도체 자립 의지는 안후이성 허페이시에서 만난다. 앞 챕터의 허페이 모델을 떠올려보시라.

'돈은 우리가 댈 테니, 당신은 기술을 가져와라.'

허페이시 정부의 제안이었다. 그 결과물이 2016년 설립된 CXMT였다. 180억 위안(약 3조6000억 원)의 설립 자금 중 75%는 허페이가, 나머지는 기가 디바이스가 냈다. 주이밍은 지금도 CXMT 지분 25% 안팎을 실질적으로 소유하고 있는 것으로 알려지고 있다.

이들은 단순 지분투자에 그치지 않았다. 기가 디바이스는 설계한 칩 제조를 CXMT에 맡긴다. 플래시 메모리에서 시작한 사업은 D램으로, 이제는 HBM에 도전하고 있다.

중국 안후이성 허페이시에 있는 CXMT 공장. 사진_CXMT 홈페이지

CXMT는 겉으로 민간기업처럼 운영되고 있다. 주이밍이 이사회 회장을 맡으면서 기업의 실권자로 활동하고 있다. 그러나 실제는 다르다. 사실상 국유회사라고 보는 것이 맞다.

당초 시작할 때 75% 지분을 투자했던 '허페이(合肥)산업투자'라는 회사는 허페이시 정부 산하 국유기업이다. 이 회사가 갖고 있는 CXMT의 75% 지분은 6차례의 증자 과정을 통해 대부분 다른 국유 펀드에 팔렸다. 중국이 반도체 산업 육성을 위해 조성한 '빅펀드' 역시 2기 때 CXMT에 들어왔다. 민간기업으로는 알리바바, 텅쉰, 샤오미 등이 안정적인 칩 공급을 위해 각각 소량의 지분을 들고 있다. 겉으로는 민간이 회사를 지배하는 듯하지만, 실제는 국가가 통제하고 있다.

이 사례는 중국 국가자본주의 생성 원리를 보여준다. 국가가 국유기업 또는 국유 펀드를 통해 시장 플레이어로 활동한다. 겉으로는 민영기업처럼 활동하지만 속을 보면 국유기업인 경우가 많다. 특히 미래 산업 쪽 기업일수록 더 그렇다. 국가는 최소한 지분으로 민영기업 경영에 개입하기도 한다. 국가는 심판이 아닌 선수다. 이렇듯 중국은 한국 메모리 반도체 기술을 따라잡기 위해 정부와 민간이 뭉쳐 달려들고 있다. 한국 반도체 업계에 'CXMT 경계경보'가 울리고 있다.

대만,
"중국 혁신 걱정 안 한다면 거짓말"

대만에게 반도체란 무엇일까. 한국에도 반도체가 중요하지만, 대만의 반도체는 '실리콘 방패(Silicon Shield)'다. (이 표현은 2001년 호주 언론인 크레이그 애디슨(Craig Addison)의 저서를 통해 영미권에서 널리 알려졌다.)

'실리콘 방패'로 불리는 이유는 대만에서 반도체 산업이 경제 수단을 넘어 안보의 핵심 방어 수단 역할을 하기 때문이다. 대만의 반도체 위상이 워낙 압도적이기 때문에 이를 지정학적 방패로 활용한다는 개념이다.

대만은 전 세계 첨단 반도체 위탁생산(파운드리) 시장에서 약 70%를 차지한다. 특히 TSMC는 3nm 이하 초미세 공정에서 사실상 독점적 지위가 있다. 이를 잘 아는 대만은 반도체 산업을 '공격을 억제하는 방패'로 활용한다. 혹시라도 중국이 무력으로 대만을 침공한다면? 세계 반도체 공급망 붕괴는 불 보듯 뻔하다.

그렇기에 반도체는 대만의 생존 수단이고 국제사회가 대만을 지켜야 할 이유가 되는 '방패'다. 대만에서는 이를 호국신산(護國神山)이라고 부른다. '나라를 지키는 신령한 산'이라는 뜻이다. 대만 동쪽에서 남북으로 가로지르는 중앙산맥(3000m 이상 산이 200여 개)을 호국신산으로 부른다. 중앙산맥은 대만의 잦은 지진과 태풍으로부터 대만을 보호하는 중요한 역할을 한다. 그렇기 때문에 대만에서는 TSMC를 비롯한 대만의 반도체 기업들을 '호국신산'으로 부른다.

대만 경제는 최근 눈부신 성장을 거듭했다. 그런데 원인을 따지고 보면 반도체 하나뿐이다. '중소기업의 천국'이라는 대만이 잘나가는 이유 말이다. 그렇기에 마찬가지로 반도체 의존도가 높은 한국 입장에서는 대만발 소식 하나하나에 긴장할 수밖에 없다.

"대만 100대 기업의 시가총액과 영업이익, 10년 만에 한국 추월"
"대만 1인당 국내총생산(GDP) 4만 달러로 한국 제칠 듯".

세계 파운드리 공급의 3분의 2를 차지하는 대만(『차이나 퍼즐』). 미·중 경쟁 구도 속에서도 반도체를 잘한다는 이유로 G2 틈바구니에서 잘 버티는 대만이다. 그 실력, 인정하자. 그런데 인공지능(AI)까지 잘할까?

이 질문에 대한 해답의 실마리를 얻을 기회가 있었다. 대만 외교부가 약 10개국 해외 언론을 대상으로 진행한 '프레스 투어'. 한국 매체에서는 중앙일보가 유일하게 초대받았다. 대만 혁신 현장을 찾을 절호의 기회였다. 2025년 9월, 타이베이에서 차로 1시간 30분 거리의 신주(新竹) 과학단지를 찾았다. 신주는 대만판 실리콘밸리다. 대

대만 주요 인공지능(AI) 반도체 관련 기업

단위: 대만달러, 1대만달러는 47원   ※2024년 기준

기업명	분야	특징
TSMC	파운드리	엔비디아·애플·AMD 등의 AI 반도체 위탁생산. 3nm, 5nm 기술보유
UMC	파운드리	자동차 전장 등 특정 응용 분야 반도체
미디어텍	팹리스	스마트폰 및 엣지(Edge) AI 반도체
노바텍	팹리스	디스플레이 AI 반도체
리얼텍	팹리스	오디오 및 스마트홈 AI 반도체
ASE 테크놀로지 홀딩스	반도체 패키징 및 테스트	반도체 패키징 및 테스트 기업
글로벌웨이퍼스	웨이퍼	실리콘 웨이퍼 세계 3위

센서 등 엣지 디바이스에 AI 기술을 적용해
클라우드에 의존하지 않는 데이터 처리방식

자료: 각사 종합

The JoongAng

만항공우주국(TASA) 등 정부 기관을 비롯해 대학과 기업 등이 모여
있다.

여기 대만 공업기술연구원(ITRI)이 있다. 연구원 6000명 가운데
석·박사 이상 학위 소지자가 80%를 넘는 인재 집합소다. 1973년에
설립돼 대만 반도체의 태동과 함께했던 ITRI. ITRI 원장으로 초빙됐
던 사람이 바로 TSMC 창업자 모리스 창(張忠謀)이었다. 이제 이곳은

과학기술 실용화의 성지다.

장치룬(張起綸) ITRI 연구원은 "중소기업이 많은 대만 특성상 기술이 필요한 기업을 위해 연구원들이 대신 기술을 개발해준다"고 소개했다. ITRI가 매년 협력하는 기업 숫자만 1만9000곳이다. 대만 정부는 ITRI 재원의 50%를 지원하는데, 나머지는 민간기업 지원을 받거나 특허 등 지식재산권(IP)을 판매해 재원을 마련한다.

신주 과학단지를 비롯해 대만의 혁신 현장에서는 인공지능(AI) 반도체 강자로 거듭나기 위해 차분히 준비하는 모습이 엿보였다.

AI로 냉장 시스템 혁신한 대만 편의점 3200곳

ITRI의 쇼룸에서는 연구진이 개발한 최신 AI 기술이 일상을 효율적으로 바꾼 사례가 여럿 있었다. 먼저 대만의 편의점 냉장 시스템. 무더운 날씨가 오래가는 대만은 냉방이 일상이다. 문제는 음식과 음료를 꺼내기 위해 수시로 편의점 냉장고 문을 여닫을 때마다 에너지가 낭비된다는 점이다. 이에 착안해 ITRI 연구진은 AI 기술을 접목한 스마트 온도 시스템을 개발했다.

편의점 내 온도를 입구, 음료 판매대, 식품 코너 등 장소별로 적정 온도를 자동으로 유지하도록 했다. 세븐일레븐 등 대만 내 편의점 3200곳에 적용됐다. 모바일로 편리하게 조정 가능하며 문제 발생 시 바로 통보되는 시스템이다. 시스템을 도입한 뒤 비용이 15~20% 절감됐다고 한다.

기기를 갖다 대면 3초 만에 물이 새는 파이프를 찾아낸다. 정확도는 98%다. ITRI에서 개발해 대만 수자원공사에서 쓰는 AI 스마트 아쿠아 센서 얘기다. 이 시스템으로 대만 수자원공사는 564곳의 불량 지점을 찾아냈다. 정확한 곳을 콕 집어 수리하니 하루 1만3404t의 물이 절약됐다. 이 밖에 ITRI는 나사 등 철강 부품의 스마트 품질 테스터도 개발했다. 과거에는 사람이 일일이 검사했다면 이제는 AI를 통해 비파괴기법으로 불량 여부를 금세 판별한다. 정확도 98% 수준의 AI로 시간과 비용을 50% 절약했다.

라이칭더 대만 총통도 취임 일성으로 대만을 '인공지능(AI) 섬'으로 건설하겠다는 목표를 내놨다. 라이칭더 정부는 100만 명 규모의 AI 인재를 육성해 국제 인재 네트워크를 구축하고, 양자 컴퓨터, 실리콘 포토닉스, 로봇 등 3대 핵심 기술도 연구개발하기로 했다.(한국 정부가 최근 내놓은 '한국형 챗GPT' 구상과 겹쳐 보인다.)

갑(甲)님 모시고 살아온 대만의 생존법

대만은 어떤 혁신 비결이 있을까. 첫 번째 키워드, 효율이다. 라이즈황(賴志煌) 국립칭화대 반도체연구학원(칼리지) 부원장이 취재진을 반겼다. ITRI에서 차로 5분 거리에 대만 국립 칭화대가 있다.

"굉장히 빨리 오셨죠? 자동차로 30분 안에 신주 과학단지는 거의 다 돌 수 있어요. 편하죠. 우리 캠퍼스에서 20분 가면 TSMC 정문 앞입니다. 학교에, 기업에, 생태계가 전부 갖춰진 신주 과학단지가 대만의 힘이죠."

그랬다. 신주 과학단지 안의 국립칭화대 캠퍼스에는 TSMC · 미디어텍·일본 다이셀 등 산학 연계 센터가 11곳이나 있다. 칩 설계부터 웨이퍼 제조, 패키징, 완제품까지 총집결했다. 반도체 외에도 나노 테크놀로지, 원자력·소재 과학도 연구한다.

전 세계 갑(甲)님들에게 제품을 납품하며 살아온 대만인들의 DNA 가 느껴졌다. 같은 일을 해도 낭비가 있으면 제조기업 입장에서는 남는 것이 없다. 어떻게든 비용을 줄이고 효율을 끌어올린다. 효율을 극대화한 환경에서 연구와 제조가 이루어진다.

TSMC 창립자 모리스 창도 낭비를 싫어했다. 모리스 창의 아내 장 수펀이 TSMC의 사은품을 갖고 싶어하자 돈을 받고 주었다는 일화도 있다. 특히 그에게 가장 귀한 자산은 시간이다. 온갖 '직'을 고사하고 유일하게 대만반도체산업협회에만 참가해 이사장을 맡았다고 한다. 이런저런 협회에 얼굴을 내미는 시간을 줄이고 경영에 집중하기 위해서였다.

TSMC 팹에서 새벽 2시에 사고 나면 벌어지는 일

두 번째 키워드, 지독하게 성실한 인재다. 라이 부원장은 4년 전 정부로부터 간곡한 요청을 받고 국립칭화대에 '반도체연구학원(칼리지)'을 세웠다. 라이 부원장은 학계에도 몸담았지만, 미국 스탠퍼드대에서 박사학위를 딴 뒤 미국에서 2년간 엔지니어 생활도 했다.

"새벽 2시에 팹에서 문제가 생겼다 칩시다. TSMC 직원들 어떤지 아세요? 새벽 3시 안으로 무조건 해결해야 한다고 생각해요. 다들요. 미국? 오전 9시까지 아무도 안 일어날 겁니다. 2년간 제가 미국에서 엔지니어로 일해봤는데 미국인과 대만인은 확실히 다르더라고요. 많은 게 갖춰져 있어도 결국에는 일이 되는 '차이'를 만드는 건 사람입니다."

대만 반도체는 경제와 안보까지 지키는 '실리콘 방패'다. 그래서 엔지니어들은 쉴 수 없다. 퇴근했다가도 생산라인에 문제가 생기면 다시 달려온다. TSMC의 20여 개 웨이퍼 공장이 24시간 가동된다. 그만큼 보상도 크다. 라이 부원장의 말이다.

"클린룸 방진복을 입고 몇 시간씩 있는 거 힘들어요. 솔직히 즐거운 일은 아니죠. 그래도 일한 만큼 보상받습니다."

삼성의 모닝 삼겹살, TSMC의 쏙독새 프로젝트

2006년 삼성전자 반도체 기획팀에서 기자가 일했을 때다. 당시 기획팀 사원이었지만, 클린룸의 생리를 알아야 제대로 일할 수 있다며 신입사원을 야간근무조에 투입했다. 밤 10시에 시작해 오전 7시에 이른바 '모닝' 삼겹살을 먹고 헤어지는 일정이었다. "아니 아침부터 무슨 삼겹살이야." 처음에는 도저히 넘어갈 것 같지 않았지만, 나중에는 동료들과 삼겹살을 구워 먹는 시간이 절실할 만큼 일은 힘겨웠다. 집에 가선 밀린 잠자기에 바빴다.

체력적으로도 정신적으로도 고됐다. 키 150cm대 여자 선배가 무거운 웨이퍼 박스 4개를 한 번에 척척 날랐다. 방진복 안에서는 가만히 있어도 땀이 줄줄 흘렀다. 클린룸 안에 있는 것만으로도 수명이 줄어든 것 같은 기분이었다. 현장직원 대다수는 20대 여성이었다. 한

창 꾸밀 나이인 20대 여성이 많았지만, 화장은 금지였다. 조금이라도 불량이 나면 안 되기 때문이다. 생산 비용과 직결되는 수율이 생명이었다. 화장기 없는 맑은 얼굴에 눈만 내놓고 바쁘게 일하는 '반도체인'들이 그렇게 나라 경제를 지탱하고 있었다. 기흥 반도체 클린룸 쪽만 쳐다봐도 존경심이 일었다.

그렇다면 대만은? 성실함에서는 둘째가라면 서럽다. TSMC는 지독한 삼성을 따라잡기 위해 '나이트호크(쏙독새, 밤새는 사람)' 프로젝트를 선포했다. R&D 인력 400명에게 기본급 30% 추가 지급, 성과급 50% 지급이라는 조건으로 3교대로 쉬지 않고 일하게 했다.*

베이스캠프인 신주 본사의 12B 웨이퍼 공장 10층은 한 번도 불이 꺼지지 않았다고 한다. 야간조에게는 주간조보다 돈을 더 주었다. 저녁조는 연봉의 15% 추가 지급, 야간조는 30% 추가 지급, 연말 성과급도 50% 더 주기로 했다. 일각에서는 "수명 단축 프로젝트" "인간의 간(肝)을 내다 파는 프로젝트"라는 비판도 있었다. 오죽하면 TSMC를 다룬 책에서는 "24시간 편의점이 된 연구개발 사업부를 누가 따라잡겠는가"라고까지 한다.

그 결과 TSMC는 2016년 인텔과 삼성을 제치고 세계 1위에 올랐다. 2022년 삼성은 TSMC보다 먼저 3나노 양산을 시작했다. TSMC는 삼성보다는 늦게 돌입했지만, 수율과 납기에서 삼성을 앞섰다.

미국조차 대만에 5나노 이하 첨단 반도체를 의존한다. 미국 애리조나에 있는 TSMC 첫 번째 팹은 이미 애플, 엔비디아를 위해 4nm

---

* 한국인과 대만인은 군대 경험이 있어서 이게 가능하다는 분석도 있다.

칩을 생산하기 시작했다. 두 번째 팹은 2028년, 세 번째 팹은 최근 건설을 시작해 2~3년 더 걸릴 전망이다.

TSMC의 연구개발은 지금도 진행형이다. 테크인사이츠가 발간한 '글로벌 반도체 기업의 2024년 R&D 투자 현황 분석'에 따르면 TSMC는 2024년 R&D에 63억 달러(약 9조3051억 원)를 투입했다.*

반도체 전설 린번젠, 퇴임 후 교수로 모셨다

세 번째 키워드. 최고의 교수진이다. 국립칭화대는 박사학위 소지자의 경우 95% 이상 취직했다. 또 대만 내에서 1인당 교수진의 학문적 성취가 1위인 대학으로 뽑혔다. 학교 관계자들은 "교수진부터 최고로 모신다"고 했다. TSMC R&D 부사장이던 린번젠(林本堅)이 그렇다.

린번젠이 개발한 액침노광 방식은 세계에 혁신을 일으켰다. 물리적 한계였던 '무어의 법칙'(반도체 칩에 들어가는 트랜지스터 수가 18~24개월마다 2배씩 증가한다는 경험적 법칙)도 그 덕분에 기사회생했다.

반도체의 전설인 린번젠이 퇴임한 후, 국립칭화대에 모셔왔다. 리소그래피(실리콘 웨이퍼에 회로 패턴을 생성하는 공정으로 생산 원가의 20% 차지)의 대가인 그가 대만의 국립칭화대 반도체연구소 명예연구교수 겸 학장을 맡은 것이다. 84세의 린번젠은 아직도 현역이다. 쉬려 해도 쉴 수가 없는 반도체 레전드다.

---

* 삼성전자는 같은 기간 반도체 R&D에만 95억 달러(약 14조 원)를 투입했다. 삼성은 TSMC, 미국 인텔 등과의 첨단 공정 경쟁에 대응하기 위해 2023년에 비해 연구개발비를 크게(71.3%) 늘렸다.

칩 기반 산업혁신사무소(CbI) CEO를 맡은 췌즈다(闕志達)는 미국 캘리포니아공과대(칼텍)에서 전기공학 박사를 딴 뒤 대만 행정원 국가과학기술위원회 위원을 거쳤다. 이제 그는 '칩 기반 산업혁신 사무소'의 최고경영자(CEO)다. 췌즈다 CEO의 말이다.

"어느 나라도 팹은 열 순 있겠지만, 실력 있는 사람이 없으면 꽝이죠. 그래서 인재에 투자해야 하고, 특히 인재를 기를 뛰어난 교수를 모셔오는 데 힘써야 해요."

그는 대학에서 학생들에게 원하는 건 오직 하나, '문제 해결 능력'이라고 했다.

"왜 회로를 이렇게 디자인해야 하는지 설명할 수 있어야 해요. 제조라인에서 문제가 생길 때 역동적이며 창의적인 해답을 찾아낼 수 있게 학생들을 지도하죠."

하나 잘해선 안 돼⋯연계가 중요

넷째 키워드, 연계다. 대만은 단순 엔지니어를 키우지 않고 산업의 리더를 키워낸다. 그런데 리더는 자기가 아는 것만 하지 않는다. 반도체나 AI 모두 종합예술이다. 그러니 여러 영역에서 협력의 달인이 돼야 한다.

국립칭화대 국제산학운영 총센터 린쥔팅(林峻霆) 최고운영자(COO)는 "AI 시대에는 학제 간 연결, 서로 다른 분야 간 협력이 중요하다"고 강조했다. 국제산학운영 총센터는 지식재산권(IP) 기술 이전, 혁신(이노베이션) 인큐베이터 센터, 법무 부문 등을 두고 있다. 총센터는 대학이 주도하지만 대만 정부와 민간기업 지원도 받아 운영된다. 국립칭화대를 포함해 5곳의 대학과 함께 반도체·양자·우주·5G통신 등 분야의 기술을 개발하고 기업까지 키워낸다.

연구도 중요하지만, 기술 응용 역시 중요하다. 총센터에는 특허권(IP)을 통해 기업에 기술을 이전해 주는 부서가 따로 있다. 이 밖에 기술을 가진 기업을 초기 단계부터 육성하는 '혁신 인큐베이션 센터', 기업 육성 과정에서 필수적인 법무와 행정 서비스를 제공하는 부서도 있다. 국립대만과학기술대 등 대만 대학들은 실전형 인재를 기른다 (김진호 단국대 교수). 특히 반도체 관련 학과의 경우, 많은 공과대학이 영어 전용 강의를 개설하고 해외 대학과 복수 학위나 교환학생 프로그램을 운영한다. 이 역시 글로벌한 반도체 협업을 위해서다.

"중국 혁신 걱정 안 한다면 거짓말"

다섯째 키워드, 신뢰다. 대만은 국제사회로부터 신뢰를 얻어야 한다고 강조한다. 왜냐고? 중국 때문이다.

지금은 명실상부한 미·중 경쟁 구도다. 미국과 중국은 각자 우호적인 동맹국을 규합해 탄력적인 공급망을 구축하고 자급자족을 실현하려고 한다. 중국은 대표 기업 화웨이가 많은 기업을 뒤에서 지원하고 자금을 댄다. 이에 대항해 미국은 한국·대만·일본 등을 최첨단 기술 동맹으로 규합하려 한다.

이런 맥락에서 라이칭더 총통은 타이베이에서 열린 '세미콘타이완 2025'에서 중국 의존도를 낮추겠다는 목표도 밝혔다. 그는 "완벽한 인프라 시설 구축, 핵심 기술 연구개발(R&D), 스마트 응용 확대 등을 통해 전 세계 반도체의 '비(非)홍색 공급망'을 만들겠다"고 강조했다. 홍색 공급망은 중국 중심의 글로벌 공급망을 뜻한다.

대만 AI탁월센터(AICoE) 이사를 맡은 쉬융전(許永眞) 장경(長庚)대 교수는 "AI나 반도체 산업에서 중국을 단순 규모로는 이길 수 없지만, 대만은 다른 국가들에 신뢰를 줄 수 있다는 점에서 중국과는 다르다"고 강조했다. 그는 "대만은 국제사회와의 협업에 능숙하다"고도 했다. 라이칭더 총통도 세미콘타이완 2025 행사에서 "실용적, 개방적, 상호신뢰를 바탕으로 각국과 협력에 나설 것"이라고 했다.

신뢰는 왜 중요할까? 중국을 꺾기 위해서다. 현재 대만의 큰 고민거리는 중국의 혁신이다. 라이 부원장은 "대만이 중국의 혁신을 걱정하지 않는다면 거짓말"이라고 털어놨다.

중국은 적극적인 투자를 앞세워 대만을 바짝 추격하고 있다. 중국의 IC 설계 산업 생산액은 2018년 대만을 이미 추월했다. 루차오췬(盧超群) 에트론 회장은 "IC 신제품 하나 개발하는 데 5000만 대만달러(약 23억5000만 원)가 들었는데, 대만 기업은 자비로 했던 반면, 중국 기업은 정부 지원으로 한 번에 3개, 5개씩 개발하더라"고 전했다.

"중국 본토 학생들, 반도체 수업은 못 듣게"

중국은 혁신에 목말라 있다. 그래서 대만 대학에까지 중국 본토에서 유학생들이 와 수업을 듣는다고 한다. 일례로 국립칭화대 전체(1만 8400명, 50.5%는 대학원생)에서 중국 본토 학생은 200~300명이다. 그런데 중국 본토 학생은 반도체 등 일부 과목을 수강할 수 없도록 규정돼 있다. 아예 과목 옆에 별도의 표시가 붙어 있다고 한다. 대만 입장에서는 대만의 생존을 담보하는 반도체는 '안보'여서다. 중국 학생들도 알고 있다. 반도체와 AI가 그만큼 중요하다는 사실을 말이다.

아직 중국인에 의한 정보 탈취 사고는 없었지만, 경계심을 늦출 수 없다는 것이 라이 부원장의 설명이다. 국립칭화대의 반도체 리서치 학과 1기 학생은 300명. 이들을 어찌 키울지 라이 부원장의 고민이 깊다.

한 가지 분명한 사실은 아무리 중국이 뛰어나도 중국 혼자서 다할 순 없다는 것이다. 대만은 웨이퍼 제조는 강하지만, 네덜란드, 미국, 일본 장비가 필요하다. 그래서 TSMC는 대만 기업뿐 아니라 외국 기업과도 적극 협력한다. 우수 공급업체 상당수가 네덜란드 ASML, 일본 신에쓰화학, 일본 도쿄일렉트론, 미국 램 리서치 등 외국 업체다. 18곳 중에서 14곳이 외국 업체다.

2020년 대만 국가과학기술위원회는 미국과 MOU를 맺었다. 이를 통해 바이오·의약·우주·AI·데이터 안전 분야에서 공동 기술 개발에 나섰다. 국립칭화대는 미국의 콜드 스프링하버 랩과 함께 조인트 벤처(JV)인 플라이브레인 뉴로지노믹스라는 회사를 만들었다. 독일과 맺은 MOU를 통해 수소·배터리·AI 반도체 등에서 협업하기로 했다. 쉬 교수는 "기술적 차원에서 개방성과 신뢰도가 높은 것이 대만의 장점"이라고 말했다.

결론이다. 대만의 혁신을 가능케 하는 건 다섯 가지 요소였다.

① 시간·자원 낭비 줄이기 ② 인재를 키우고 우대하기 ③ 교수진

에 투자하기 ④ 다른 분야 간 연계하기 ⑤ 해외와 협업하고 신뢰 쌓기다.

대만, 중소기업 R&D 비용의 25% 법인세에서 감면

여기에 정부의 정책까지 곁들여진다. 대만은 파격적인 세제지원을 통해 기업을 지원한다. 왕수봉 아주대학교 경영학과 교수에 따르면 대만 중소기업은 연구개발비의 25%, 그리고 첨단 제조 장비 구입비의 5%를 해당연도 법인세에서 감면받는다. 이를 통해 절감되는 금액은 연 300억 대만달러(약 1조4100억 원)다.

강준영 한국외대 교수에 따르면 대만은 민간의 연구개발 촉진을 위해 연구개발비 총액의 40~50%를 보조금으로 지급하고 있다. 이밖에 연구개발 지출액의 15% 한도로 영업소득세액을 공제해 준다. 대만에서 생산되지 않는 기계장비를 도입하면 수입관세가 없다. 또한 토지·수력·전력 등 인프라 관련 우대 혜택이 있다.

"대만은 바둑판의 천원(天元, 바둑판의 정중앙)과 같다. 겉보기에는 중요하지 않은 것 같지만 모든 세력을 연결하는 실과 같다."

40년 이상 대만과 한국의 경쟁력을 분석해온 콜리 황 대만 디지타임스 창업자가 『TSMC와 트럼프 이펙트』에서 한 말이다. 콜리 황 창업자는 "대만은 공급망 가치사슬 중 핵심 사슬을 조용하게 장악했다"는 평가도 내렸다.

조용하게 실력을 길러 절대 대체될 수 없는 혁신을 이루어내는 모습. 한국이 배워야 할 대목이다. 김진호 단국대 교수는 CSF(중국전문가포럼) 리포트에서 AI 반도체가 잘되려면 ▶고성능 컴퓨팅 인프라 구축 ▶고품질 데이터 확보 및 공유 체계 강화 ▶AI 반도체와 엣지 디바이스 중심의 하드웨어 생태계 고도화 ▶반도체 설계 및 제조 역량 제고가 필요하다고 분석했다.

그는 특히 정부·기업·대학이 자본·인재를 중심으로 똘똘 뭉쳐야 한다고 강조했다. 그는 "정부는 (전력 등) 기초 인프라 투자 확대, 공공 데이터 개방, 법·제도 정비, 인재 양성을 통해 생태계를 만들어야 한다"면서 "기업은 기술 혁신으로 성장동력을 만들고 대학은 산학협력을 통해 실질적인 반도체, AI 중심의 산업 대전환을 이루어야 한다"고 짚었다.

AI 시대, '따로 국밥' 말고 '짬뽕'이어야 이긴다

"따로 국밥 말고 짬뽕이 이긴다."

2025년 30주년을 맞은 반도체 전시회 '세미콘타이완 2025'에서 나온 말이다. 취재진은 세미콘타이완 2025의 주요 세션인 '한국·대만 반도체공급망 경제협력포럼'에 참가했다. 이 자리에서 기조발표를 맡은 황철주 주성엔지니어링 회장이 던진 화두였다. AI 반도체의 '짬뽕론'이라 해도 좋겠다.

그간 한국은 삼성전자, SK하이닉스 등이 메모리 반도체 강자로 군림했다. 대만은 시스템 반도체(로직)의 강자로 존재감을 과시했다. 각자의 영역에서 잘하면 되는 시대였다.

그런데 AI 시대에는 문법이 바뀐다. 메모리 반도체와 로직 반도체, 어느 한 쪽만으로는 부족하다. 미래의 AI 반도체는 저전력·고성능

이어야 하기 때문이다.

예를 들어 보자. 시스템 반도체의 일종인 컨트롤러는 메모리 반도체인 고대역폭메모리(HBM) 바깥에 위치했다. 그러다 보니 전력 효율과 속도 향상에 한계가 있었다. 이런 문제를 해결하고 효율을 끌어올리기 위해 SK하이닉스는 HBM4에 시스템 반도체를 접목했다. 그러자면 수 나노미터(nm)의 최첨단 공정을 잘하는 '달인'이 필요했다. SK하이닉스가 찾은 달인이 바로 파운드리 강자 대만 TSMC였다.

여기서 한국과 대만의 성공 방정식이 도출된다. 황 회장은 "메모리 반도체 따로, 시스템 반도체 따로는 도저히 안 되고 둘이 합쳐져야 한다"면서 "AI 반도체 주도권은 한국과 대만이 협력하면 잡을 수 있다"고 강조했다.

AI 반도체 시대, 한국과 대만의 협력이 필수인 이유

위의 사례에서 알 수 있듯 "메모리 반도체(한국)+시스템 반도체(대만)=최강의 AI 반도체"라는 공식이 나온다. 메모리가 강한 한국, 시스템반도체가 강한 대만이 협업하면 강력한 AI 반도체가 나온다는 논리다. 황철주 회장이 소개한 장표 하나가 인상적이었다.

"이거 좀 보실래요. 인구 한번 봅시다. 한국과 대만, 합쳐도 세계 인구의 1%밖에 안 돼요. 영토 면적도 그래요. 둘이 합쳐도 세계 영토의 0.1%예요. 이렇게 작은 한국과 대만이 정말 대단하죠? 대만은 세계 반도체 파운드리의 60% 이상을 차지합니다. 한국도 메모리 산업에서 1위입니다. 우리는 각자의 영역에서 1등입니다. 이제 AI 반도체 세

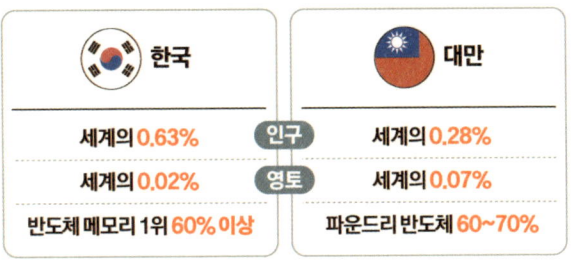

한국과 대만이 세계에서 차지하는 위상

	한국		대만
인구	세계의 0.63%		세계의 0.28%
영토	세계의 0.02%		세계의 0.07%
	반도체 메모리 1위 60% 이상		파운드리 반도체 60~70%

자료: 외신종합, 주성엔지니어링 재인용

The JoongAng

상은 이미 시작됐어요. 협업할 때 우리는 함께 성장할 수 있습니다."

인공지능(AI) 붐과 맞물린 반도체 수요 증가 덕에 대만은 2025년 실질 국내총생산(GDP) 성장률 7.4%를 기록했다. 수출도 역대 최대치였다. 대만 경제는 2026년에도 고성장할 전망이다. 국제금융센터에 따르면 세계 주요 투자은행(IB) 8곳이 제시한 대만의 2026년 실질 GDP 성장률 전망치는 4%다. 한국도 메모리 반도체 덕에 수출이 역대 최대치를 기록했다. 하지만 메모리 반도체에만 편중된 구조는 중장기적으로 취약할 수 있다. 그래서 대만이라는 파트너가 절실하다.

한국, 대만 모두 '공동의 목표'도 있다. 최근 무섭게 치고 올라온 중국 반도체의 공세가 두렵다. 만일 둘이 힘을 합친다면 풍랑이 와도 헤쳐갈 수 있다는 논리가 가능하다.

엣지 컴퓨팅이 키우는 협력 기회

"엣지 애니웨어(anywhere), 엣지 에브리웨어(everywhere) 시대가 열릴 겁니다. 엣지 컴퓨팅에서도 AI 반도체가 필수죠. 그래서 AI가 꼭 필요한 '엣지 컴퓨팅'의 시대에 한·대만 협력의 기회가 커졌습니다."

대만 기업인 어드밴텍의 최수혁 부사장도 AI 반도체 이야기를 꺼내면서 엣지 컴퓨팅을 거론했다. 어드밴텍은 고성능 산업용 PC부터 AI 솔루션까지 만드는 기업이다. 연 매출 3조 원의 회사로 10년 이상 해당 분야 시장점유율 1위(약 38%)다. 어드밴텍은 최근에 엣지 컴퓨팅에 힘을 쏟고 있다.

'엣지(Edge)'는 모서리, 가장자리라는 뜻이며 기술 분야에서는 데이터가 생성되는 가장 가까운 네트워크 장치, 혹은 그 장치가 설치된 장소라는 말이다.

쉽게 말해 데이터를 생성하는 기기나 그 근처에서 직접 데이터를 처리하는 분산 컴퓨팅을 말한다. 과거에는 데이터를 중앙 서버나 클라우드로 보냈다. 그러나 엣지 컴퓨팅은 생성된 위치에서 바로 처리해 지연 시간을 최소화한다. 자연히 실시간 데이터 분석이 필요한 각종 산업에서 핵심 기술이 되어가고 있다.

엣지 컴퓨팅은 '사람-사물인터넷(IoT)-장비'를 연결하는 중추(backbone) 역할을 한다. 엣지 컴퓨팅을 도입하면 오직 필요한 데이터만 중앙으로 전송한다. 그래서 네트워크 비용을 줄일 수 있다. 데이터를 중앙으로 보내지 않으니 개인정보 유출 위험도 감소한다.

시장조사기관 가트너에 따르면 엣지 컴퓨팅 시장 규모는 2023년 1300억 달러(약 180조3880억 원)에서 2033년 5100억 달러(약 707조6760억 원)로 성장할 전망이다.

적용 분야도 폭넓다. 제조 자동화, 스마트 물류, 헬스케어(의료 영상 처리), 에너지 관리, 교통관제, 로봇, 스마트농업, 스마트시티, 게임까지 엣지 컴퓨팅의 영역이다. 특히 자율주행 차량이나 실시간 모니터링 등 즉각적인 판단이 중요한 분야에서 효과가 큰 것으로 평가된다.

"중국, 한국이 20년간 이룬 것 10년 안에 따라올 듯"

한·대만 기업인들은 두 손 들어 AI 반도체 협력을 환영했다. 그러면서도 각자가 처한 현실 그리고 무거운 고민에 대해서도 털어놨다.

이준혁 동진쎄미켐 회장은 중국 이야기를 꺼냈다. "중국의 발전이 너무 빠릅니다. 소재·부품·장비(소부장) 산업 자체 육성을 잘해요. 한국이 20년간 했던 걸 중국은 10년 안에 해낼지도 모르겠습니다."

그는 급변하는 시장과 중국의 도전 속에서 살아남으려면 기업들이 각자의 체력과 실력을 키워야 한다고 했다. 문제는 자금이다.

"2나노 첨단기술이 필요하다고 목놓아 외치는데, ASML 반도체 장비 한 대 들이려면 수억 원이 들어요. 그런데 R&D 비용을 작은 기업들 혼자 하기 힘듭니다. 그러니 협력은 선택이 아닌 필수입니다. 특히 소재·장비 등은 대만과 한국이 함께 검증 시스템 같은 걸 만들었으면 좋겠습니다. 우리가 함께 소재·장비의 공동 검증, 그리고 표준화까지 하면 가격 경쟁력을 확 높일 수 있어요."

그는 한국과 대만이 꿰어야 할 첫 단추로 공동 테스트 인프라 구축을 들었다.

"테스트 인프라스트럭처 구축부터 공동으로 하는 겁니다. 그게 첫 단계예요. 인프라가 구축되면 첨단 패키징의 기초가 마련되는 거죠.

대만은 첨단 패키징을 워낙 잘하니까, 성능 향상에 큰 도움이 될 겁니다. 한국이랑 대만이 AI 반도체 시장에 선발대처럼 먼저 진입한다면 세계시장의 주도권을 잡을 수 있을 거예요."

이준혁 회장은 한국과 대만이 어느 한 분야에만 치우치는 것이 위험하다고도 이야기했다.

"솔직한 말로, 대만은 TSMC만 있고, 우리는 삼성·SK하이닉스만 있다고 생각해 보세요. 각자 잘하는 기업만 잘나가면 나머지는요? 세계적인 장비업체나 소재업체가 없다는 건 너무 안타까운 일이잖아요. 이른바 슈퍼 을(乙)이라고 하는데 '슈퍼 을 기업'을 우리도 키울 수 있습니다. 한국과 대만은 각자 능력치가 달라서 상호보완이 가능해요."

대만 쪽에서도 그간 보이지 않는 벽이 있었고, 서로 협력이 어려웠다는 반응이 나왔다. 이번 계기를 통해 소재부품장비 기업끼리도 협력하자는 이야기가 나왔다.

반도체 장비업체 스파이록스의 피터 친 대표는 "그동안 한국 기업과 일을 하려고 하면 한국 기업들은 반드시 중간에 에이전트를 껴야 한다고 했었다"면서 "그래서 한국 기업과 다이렉트로 일하는 방법이 궁금했다"고 그간의 고충을 털어놨다. 기업 간에 중간자를 거치지 않고 직접 일해야 충분한 신뢰를 쌓을 수 있다면서다. 친 대표는 "대만도 수출로 먹고살고 한국도 비슷한 입장으로 안다"면서 협력을 당부했다.

마지막 순서였던 이종우 제우스 대표이사는 작심한 듯 말했다.

"저희 같은 민간기업은 돈을 벌어야 하다 보니 인적 교류 같은 것은 사실 엄두를 내기 힘듭니다. 한국에 각자도생이라는 말이 있는데, 이거 통역될까요?(웃음). 결국 인적 교류는 정부가 나서주셔야 합니다. 예를 들면 대만이랑 공동 R&D 과제를 정부 차원에서 같은 주제로 한다든지 말이죠. 정부가 기업들을 하나로 묶어 주시면 기업들은 따라갈 준비가 돼 있습니다. 협력 의지는 얼마든지 있지만 기반이 되는 돈과 시간, 그리고 정치의 백업이 필요합니다. 특히 정부가 키맨을 끌어들여 주기를 바랍니다. 하이레벨 차원의 도움이 필요합니다.”

다년간 기업을 이끌어 온 대표들의 간절한 당부였다. 세미콘타이완의 한국 파빌리온에서 기자와 만난 반도체 테스트장비 기업 ‘코리아인스트루먼트’의 김동우 사업관리그룹 수석은 “세미콘코리아는 자주 가지만 세미콘타이완에는 처음 참가했다”면서 기대감을 드러냈다. 이 회사는 연 매출 1100억 원으로 세계 7위 기업이다. 삼성전자 등에 칩 불량을 찾아내는 장비 제품을 납품한다.

“대만의 현지 파트너를 잡고 싶어서 왔다. 반도체 생태계에서는 팹리스 기업과의 연계가 중요한데, 대만은 이미 팹리스와의 연계가 탄탄한 것으로 안다. 우리 제품을 많이 알리고 대만과의 협력 방법도 찾고 싶다.”

골드러시에는 청바지 파는 사람이 승자

전문가들이 보는 한국 반도체의 필승법은 무엇일까.

전병서 중국경제금융연구소 소장은 “한국은 파운드리에서는 세계

2위, HBM에서는 1위"라며 "누가 AI 시대에 황금을 캐든 첨단 반도체 파운드리와 HBM은 꼭 필요하다. 한국은 AI 골드러시에서 청바지 장사, 곡괭이 장사를 하는 식으로 돈을 벌어야 한다"고 강조했다. 골드러시 시대에 진짜 돈을 번 사람은 금광에 들어갈 때 꼭 필요한 청바지와 곡괭이를 팔아서 알짜 장사를 했다는 비유다.

전 소장은 "한국은 AI에서는 지각생이지만 AI 반도체 제조에서는 여전히 선발이다"면서 "한국은 HBM 시장의 90%를 장악했고 5nm 이하 첨단 반도체 생산 기술을 보유한 나라이니 자기가 잘하는 것을 가지고 싸우면 된다"고 덧붙였다.

중국 삼성 전 부사장을 지낸 이병철 세종연구소 객원연구위원은 중앙일보에 "삼성전자 디램(11~12nm)과 비교해 중국 CXMT는 약 2~3세대(3~4년)의 격차가 있지만, 이 격차는 빠르게 줄어들 것"이라고 짚었다.

이 연구위원 역시 "우리도 대만의 TSMC처럼 한국의 기술이 없으면 세계의 공급망이 멈추는 한국형 실리콘 방패를 가져야 한다"면서 "미·중 경쟁을 한국이 전략적으로 활용할 필요가 있다"고 짚었다. 한국은 미국 정책 결정 라인에 로비를 강화하는 동시에 중국 업계 동향 연구를 강화해야 한다는 지적이다. 그는 "중국의 보조금, 과잉생산으로 인한 시장 왜곡에 대해 한국이 국제적인 공조를 통해 대응하는 방안도 마련해야 한다"고 했다.

중국이 교육부 차관에
양자 컴퓨터 교수를 발탁한 이유

"중국 과학기술대에는 'GDP'라고 불리는 양자 컴퓨터의 스타 교수 세 명이 있어요. 궈광찬(郭光燦, G), 두장펑(杜江峰, D), 판젠웨이(潘建偉, P) 교수의 영문 이니셜을 딴 거죠. 이 가운데 두장펑 교수는 중국 교육부 부부장(차관)에 발탁돼 정부 요직에서 일하고 있습니다."

2025년 12월 6일 황명중 듀크쿤산대 물리학 종신교수가 소개한 중국 하이테크 굴기의 '비밀 코드'다. 양자 컴퓨팅의 최고 권위자가 교육계 요직을 맡는 일, 중국에서는 가능하다. 한중과학기술협력센터(KOSTEC)와 재중한인과학기술자협회가 공동 주최한 '미·중 경쟁의 틈에서, 한·중 과학기술 협력 2.0의 길을 묻다' 베이징 세미나에서 황 교수는 양자 컴퓨팅 영역에서의 미국과 중국의 경쟁 현황을 소개했다.

황 교수는 포스텍(POSTECH)에서 박사, 독일 울름대학에서 박사후

연구원으로 양자기술 구현에 천착해온 양자 전문가다. 그는 미·중의 양자 연구를 '빅테크 대 국가팀'의 대결로 요약했다. 미국의 경우 구글·IBM 등 빅테크 기업이 기술 개발을 주도하는 반면 중국은 정부·기업·대학(연구소)이 '스크럼'을 짜고 대응한다는 설명이다. 황 교수는 특히 첨단 과학자에게 중국의 교육 행정을 맡기는 중국의 과감한 '인사 실험'을 높이 평가했다. 이날 발표자들은 전 세계를 뒤흔든 '딥시크 쇼크'가 던진 '한국은 어떻게 할 것인가'에 대한 답을 백가쟁명식으로 제시했다.

화웨이, 자동차 업체에 "너희는 섀시만 만들어라"

"중국은 이제 미국이 만드는 비즈니스 모델을 카피하던 나라가 아닙니다. 새로운 레퍼런스를 만드는 나라예요."

김창현 중국유럽국제공상학원(CEIBS) 전략학 부교수가 소개한 요즘 중국이다. 특히 그는 화웨이에 주목했다. 중국의 자율주행 전기차 산업에서 화웨이는 '또 하나의 자동차 기업'이 되지 않겠다고 나섰다. 대신 모든 자동차 기업을 상대하는 비즈니스를 노린다.

"화웨이는 남들이 수직 계열화에 매진할 때 자기가 강점을 갖고 있는 분야만 분리해 수평적인 플랫폼을 구축했어요."

김 교수는 자율주행 전기차를 예로 든다. 화웨이는 통신과 데이터, 정보 처리 등을 결합한 '화웨이 자율주행 비즈 플랫폼'을 개발했다. 자율주행 전기차에 필요한 두뇌(모바일 데이터센터), 심장(Vehicle Dynamic Control 엔진 시스템), 눈과 귀(Cockpit Data Center)는 물론 이들

부속을 연결하는 5G 통신솔루션을 포괄하는 사업 포트폴리오다. 벤츠·BMW·폭스바겐을 돕는 보쉬, PC 산업의 인텔, 스마트폰 산업의 폭스콘 등으로 자신을 포지셔닝 했다는 얘기다. 이렇게 화웨이는 차세대 산업의 핵심을 장악해버렸다.

나머지는 전통 자동차 업체 몫이다. 화웨이는 자동차 회사를 향해 이렇게 말한다.

"당신들은 섀시(차체)만 만들면 된다. 나머지는 우리가 다 해주겠다."

더 많은 기업이 참여할 수 있는 자율주행 전기차 산업의 수평적 플랫폼을 만든다는 의미다. 화웨이는 전기차 협력사를 HIMA(Huawei Intelligent Mobile Alliance), Hi(Huawei inside)라는 깃발 아래로 규합했다. 미국 인텔이 '인텔 인사이드'를 외쳤던 것처럼 말이다. 이제 HIMA 계열 업체들은 약진하고 있다. 2025년 10월 기준 8만 대를 팔며 선전하고 있다. 세계 반도체 산업에서 대만의 TSMC처럼 화웨이는 이제 자율주행차 산업에서 '히든 챔피언'을 노린다.

중국은 늘 이런 식이다. 인터넷 쇼핑몰, 화장품, 전기차 등 산업마다 수평 플랫폼을 만든다. 아이디어를 가진 기업가는 쉽게 수평 플랫폼에 올라타 자기 사업을 할 수 있다. 김 교수는 "한국 기업이 수직 계열화에 매달려서는 안 된다"며 "한국 기업이 지금의 중국에서, 나아가 미래 세계 시장에서 중국과 경쟁하려면 가치사슬을 쪼개고 드러눕히고, 중국의 판에 뛰어들어야 한다"고 조언한다.

플랫폼이 강한 중국과 경쟁하려면 한국 역시 밸류 체인을 다시 짜야 한다는 의미다. "서울 본사에서 지침을 내리면 그대로 따라가던 시대는 끝났다." 김 교수는 LG전자의 인도 사업을 예로 들었다. "인도 증시에 상장한 LG전자의 시가총액이 18조 원으로 한국(14조 원)을 넘어섰다"며 "중국 사업도 마찬가지다. 중국의 산업별 수평 플랫폼에 올라타라"고 조언했다.

우리의 처음 질문으로 돌아가보자. 딥시크 쇼크를 가능하게 만든 중국식 혁신의 비밀은 무엇일까. 중국 경제 전문가 니시무라 유사쿠(西村友作) 일본 대외경제무역대학 교수는 니혼게이자이신문에 "지원 → 묵인 → 규제로 나아가는 중국 정부의 세 가지 얼굴에 혁신의 비결이 있다"고 설명했다. 다음은 니시무라 교수가 설명하는 중국 혁신의 3단계 프로세스다.

중국식 혁신 프로세스

3단계 — 정부규제 대규모화
규칙 정비·규제 강화,
산업표준 제정

2단계 — 정부묵인 사회구현
기업간
경쟁 격화 및 도태

1단계 — 정부지원 창업·연구개발
'국가방침'에 따른 정부 지원,
잇따른 창업·제품개발·자금유입 다수의 기업

자료: 니혼게이자이신문, 니시무라 유사쿠
일본대외경제무역대학 교수 작성

The JoongAng

중국식 혁신 1단계에서는 국가 방침에 근거한 정부 지원을 배경으로 기업 창업, 연구개발이 이루어진다. 중국에서는 정부가 기업 환경을 정비하고 인재를 불러와 스타트업 기업을 돕는다. 도전적인 기업가들은 이에 호응해 창업하고 기술을 상품으로 만든다. 여기에 '정부의 배경이 있으면 안심'이라고 생각하는 투자자들이 거액의 자금을 투입한다.

2단계는 기술이 실생활에 파고드는 단계다. 동시에 기업 간 경쟁이 격화된다. 새로운 서비스는 성숙하지 않았어도 시장에 나온다. 부족한 부분은 시장에서 고쳐 나간다. 고객 확보를 위한 할인이 반복된다. 대응하지 못하는 기업은 시장에서 도태된다. 정부는 뒤에서 경제성장을 돕고 사회 문제를 해결하는 기업의 활동에 명확한 위법이 없는 한 묵인한다.

3단계에서는 규제 강화가 시작된다. 일부 서비스는 거대해진다. 새로운 기술의 보급에 따라 다양한 문제가 드러난다. 그러면 기업은 기술을 고도화한다. 정부는 기존의 방임에서 자세를 바꿔 시장의 규칙을 정비한다. 규제가 강화되고 경쟁이 더욱 치열해지면서 기업의 도태도 빨라진다. 서비스는 전국 규모로 퍼지며 업계의 표준이 정착된다.

중국 기업의 과다경쟁은 '네이쥐안(内卷, 과잉 경쟁으로 인해 성장의 이익이 산업 전체에 분배되지 않는 현상)'으로 불리며 주목받고 있다. 공유 자전거, 인공지능 대형언어모델 등 네이쥐안 사례는 반복되고 있다. 경쟁 후 일부는 도태되어 떨어져 나간 뒤에 살아남은 자들이 업계 표준이 되는 일의 연속이다.

"차이나 패싱? 중국 배제하면 기회비용도 커져"

"1990년대 15개의 중국이 모여야 한 개의 미국이었어요. 그런데 지금은요? 미국은 중국의 1.5배에 불과합니다. 4개의 독일을 합쳐야 중국의 경제 규모가 됩니다. 팽창하는 중국을 직시해야 합니다."

'한·중 과학기술 협력의 새로운 전략 프레임'을 기조 발제한 김준연 KOSTEC 센터장은 중국과 위험 분산 파트너가 될 것을 제안했다. 김 센터장은 딥시크 충격 이후 한국의 기존 중국 전략은 수명이 다했다고 강조했다.

2002~2007년 30.5%로 정점을 찍었던 한국의 대중국 투자 비중은 2018~2023년 8.3%로 급락했다. 2023년에는 2.9%까지 주저앉았다. 한국의 해외 투자 순위에서 중국은 베트남·인도네시아보다 밀리는 7위가 됐다. '차이나 패싱'은 상수가 됐다.

그렇다고 중국을 무시할 수는 없다. 어느 날 하늘에 태양이 두 개 뜨는 날이 올 수 있어서다. 만일 글로벌 스탠더드가 두 개 된다면 어떻게 할 것인가. 중국을 배제할 경우 치러야 할 기회비용 역시 급증할 것이라는 것이 그의 주장이다.

김 센터장은 이미 거대한 '실험실 국가'로 변신한 중국에 '한·중 협력 모델 2.0'이 있다고 말한다. 실제 데이터가 그의 주장을 뒷받침한다. 중국의 R&D 예산은 700조 원 규모다. 한국의 R&D 규모(35조 원)의 20배다. 연구비의 배분도 꽤나 모험적이다.

45세 미만 젊은 과학자에게 배분되는 비중이 28.3%다. 일본(10%)의 3배에 육박한다. 젊은 과학자는 기성 연구자와 다르다. 모험을 두

려워하지 않고 실험적이다. 중국의 일부 대학은 35세 미만의 연구자가 독립적으로 쓸 수 있는 연구비를 연간 예산의 50% 이상으로 확대하며 미래 기술 선점에 나섰다.

김 센터장의 '한·중 실험실 파트너론'이 나오는 근거다. "과거에 중국을 시장으로 봤다면 이제는 실험주의 국가로 보고 실험의 파트너가 될 수 있을지를 고민할 때"라고 강조했다.

이를 위해선 우선 중국을 흑백논리로 보아서는 안 된다. 중국을 협력할 수 있는 영역, 협력이 어려운 영역으로 나눠서 접근해야 한다. 전략적·선택적 협력이 필요하다. 예를 들면 미래기술 영역과 상용화가 임박한 기술로 나눠 미래 비중을 높이자는 논리다. 어느 나라나 실험적인 연구는 리스크가 크다. 성공한다면 큰 기회가 되지만 실패할 경우 모두 매몰 비용에 불과하기 때문이다.

'실험실 파트너'는 중국에도 도움이 된다. 미·중 경쟁 구도에서 중국은 최근 5년간 국제 과학기술 협력의 파트너가 줄고 있다. 미국과의 과학기술 협력은 트럼프 2기 출범 이후 전면 중단됐다. 유럽연합(EU)과도 급감 추세다. 일본과도 2026년이면 완전히 중단된다. 악화한 반일 정서도 당분간 이어질 가능성이 크다.*

반면 한국은 그렇지 않다. 최근 5년간 감소한 뒤 최근에는 소폭 증가 추세로 돌아섰다.

연구 비용이 막대하고, 실패할 확률이 높은 먼 미래 기술에서 한

---

* 중일 관계 악화는 경제에도 타격을 줄 수 있다. 일례로 반도체에 꼭 필요한 일본의 포토레지스트 시장점유율은 70% 이상이고, 극자외선 노광용 포토레지스트 점유율은 95%에 달한다. 중국도 예외는 아니다.

중국과 서방의 AI 생태계

● 빅테크 ● 기존 기업 ● 스타트업 ● 정부 투자 ● 미국 제재 대상

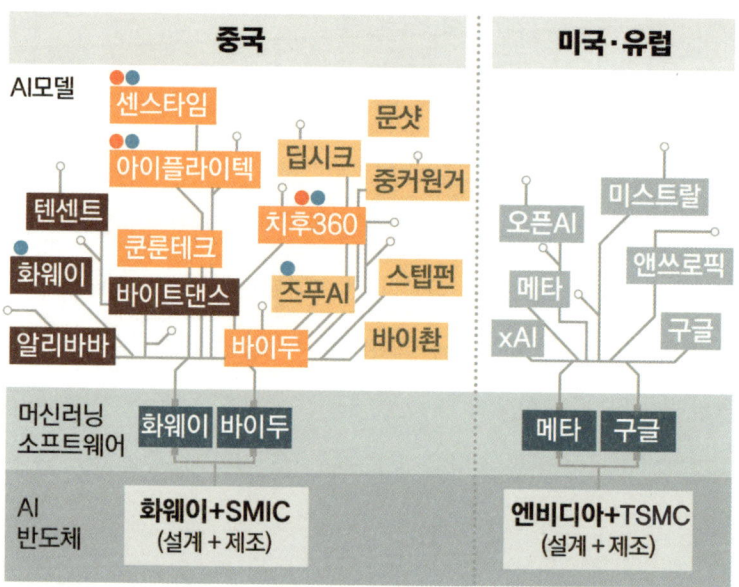

자료: 독일 메르카토르 중국연구소(MERICS)

The JoongAng

국과 중국은 협력 공간을 모색할 수 있다. 혼자 하기에는 위험하고 같이 하면 리스크가 분산되지만, 상용화까지는 시간이 걸리는 미래 기술이 대상이다. 신물질 탐색 등 거대 과학기술, 복잡도와 불확실성이 높은 탐색형 기초 과학 분야에서 한·중 양국의 미래를 찾자는 것이 김 센터장이 주장하는 한·중 패러다임 2.0의 핵심이다. 오래 걸리는 실험 비용의 부담을 나눠서 지자는 취지다.

중견국 한국, 3중 딜레마를 돌파하라

국제정치학자인 김상배 서울대 정치외교학부 교수는 기술 경쟁이 안보 갈등으로 직결되는 기술지정학의 현실을 직시하라고 촉구했다. 김 교수는 "딥시크 쇼크는 한국에 AI 국가책략(statecraft)에 대한 논의의 불을 지폈다"며 "중견국 한국이 직면한 '3중의 딜레마'를 슬기롭게 돌파해야 한다"고 했다.

첫째, AI 기술 혁신 전략을 세울 때 '선도 전략'과 '특화 전략'의 문제다.

AI의 국·영·수라고 할 수 있는 범용 기반 모델을 한국 스스로 개발할 것인지, 외국산 기반 모델을 빌려 쓰면서 조선·반도체·자동차·항공·의료 등 분야별로 솔루션을 제공하는 '특화 AI'를 개발할 것인가의 선택이다. 김 교수는 기반 모델 개발로 선도적 역량을 확보하면서도 경쟁력 있는 특화 영역을 공략하는 '복합 전략'을 제안한다. 국·영·수 공부를 게을리하지 않으면서도, 암기과목에서는 만점을 받자는 취지다.

둘째, '폐쇄형'과 '개방형' 가운데 어느 진영과 연대하느냐의 문제다.

이는 2021년을 거치며 구글·오픈AI 등 폐쇄형 전략을 채택한 미국과 딥시크, 알리바바 등 개방형 전략을 내세운 중국의 선택의 문제로 압축된다. 김 교수는 중국의 개방형 모델에 편승하는 것과 '개방형 AI 모델 일반'에 가담하는 것은 다르다고 주장한다. 최첨단 개방형 AI 모델에 의지하면서 미·중이 아닌 개도국과의 연대를 꾀하는 중견국 외교를 구사하자는 것이 그의 주장이다.

셋째, AI 분야에서 '안보 담론'과 '경제 담론' 가운데 무엇을 중시할 것인가의 선택이다.

중국산 AI를 국가 안보의 문제로 보고 제재하려는 미국의 행보에 동참할지, 어느 정도 안전 문제를 감수하더라도 가성비 좋은 중국산 AI를 도입할 것인지의 선택이다. 여기서도 김 교수는 '과잉 안보화'도, '과소 안보화'도 아닌 '적정 안보화'에 대한 한국 나름의 원칙을 세워야 한다고 촉구했다. 미·중 강대국과 차별되는 중견국 AI 안보 담론의 콘텐츠를 만들어내야 할 때라는 논리다.

중국을 AI 리더로 만든
혁신의 설계자들

초판 1쇄 발행 | 2026년 3월 3일

지은이 | 중앙일보 특별취재팀
펴낸이 | 이성수
주간 | 김미성
편집장 | 황영선
디자인 | 여혜영
마케팅 | 김현관
펴낸곳 | 올림
주소 | 서울시 양천구 목동서로 38, 131-305
등록 | 2000년 3월 30일 제2021-000037호(구:제20-183호)
전화 | 02-720-3131 | 팩스 | 02-6499-0898
이메일 | pom4u@naver.com
홈페이지 | http://cafe.naver.com/ollimbooks

ISBN 979-11-6262-068-7 (03320)